치유와 성장의
라이프스토리
인지학으로 돌아보는 당신의 삶

치유와 성장의 라이프스토리
인지학으로 돌아보는 당신의 삶

초판 1쇄 인쇄 2022년 3월 11일
초판 1쇄 발행 2022년 3월 25일

지은이 구드룬 부르크하르트
옮긴이 안재일
감수 최미숙
펴낸이 김승희
펴낸곳 도서출판 살림터

기획 정광일
편집 조현주, 송승호
본문 디자인 이순민

인쇄·제본 (주)신화프린팅
종이 (주)명동지류

주소 서울시 양천구 목동동로 293. 22층 2215-1호
전화 02) 3141-6553
팩스 02) 3141-6555
출판등록 2008년 3월 18일 제313-1990-12호
이메일 gwang80@hanmail.net
블로그 https://blog.naver.com/dkffk1020

ISBN 979-11-5930-221-3 03120

* 가격은 뒤표지에 있습니다.
* 잘못된 책은 바꾸어 드립니다.
* 이 책은 저작권법의 보호를 받는 저작물이므로 무단전재와 복제를 금합니다.

Das Leben in die Hand nehmen by Gudrun Burkhard
© 2009/2017 Verlag Freies Geisteslebs & Urachhaus GmbH, Stuttgart
All rights reserved
Korean translation ©2021 Sallimter Publisher
Korean translation rights arranged with Verlag Freies Geisteslebn & Urachhaus GmbH through Orange Agency

Das Leben in die Hand nehmen

치유와 성장의
라이프스토리

―인지학으로 돌아보는
당신의 삶

구드룬 부르크하르트 지음
안재일 옮김

살림터

일러두기

◎ 이 책은 Gudrun Burkhard의 『Das Leben in die Hand Nehmen』(2017)을 우리말로 옮긴 것입니다. 번역 과정에서 영문판 『Taking Charge — Your Life Patterns and Their Meaning』(2014)을 참고했습니다.

◎ 본문 각주는 모두 역자 주인데, 210쪽의 2)와 212, 213쪽의 4), 5)는 원문에 있는 것입니다.

작가의 말

스승 루돌프 슈타이너와 이타 베그만, 노베르트 글라스, 루돌프 트라이클레르 그리고 베르나르드 리베구드에게, 그리고 특히 15년 전 나와 남편에게 라이프스토리 작업을 위한 기초를 제공해준 헬무트 지에토프 10세에게 감사하는 마음으로 이 책을 바친다.

무엇보다도 우리 작업을 신뢰하여 풍부한 삶의 이야기를 제공해준 많은 라이프스토리 참가자분께 감사드린다. 첫 남편이자 동지 피터 슈미트와 네 자녀, 행복한 시간과 괴로웠던 시간들을 함께했던 동지이자 두 번째 남편 다니엘 부르크하르트에게도 감사의 마음을 전한다.

브라질에서의 우리 작업을 위해 설립한 아르테미시아의 모든 직원에게도 감사한다.

릴리 빌다와 수잔나 뤼쇼우가 이 책의 출판을 도와주었고, 미샤엘 셸츠가 삽화를 그려주었다.

구드룬 부르크하르트

옮긴이의 말

슈타이너 학회에서 진행하는 전기(傳記)작업(본문에서는 '라이프스토리 작업'으로 용어를 통일했다.) 세미나에 처음 참여했던 때로부터 세 번의 7년 주기가 지났다. 당시 나는 가장 깊이 물질적으로 육화된다고 하는 30대 초·중반을 넘어가고 있었다. 돌이켜보면 그때가 내 삶에서 가장 어두운 시기였다. 결혼하고 자녀를 낳아 기르고 안정적인 직업을 찾아 안착하는 일이 버거웠다. 그러나 나를 정말 힘들게 한 것은 관계 맺기와 심리적 미성숙함에서 오는 여러 가지 갈등이었다. 네 번째 7년 주기에 가졌던 이상주의에서 점점 멀어지고 있던 나는 세속의 물질에 얽매여 점점 인생의 의미를 잃어가고 있었다.

생활고에 지친 나는 '이제 내 청춘은 끝났어. 죽음을 향해 늙어가는 일만 남았을 뿐이야!'라고 생각하며 절망하고 있었다. 다시 그때를 돌아보면 늙음과 죽음에 대해 걱정하기에는 너무 이른 나이였다는 생각이 들기도 한다. 하지만 이 책에 따르면 25세 즈음에는 성장이 멈추고 35세가 지나면서 신체 내부에서 퇴화가 진행되기 시작한다고 하니, 30대 중반에 부쩍 그런 생각이 드는 것 또한 자연스러운 일일지도 모른다.

인생에서 길을 잃고 의미와 희망을 찾지 못하던 그 시절, 당시 영남대 교수로 와있던 캐나다 인지학자 리타 테일러 씨가 진행하는 전기작업에 참여하면서 많은 도움을 받았다. 그때, 인지학적 인간발달의 관점에서 나의 과거를 돌아보고 영적인 영역에서 삶의 의미와 목적을 발견하는 인생의 대전환기를 맞이할 수 있었다. 그 이전까지의 내 삶이 깊은 동굴 속에서 짙은 어둠을 향해 밑으로 내려가는 과정이었다면, 그 이후는 방향을 돌려서 동굴 밖의 빛을 향해 조금씩 나아가는 것과 같았다.

여섯 번째 7년 주기가 끝날 무렵에야 비로소 진정한 어른이 된다는 것이 무엇인지 깨닫고 내 자아가 이루어야 할 과제를 발견하였다. 어른이 된다는 것은 자기 삶에 책임을 지는 것이고 자신에게 씌워진 온갖 굴레를 벗어던질 용기를 갖는 것이다. 그리고 내 자아가 앞으로 향해 가야 할 목적은 '자유'였다.(이것은 매우 깊은 심리적·영적 스토리를 담고 있는데, 나중에 이야기할 기회가 있기 바란다.)

이 무렵, 영국의 슈타이너 사범대학인 에머슨 대학을 방문할 기회가 있었다. 거기서 여러 가지를 배우고 경험했지만 가장 큰 소득은 이 책, 『Taking Charge — Your Life Patterns and Their Meaning』을 발견한 것이다.

이 책은 내 인생을 변화시킨 '전기작업'에 관한 책이다. 전기작업에 참여한 사람들이 쓴 여덟 편의 라이프스토리와 많은 실제 사례들이 있어 매우 흥미롭게 읽을 수 있었다. 탄생에서 죽음에 이르는 인간의 삶에 대한 법칙과 구체적인 묘사로 가득한 이 책을 읽고 번역하는 동안, 끊임없이 내가 겪었던 여러 일을 떠올리며 그 의미를 새롭게 발견하곤 했다. 이 책에서 설명하는 인생 각 단계의 특징과 발달과제를 내 삶의 경험에 비춰보며 당시 나에게 일어났던 욕구와 갈등, 애써 성취하려 했던 것들의 의미를 이해할 수 있었다. 그것은 나에게 일종의 명상과 치유의 과정이었다.

요즘 세상에는 많은 심리 치유 프로그램이나 영성 프로그램이 있다. 이 책에서처럼 자신의 전 생애를 돌아보는 작업도 있다. 나도 여러 프로그램에 참여해보았는데, 각기 의미 있고 도움이 되는 것들이었다. 그런 종류의 프로그램들에는 공통점도 있고 독특한 장점들도 있다. 이 책에서 다루는 인지학적 전기작업은 우리 삶을 힘겹게 짓누르는 트라우마나 가족사와 관련된 과거의 영향에 특별히 집중하지 않는다. 그보다는 현재의 삶을 탄생에서 죽음까지의 시간에만 한정하지 않고 그것을 넘어선 우주적·정신적 흐름 속에서 바라보며 영혼의 성숙과 자아의 완성을 향해 가는 미래의 삶에 더욱 긍정적인 관심을 기울이게 해준다.

전문 번역가가 아닌 내가 다사다난한 삶을 살아가는 와중에 이 책의 번역을 완성하기까지는 오랜 시간과 지난한 노고가 필요했다. 사람들은 누구나 삶의 어려움을 겪는다. 그럴 때 누군가가 이 책을 읽거나 전기작업에 참여함으로써 자신이 겪은 삶의 경험들을 긍정하고 자기 삶의 의미와 목적을 찾는 데 조금이나마 도움이 되었으면 하는 소망을 끝까지 놓지 않았기에 마무리할 수 있었다.

 이 책을 번역하고 다듬어 출판하는 동안 내 몸을 많이 괴롭혀 왔다. 고생한 내 몸에게 사과하고 앞으로는 잘 돌보아주겠다는 약속을 해야겠다. 한국어판을 출간할 수 있게 도와주신 살림터 정광일 대표님과 바쁜 와중에도 수차례 감수를 해주신 발도르프 교육연구회 최미숙 선생님, 존경하는 신학자이자 화가인 이 신 선생님의 유고작품을 이 책 표지로 사용하게 허락해주신 유족분들, 부족한 번역자를 격려해주며 꼼꼼하게 마무리해주신 송승호 편집자님, 독일에서 막 돌아와 기꺼이 독일어 사문을 해준 이하영 씨, 그리고 주변에서 이 작업을 마칠 수 있도록 격려해준 사랑하는 가족과 친구들에게 깊은 감사의 마음을 보낸다.

 그리고 마지막으로 내가 작업하고 있을 때, 내 옆에 쪼그려 앉아 곁을 지켜준 우리 집 고양이, 콩이에게도 감사의 인사를 전한다.

유난히 길고 아름다웠던 2021년 가을을 보낸 후
안재일

◎
추천의 말

요즘 라이프스토리 작업이 화제다. 이 주제에 관한 많은 책과 저술이 출판되었고, 제공되는 관련 코스나 강의에 신청자들이 넘친다. 자신이 위기에 처해있다고 생각하는 사람들뿐만 아니라 병마의 버거움을 받아들이는 데 도움이 필요한 사람들에게도 그런 작업이 중요하기 때문이다. 또한 이 작업은 타인과 타인의 삶의 환경에 두루 관심을 갖고 이해하면서 자신에 대해 깊이 알고 싶어 하는 사람들에게도 도움을 준다.

저자는 오로지 실제 작업에 바탕을 두고 이 글을 썼다. 그녀의 의사로서의 경험이 도처에서 분명하게 드러나고 이 책의 근거를 제공한다. 그녀는 자신의 인지학 연구와 인간에 대한 인지학적 이해, 그리고 거기서 출발한 생애 발달의 법칙에 대해 정확히 이야기한다. 그녀의 목적은 사람들이 각자의 삶에서 밝은 면뿐만 아니라 그늘진 면도 의식으로 끌어내어 양쪽 면에 접근할 수 있고, 그들 삶에서 나쁘거나 어두운 것의 가치를 인식함으로써 양쪽을 통합시킬 수 있게 하는 것이다. 그렇게 하는 데 저자는 늘 삶의 실제 상황에서 예를 들고 설명한다. 그리하여 독자로 하여금 자신의 삶을 계속 돌아보고 자기 경험을 작업의 소재로 잡아내도록 자극한다. 책의 두 번째 부분은 자신의 라이프스토리 작업과 누구나 그런 작업을 시작할 수 있는 방법론을 설명한다.

구드룬 부르크하르트는 브라질에서 인지학적 의학을 가장 먼저 시작한 사람이다. 그녀는 성공적인 토비아스 의료원의 창업자이기도 하다. 그 의료원은 인지학적 의료활동의 중심이 되었다. 또한 그녀는 환자의 회복과 요양을 위해 아르테미시아 의료원을 설립했다. 거기서 암 환자와 당뇨 환자를 돌보고 라이프스토리 작업에 노력을 기울여 왔다. 그 후 그녀는 라이프스토리 작업 코스와 강의를 브라질에서 유럽으로 확장하여 특히 스위스와 독일, 스페인, 포르투갈에서 라이프스토리 작업에 정기적으로 초청받고 있다.

구드룬 부르크하르트는 브라질에서의 의료활동을 괴테아눔의 의학 분야의 목적인 정신적 맥락에 두려고 노력하고 있다. 라이프스토리 작업에 대한 그녀의 관심이 독일 출판계에 건설적으로 기여하기를 바란다.

미켈라 글뢰클레르

차례

작가의 말 ◎ 5

옮긴이의 말 ◎ 6

추천의 말 ◎ 10

서문 ◎ 14

1부 인간 발달의 법칙

삶의 법칙에 대하여 ◎ 23
　라이프스토리 1
　라이프스토리 2

인간으로 자라나다: 21세까지, 삶을 위한 준비 ◎ 46
　스물한 살

인간다워지다: 21세에서 42세까지의 영혼 발달 ◎ 69
　스물한 살 의대생에게서 온 편지
　21세에서 28세까지의 발달 단계
　28세: 사라져가는 재능의 위기
　28세에서 35세까지: 죽음과 부활
　라이프스토리 3: 28세에서 35세까지의 경험
　라이프스토리 4
　35세, 그리고 35세에서 42세까지의 단계
　라이프스토리 5
　42세의 위기
　라이프스토리 6

인간으로 완성되다: 42세에서 63세까지의 정신 발달 ◦ 129
　새로운 창조성과 새로운 비전: 42세에서 49세
　경청의 새로운 길: 49세에서 56세
　라이프스토리 7
　직관의 시기: 56세에서 63세
　라이프스토리 8: 동화로 들려주는 인생 이야기

인생의 마지막 단계 ◦ 165
　70세에서 77세의 시기
　77세에서 84세의 단계

생애 발달에서의 리듬과 거울 이미지 ◦ 171

2부 라이프스토리 작업하기

방법론 ◦ 189

삶을 위한 동기 - 목표 세우기 ◦ 209

개인의 목표를 세우기 위한 가이드 ◦ 215

자기 인생에 대해 작업하기 ◦ 218

작가의 라이프스토리 ◦ 222

참고문헌 ◦ 250

서문

오랫동안 서로 보지 못했던 두 친구가 해후했을 때, 그들 대부분은 각자에게 무슨 일이 있었는지, 지난 일들을 이야기하며 시간을 보낸다. 독자 여러분도 마찬가지로 오랜만에 친구를 만난다면 지금까지 했던 일들과 개인적으로 겪은 경험에 대해 이야기꽃을 피울 것이다.

이럴 때, 오래 잊고 있었던 기억들이 다시 떠오른다. 상대방을 살펴보고 드는 인상과 떠오르는 추억에 관해 묻고 의견을 나누기도 한다.

"넌 아주 편안해 보이는구나!"

"예전처럼 여전히 밝고 사랑스럽구나! 학교 다닐 때, 넌 언제나 친구들 사이에서 인기가 많았지."

대화는 마치 여기저기서 만나 섞이고 교차하다가 다시 자신의 길을 이어가는 두 줄기 강물처럼 흘러간다. 몇 시간 동안 그렇게 담소가 이어진다. 이런 대화를 하면 왜 그렇게 후련할까? 그것은 이야기를 나누는 두 사람의 인격이 마법에 걸린 것처럼 주의를 기울여 온전히 '지금 여기' 있다고 느끼며 교감하기 때문이다. 이렇게 대화를 나누는 동안 과거가 현재의 우리 안에서 빛을 발한다. 이때 우리는 우연히 참신한 결정을 내리거나 미래를 위한 새로운 목표를 세우기도 한다.

　모든 사람이 경험하는 이 자연스러운 과정을 의식적이고 세밀하게 들여다본다면 거기서부터 삶을 돌아보는 작업을 시작할 수 있을 것이다. 자신의 삶을 돌아보는 작업은 여러 해가 걸릴 수도 있는 과정이다. 이 책에서는 일정한 시간 간격을 두고 조용한 자기 방에서나 자연 속에서 자신의 삶을 돌아보는 시간을 갖기를, 그리고 친구들이나 이 과정에 참여하는 다른 사람들과 함께 작업하기를 권한다. 이 과정에서 주로 나에게 집중하고 싶은지, 아니면 다른 사람의 경험을 통해 나를 보다 풍부하게 하고 싶은지는 오로지 자신이 놓인 상황에 달려있다.

　세상에는 영향력 있는 인물들의 전기가 많다. 그러나 각자에게 가장 중요한 전기는 자신의 라이프스토리다. 라이프스토리 강좌에서 들었던 천여 명의 인생 이야기는 실로 각각이 다 다르며 독특하고 아주 흥미로웠다.

　오늘날에는 천재이거나 비범한 재능이 있다고 해서 그다지 유리하지는 않다. 자신의 천부적인 재능으로 다른 사람들을 이롭게 할 수도 있고 세계가 진일보하는 데 기여할 수도 있다. 하지만 사회적 관계 속에서 난폭하게 행동하고 다른 사람들과 끊임없이 부딪히며 잘 어울려 지내지 못하여 개인적인 발전을 이룰 수 없다면 그 재능은 거의 쓸모가 없을 것이다. 재능이라는 것은 과거로부터 흘러온 것이다. 그러나 스스로 노력하면서 다른 사람들과 만나고 어울림으로써 끊임없이 변화하여 현재에서 미래로 나아간다. '그는 천재야. 그렇지만 잘 어울려 지낼 수는 없어!'라고 여겨지는 사람의 행동은 오늘날 더 이상 지지받을 수 없다. 엄청난 재능을 지니고 태어났지만 어떤 식으로든 발전하지 않는 사람보다, 재능은 덜하지만 살면서 자신의 능력을 개발하기 위해 노력하며 갈고 닦는 사람이 미래에 더 커다란 성과를 거둘 것이다.

라이프스토리 강좌가 끝나갈 무렵, 한 참가자가 질문했다. "어떻게 하면 내가 살아온 삶에 대해 감정적으로 매몰되지 않을 수 있을까요?"

이 점에 관해, 자신이 살아온 삶에 대해 더 많이 작업하고 이해하면 할수록 다른 사람을 더 잘 이해하게 될 거라고 답할 수 있다. 이를테면, 자신의 인생을 이해하는 것과 다른 사람을 이해하는 것은 결국 같은 능력이다. 더구나 삶을 돌아볼 때마다 다른 사람들에게 얼마나 많은 신세를 지고 있는지 뼈저리게 깨닫곤 한다. 그들이 현재의 우리를 만들었다고 생각하면 우리의 마음은 고마움으로 가득 차게 될 것이다. 이런 생각을 무한히 확장시킬 수도 있다. 우리의 수호천사와 인간을 창조한 존재에게 얼마나 많은 은총을 입고 있는가? 얼마나 여러 번 죽을 고비의 마지막 순간에 구출되었던가? 많은 상황이 우리보다 더 현명한 운명의 장엄한 인도로 만들어진다. 특히 이런 상황들을 특별히 감사하는 마음으로 돌아볼 때, 스스로는 그런 상황들에서 결코 헤어나올 수 없었으리라는 것을 깨닫는다.

오늘날 점점 많은 사람이 외로움으로 고통받고 있다. 현시대는 우리를 정신세계와 떨어뜨려 놓았다. 옛사람들은 종교적인 영역과 자연스럽게 연결되어 있었지만, 과학적이라고 자처하는 현대인들은 이런 연결고리를 잃어버렸다. 옛날과 같은 가족의 결속력도 점차 사라지고 있다. 오늘날 사람들은 자기 방식대로 살고 싶어 한다. 아들이 아버지의 가업을 이어받는 것이 자연스러웠던 과거와 달리 젊은 세대들이 윗세대의 전철을 따라가는 일은 점점 드문 일이 되었다. 국가에 대한 소속감도 계속 줄어든다. 넓은 의미로 말하자면 세계시민이 되어가고 있다고 할 수 있다. 첨단 의사소통 수단 덕분에 전 세계에서 일어나는 일을 몇 초 안에 알 수 있다. 요즘 사람들은 옛사람들이 지녔던 대지와 자연, 환경과의 자연스런 연결을 잃어갈 뿐만 아니라 자연환경을 급속하게 파괴하고 있다.

늘 사람들 사이에 있음에도 외로움을 느끼고 사람들과 가까이 지내지 않는다. '이 외로움을 어떻게 극복할 수 있을까?'라는 물음은 우리가 당면한 문제다. 정신적인 세계와의 의식적인 연결을 통해서만, 가족과 자연 그리고 무엇보다도 사람들과의 새로운 형태의 관계를 통해서만 외로움을 극복할 수 있다. 이런 방향으로 나아가는 첫 번째 발걸음은 다른

그림 1

사람에게 관심을 갖는 것이고, 누군가가 나에게 다가오기만을 기다릴 것이 아니라 그에게 먼저 말을 걸고 특별한 개성을 지닌 개인으로서 더 잘 이해하려고 노력하는 것이다. 이런 점에서 다른 사람들의 인생을 더 깊이 이해하고자 하고, 비판이 아니라 감탄하는 마음으로 접근하는 것이 크게 도움이 된다. 각 개인이 매우 특별한 방법으로 이런저런 문제들을 어떻게 풀어가는가를 볼 때, 그들 각자의 생애가 얼마나 장엄하고 독특한지 감탄하지 않을 수 없다.

자신의 생애에 대해 의식적으로 작업하면 할수록 다른 사람의 생애도 더 잘 이해할 수 있게 되고 그들과 연결되는 새로운 다리를 만들어 낼 수도 있다. 괴테의 동화에서 왕이 뱀에게 묻는다. "황금보다 더 중요한 것은 무엇인가?" '빛'이라고 뱀은 대답한다. "빛보다 더 생기있게 하는 것은 무엇인가?" 왕이 다시 묻는다. '대화'라고 뱀은 대답한다. 의식적으로 마련한 대화는 서로를 결속시키는 다리를 놓는다.

이 책에서 전개하는 관점은 나와 동료들이 여러 해 동안 다양한 그룹의 많은 사람과 했던 작업의 결과다. 우리는 15년 동안 브라질에서 라이프스토리 작업과 인간의 생애 발달에 놓인 법칙에 관한 강좌를 제공했다. 이 책 마지막 부분에 있는 나의 라이프스토리는 내가 어떻게 해서 이 작업을 하게 되었는지를 알려준다. 내가 이 작업을 할 수 있었던 원동력은 이 강좌가 치유에 도움이 되리라는 기대 때문이었다. 이 강좌는 모든 사람에게 열려있지만, 특히 심리적으로나 육체적으로 어려움에 봉착해있는 사람들을 위해 마련되었다. 직업상 혹은 일신상 위기를 겪고 있는 많은 사람이 이 강좌에 참여해왔다. 이 책에서 그려진 개개인의 인생

이야기는 라이프스토리 세미나에 참여했던 사람들이 직접 쓴 진짜 이야기들이다.

    책의 첫 번째 부분에서는 한 사람의 생애가 어떻게 발달해 가는가에 대한 관찰에서 시작하여, 인간의 생애 발달에 놓인 일반적인 법칙까지 개괄적으로 설명했다. 두 번째 부분은 각 개인이 자신의 라이프스토리에 관해 작업할 수 있게 하는 강좌의 방법론적 구성을 다루었다. 각 장 사이에 있는 시들은 라이프스토리 작업을 위하여 인생에서 반복되는 주제(leitmotif)를 찾아가는 데 쓸모가 있을 것이다.

1부

인간 발달의 법칙

물 위를 떠도는 정신의 노래

인간의 영혼은
물과 같다네
천국에서 와서
천국으로 돌아간다네
그리고 반드시 다시
지상으로 내려와
영원히 변화한다네

높은 곳으로부터
가파른 바위로 흐르는
맑은 물줄기가
안개구름으로
감미롭게 흩뿌려지네
매끄러운 바위에서
가볍게 머물다
베일이 되어
소리 없이 으르렁거리며
아래로 떨어진다네

절벽이 탑처럼 솟아
떨어지는 폭포에 맞선다면
분노로 거품을 일으켜
차츰차츰
깊은 곳으로 내려간다네

평평한 바닥에서
계곡의 초원을 따라
굽이쳐 흐르고
매끄러운 호수 위에서
빛나는 별들이
눈을 즐겁게 하네

바람이 감미롭게
물을 스치면;
깊은 곳에서 뒤섞여
포말로 부서지네

인간의 영혼,
얼마나 물과 같은가!
인간의 운명,
얼마나 바람과 같은가!

_요한 볼프강 폰 괴테

삶의 법칙에 대하여

라이프스토리 작업을 상세하게 시작하기 전에 인생의 전 과정을 지배하는 법칙을 전체적으로 살펴보는 것이 도움이 될 것이다. 그래서 인간의 생애 발달을 개괄적으로 설명하는 것부터 시작하고자 한다. .

한 사람의 생애는 세 부분으로 나눌 수 있다.
- 생애 첫 번째 단계에서 주요한 특징은 신체 발달이다. 이 단계에서는 주로 몸이 만들어지고 신체기관들이 생리적으로 성숙한다. 이 시기는 대략 잉태되면서부터 21세까지 이어진다. 이 시기를 수용 단계 혹은 준비 단계라고 부른다. 이 단계에서는 스스로가 자기 운명에 영향을 끼치지는 않는다. 오히려 이 단계에서의 운명은 과거로부터 가져온 어떤 것이다.
- 그다음으로는 주로 영혼 발달과 관련된 중간 단계를 살아간다. 이 단계에서는 자기 개발과 자기 교육이 주요한 과제로 떠오른다. 그리고 인격이 더 이상 이전과 같은 방식으로 육체에 속박되어 있지 않다. 21세, 성년이 되면 인생의 진로를 스스로 결정하고 책임질 수 있다. 이 시기는 확장하는 단계여서 가정을 꾸리고 집을 마련하고 일을 시작하여 경력을 쌓아간다. 또한 많은 사람을 대해야 하는 시기로, 사회생활에서 자극을

받는다. 즉, 다른 사람들로부터 배우고 다른 사람들을 상대하면서 갈등과 사랑 그리고 열정과 반감을 경험한다. 살아가는 것을 배워야 한다는 생각과 자기 에고를 조절할 수 있어야 한다는 생각이 공존한다. 이 모든 실존적 투쟁을 통하여 영혼은 엄청나게 연마된다. 심리적인 면에서 원만하게 성숙해가고 스스로 세상 속의 한 개인으로 발전한다.

이 단계의 막바지에 이르러서야 진정한 어른이 된다. 심리적으로 발달하는 이 시기에는 몸 안에서 생성의 힘과 퇴행의 힘이 균형을 이룬다: 그렇기 때문에 바깥 생활에서 매우 생산적으로 활동할 수 있다.

- 그다음으로는 정신이 발달하는 시기인 세 번째 단계에 접어든다. 마치 식물이 스스로 번식해서 꽃과 열매를 맺듯이 삶의 열매 또한 눈에 보이기 시작한다. 이때, 그 열매들이 충분히 익을 수 있게 해야 한다. 이 시기를 거치면서 생리적인 기운이 점차 약해지고 몸 안에서 퇴행의 기운이 우세해진다. 이 단계에서는 영혼과 정신의 발달과정에서 자기 자신의 목적을 세워야 할 뿐만 아니라 더 큰 목적을 향해 나아가야 한다. 다른 말로 하자면, 인류 발전이라는 큰 맥락 안에서 자신의 목적을 세워야 하는 것이다. 그에 더해 이때부터 다음 세대에 관여하기 시작한다. 자신의 발전을 위하여 스스로 세운 목표를 성취하기 위해서는 대단한 노력이 필요하다. 이 단계에서는 신체의 생명력이 더 이상 뒷받침되지 않기 때문이다. 다른 한편으로 신체의 생성력은 의식의 발달을 늦추는 작용을 하기 때문에 더 위대한 의식을 발달시키기에는 알맞은 환경이 된다. 예를 들어, 식사 후 졸음이 쏟아진다. 아기들은 잠을 자면서 대부분의 시간을 보내는데, 첫 1년 동안 몸무게가 두 배로 늘어난다. 그러나 신체에서 퇴행이 진행되면 될수록 의식은 더 발달한다. 퇴행 과정에서 신체에

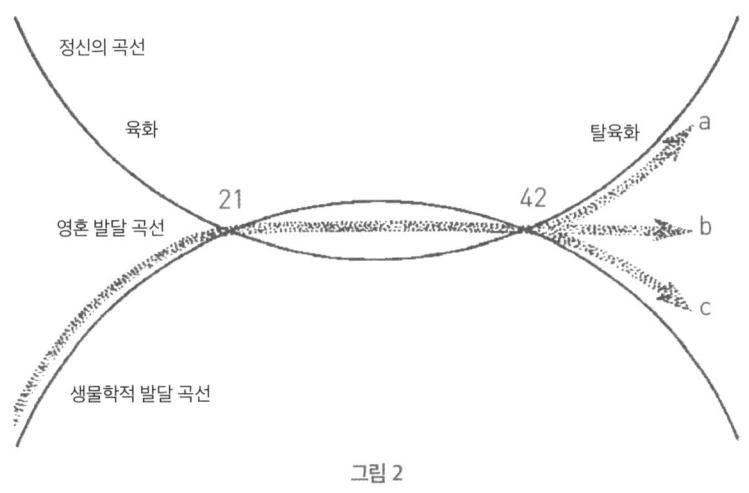

그림 2

강하게 작용하던 생명력이 점차 풀려나 약화되는 대신 의식의 힘을 더 쓸 수 있게 된다.(그림 2에서 선 a가 이러한 발달을 보여준다.)

인생의 마지막 시기 동안에는 영혼의 힘이 의식을 성장시킨다. 의식적으로 자신에 대해 작업하지 않으면 영혼의 힘이 신체의 퇴행하려는 힘에 시달리게 된다. 낡은 신체 안에서 진행되는 퇴행의 힘을 부시하고 최대한의 노력으로 일을 계속할 수도 있다. 그러나 몇 년 후 암이나 심장마비, 스트레스, 탈진 등으로 무너져 내려 억지로 휴식을 취하게 될지도 모른다. 그때부터는 어쩔 수 없이 우리 삶을 재편성해야 한다.(그림 2에서 선 b와 비교해 보라.)

동물의 세계에서는 한 생명체가 생의 마지막 단계에서 어떻게 쓸모없고 불필요한 존재가 되어 죽음을 기다리게 되는지 관찰할 수 있다. "브레멘 음악대 이야기"에서 이 과정이 잘 그려져 있다.

만일 한 인간으로서, '나는 이미 쉰네 살이야. 새로운 것을 시작하는 게 무슨 소용이 있겠어?'라는 태도를 갖고 있다면 영혼의 발달은 꺾이기 시작할 것이다.(그림 2에서 발달곡선 c와 비교해 보라.)

그러나 인간은 생물학적인 존재만이 아니라 영혼과 정신의 존재이기도 하다. 그렇기 때문에 이 단계에서도 위대한 발달의 가능성은 있다. '인생은 사십부터'라는 말은 이를 표현하는 적절한 말이다. 이 기간 동안 영혼과 정신의 힘이 육체로부터 점차 떨어져나와 정신적인 새로운 능력을 자유롭게 발달시킨다.

물론 오해를 피하기 위해 첫 번째 21년에서도 영혼의 발달이 이루어진다는 점을 언급해둔다. 그러나 21세까지의 영혼의 발달은 신체와 강하게 연관되어 있다. 이 시기 동안 인격의 정신적인 요소도 외양을 만들기 시작한다. 물론 영혼의 발달은 세 번째 단계인 정신 발달 단계에서도 계속된다.

그리고 이 마지막 단계에서는 이전 시기에 이루지 못한 많은 것을 보충할 수 있다. 더구나 영혼의 변형을 위해 지속적으로 작업해온 자아(Ich)를 고려하지 않으면 영혼이 발달하는 이 시기를 이해할 수 없다.[1] 신체와 영혼, 정신(Ich)은 언제나 함께 작용한다.

인생에서의 세 개의 커다란 단계는 또한 다음과 같은 특징이 있다:
- 첫 번째 단계에서는 습득과 수용이 주로 일어난다. 이 시기는 인간 발달의 준비 기간이다.
- 두 번째 단계에서는 내어주고 받아들이는 것의 상호작용이 더 넓은 영역에서 전면에 등장한다. 이 시기는 '인간'이 되기 위해 살아내고 고군분투하는 시기다.

- 세 번째 단계에서는 내어주는 것이 강조된다. 이 시기는 인간성이 완성되는 시기이다.

　이 세 단계에 대한 생각은 고대부터 알려져 왔다. 이 단계들은 봄, 여름, 가을로 묘사할 수 있다. 계절을 잘 아는 정원사는 언제 씨를 뿌리고 수확해야 하는지 안다. 마찬가지로 생명의 단계에 대해 알고 있는 사람은 훌륭한 정원사처럼, 나무가 적당히 자라고 꽃피우기 전에 수확하기를 원치 않을 것이다. 봄에는 모든 식물이 여전히 씨 뿌리는 단계에 있고, 자라는 데 많은 힘이 필요하다. 여름에는 식물들이 자연스럽게 번성한다. 그리고 가을에는 열매가 익어가고 씨앗을 품는다. 겨울에는 씨앗들이 땅속에서 쉬면서 새로운 삶을 기다린다.

---

1) 슈타이너는 인지학의 창시자다. 인지학은 인간학이라고도 할 수 있다. 영어의 anthroposophy(독일어, anthroposophie)는 anthropo-(인간)과 -sophy(학문)의 합성어로, '인간에 대한 학문'이라는 뜻이다. 슈타이너의 『General Anthroposophy』('인간에 대한 보편적 앎'이라는 번역물로 출간)에 따르면 인간은 신체와 영혼, 정신의 3가지 차원(3원성)으로 이루어져 있으며, 물질, 생명체(에테르체), 감정체(아스트랄체), 자아(Ich), 즉 4개의 구성체로 이루어져 있다고도 한다.
영혼(Seele/ soul)은 마음이라고도 일컬어지며 신체와 정신의 중간자이고, 양자를 결합하는 끈이라고도 말해진다. 영혼은 감각과 감정, 욕구에 작용한다.
정신(Geist/ spirit)은 고차적인 마음의 움직임으로 개인을 초월하는 의미를 지니며, '민족정신', '시대정신' 등으로 보편화된다. 마음은 심장의 움직임과 관련되어, 신체 내부에 자리 잡은 개념이다. 한편 정신은 그에 해당하는 영어의 스피리트(spirit), 프랑스어의 에스프리(esprit), 독일어의 가이스트(Geist)가 '바람', '공기', '호흡' 등을 의미하는 라틴어의 스피리투스(spiritus), 그리스어의 프네우마(pneuma)에서 유래하듯이, 개인의 신체를 초월한 존재를 의미한다.
자아(I/Ich)는 정신의 일부이며, 인간의 육체에 깃든 정신이라고 할 수 있다. 자아는 삶과 죽음을 넘어서 영속성을 지닌 존재로 여겨진다. 여기서는 'Ich(I)', 'Selbst(self)', 'Geist(spirit)'을 문맥에 따라 '자아'로 번역하였다. 그리고 우리가 보통 '자아'라고 번역하는 'ego'는 인지학에서 말하는 Ich(불교에서의 참나)와는 다른 심리학적 개념으로 쓰이기 때문에 혼란을 피하기 위해 '자아'라고 번역하지 않고 '에고'라는 용어를 그대로 썼다. 그러나 'General Anthroposophy'가 '일반인간학'이라는 제목의 다른 번역물도 있는데, 이 책에서는 신체/영혼/정신이라는 용어 대신 몸/혼/얼이라는 용어로 번역하였다. 양평발도르프학교의 박규현은 이 용어들이 우리 문화의 일반적인 개념에 비추어 볼 때 부정확하게 쓰이고 있어서 개념의 혼란을 가져온다고 지적하며 '몸/마음/얼'이라는 용어를 쓰자고 제안했다. 역자도 박규현의 주장에 동의하지만 한국 인지학에서 일반적으로 많이 쓰이는 '신체/영혼/정신/자아'를 사용했다.

인간의 삶을 반반씩 둘로 나눈다면 35세까지는 모든 면에서 준비상태라고 할 수 있다.— 그것은 호흡에서 커다란 들숨과 같은 것이다. 신체는 정신적 개인성(spiritual individuality)을 들이마신다. 이 과정을 '육화'라고 한다.(그림 2를 보라.)

35세부터는 우리의 상태가 주는 것으로 변화한다. 우리가 받았던 것을 이 세상에서 열매 맺도록 도와준 사람들과 생명에게 돌려주기 시작한다. 이때부터 날숨의 위대한 과정이 시작된다. 이 시기의 발달 특징은 '탈육화' 과정이다.(그림 2와 비교하라) 흥미롭게도 35세 즈음 인간의 폐 기능이 가장 커진다. 폐의 탄성은 최대한의 부피로 늘어났다가 점차 줄어들기 시작한다. 운동선수들은 이때 그들 능력의 최고점에 도달한다.

인간의 생애는 매일매일의 리듬에도 비유할 수 있다. 아침에 서서히 잠에서 깨어나 스스로를 세계에 개방하기 시작한다. 처음에는 신체 안에 충분히 머물기 위해, 그리고 신체를 충분히 조종하기 위해 몸을 준비시켜야 한다. 이것은 마치 음악가가 아름다운 음률을 만들어내기 전에 그의 악기를 준비시켜야 하는 것과 같다. 또는 운동선수가 경기에 참가하기 전에 준비운동을 하는 것과 같다. 그다음에 그날의 생산활동을 하는 시간이 이어지는 것처럼 인생에서도 생산의 시기가 중간 단계에 있다. 저녁에는 우리 몸이 점차 움츠러들고 피곤해져서 잠에 곯아떨어진다. 전체적인 인생을 두고 말하자면 죽음으로 가라앉는다고 표현할 수 있다.

인생의 중간 단계에서는 지향하는 가치에 변화가 일어난다. 이전에는 외부로부터의 지식에 동화되었다면 그 후에는 이러한 가치들을 변화시키고 정화시켜서 지혜와 같은 형태로 주위에 돌려준다.

어린아이들이 천진난만하게 세계를 만나고 마법에 걸린 듯이 어떤 아우라에 둘러싸여 있는 것을 종종 경험한다. 다른 한편으로는 노인들에게서 어떤 빛이 퍼져나오는 것처럼 느껴질 때가 있다. 노인들이 정신적으로 만족하고 균형 잡혀 있다면 그 빛은 내면으로부터 흘러나온다. 그들은 인생의 마지막을 향해 가는 인간으로서 내면으로부터 바깥세상을 헤아린다.

우리는 인생 전반기에 서서히 지상으로 내려온다. 교육과 환경은 튼튼하고 건강한 몸을 만드는 토대가 된다. 발아래 단단한 기반을 지닌 사람이 되는 것이다. 건강한 몸은 한 인간이 균형 잡힌 영혼과 정신적인 삶을 발달시킬 수 있는 밑바탕이 된다. 인생 후반기에는 육체가 질병과 노화로 인한 장애로 고통받을지라도 정신은 점점 더 각성되어 그 사람의 존재를 조화롭게 한다.

인생의 이 단계에서 균형 잡힌 영혼과 정신적인 행위는 신체의 안녕을 위한 기초를 형성한다.

이러한 세 개의 주요한 단계는 각각 7년 주기의 작은 세 단계로 나뉜다. 우리는 7년이 지난 후 인생에서 상당한 변화가 있었음을 깨닫는다. 그리고 그것에 관심을 기울일 줄 알아야 한다.

인생을 7년 주기로 나누는 것은 과거의 많은 전통에서도 나타난다. 루돌프 슈타이너는 정신과학을 근거로 하여 삶을 바라보는 이러한 전통적인 방식을 재조명하여 그 타당성을 입증했다. 7년 주기의 초기와 말기에 특별한 변화가 일어난다. 첫 번째 단계에서는 주로 신체의 변화가, 두 번째 단계에서는 영혼의 차원에서, 세 번째 단계에서는 영혼과 정신의 차원에서 변화가 일어난다. 우리는 '리듬과 거울 이미지'(171쪽 참고) 장에서 더 세세하게 이것을 살펴볼 것이다. 라이프스토리 사례연구에서는 특별히 7년 주기 리듬을 염두에 두고 살펴볼 것이다. 또한 이론적으로만 접근하지 않도록 여러 라이프스토리를 지속적으로 관찰하여 이론적 개념들을 정립하려고 한다. 많은 라이프스토리를 통해 인간 생애 발달의 원리를 이해하는 방법을 체험해 보자.

라이프스토리 1

나는 포르투갈의 코임브라(Coimbra) 근처에 있는 작은 마을에서 태어났다. 그 마을은 풀과 나무가 많고 멀지 않은 곳에 산이 있었다. 아름답고 평화로운 곳이었다. 나는 셋째인데, 큰오빠는 나보다 세 살이 많고 둘째 오빠는 열네 달이 빠르다.

나의 첫 번째 기억은 두 번째 생일 즈음 여동생이 태어났을 때다. 엄마가 진통을 겪으며 비명을 지르고 있었다. 오빠들이 멀리 있었기 때문에 나 혼자 몹시 외로웠다. 창밖을 내다보려고 의자로 기어 올라갔는데 멀리 산과 계곡이 보였다. 그때 문득, 붉은 드레스와 푸른 망토를 입은 성녀님을 보았다. 나는 너무 겁이 나서 도망쳤다.

예순여덟 살에 그 집을 다시 찾았을 때, 바로 그 창문과 의자를 보았다. 약간 등골이 오싹했는데, 그때와 마찬가지로 내 앞에 같은 이미지가 나타났다.

3년 후 또 한 명의 여동생이 태어났다.

내가 세 살 때 아버지는 모든 재산을 잃었다. 그 때문에 우리 가족은 아베이루(Aveiro)에 있는 할아버지, 할머니 댁으로 이사했고 아버지는 브라질로 가셨다. 그때 나는 네 살이었다. 그 후 우리 가족은 아버지를 따라 살바도르로 갔다. 거기서 두 여동생은 오염된 물을 마시고 세균성 설사병으로 일주일 사이에 죽어갔다. 그다음 주에 엄마는 새 여동생을 낳았다. 두 여동생을 잃은 후였기에 식구들은 새로 태어난 여동생을 애지중지했다. 물론 나는 몹시 샘을 냈다. 다섯 살 때, 우리 가족은 모두 리우 데 자네이루로 이사했다. 그러나 그곳에서의 생활은 아주 어려웠다. 당시 엄마는 건강이 좋지 않아서 네 자녀를 데리고 포르투갈로 돌아가기로 하셨다. 우리는 다시 아베이루에 있는 할아버지 댁에서 살았다. 아버지는 브라질에 남아서 판매대리인으로 일하다 나중에 상파울루로 옮겼다.

아베이루는 매우 아름답고 깨끗한 도시였다. 강의 지류가 마을 한가운데를 가로질러 흐르고 있었다. 그 강은 화려한 무늬로 장식된 범선과 보트로 늘 붐벼서 아이들에게 대단히 매력적이었다. 동생들은 아베이루에 있는 유치원에, 나는 수녀원에 있는 학교에 다녔다. 4년 후 또 다른 수녀원 학교로 전학 갔는데, 거기서 포르투갈어와 수공예를 배웠다. 열한 살 때는 파라티푸스에 걸렸다.

그동안 아버지는 상파울루에서 도자기공장을 차려 정수기를 생산하셨다. 나중에 그는 물을 정화하고 살균하는 살루스라는 회사를 인수하셨다.

(오염된 물 때문에 두 딸을 잃은 이 사람의 운명에서 부정적인 경험이 여기서 어떻게 긍정적인 것으로 변화되었는지를 보는 것은 흥미롭다.)[2]

---

[2] 원문과 달리 이 문장은 괄호로 표시했다. 이 라이프스토리에서 주인공이 화자인데, 이 문장은 저자가 해설을 덧붙인 것이다.

아베이루에서의 어린 시절은 좀 슬펐다. 여동생이 모든 관심의 대상이 되었고 나는 늘 그늘 속에 있는 듯했기 때문이다. 두 아이를 잃은 후 낳은 이 아이가 엄마에게는 천사와 같았으리라는 것을, 나는 이제 이해한다.

6년 후 우리는 브라질로 돌아와서 아버지가 계신 상파울루로 바로 갔다. 열두 살이 되어갈 무렵이었다. 앞서 말했듯이 당시 아버지는 정수기 필터공장을 소유하고 계셨다. 그해에 처음으로 생리를 시작했다. 그곳에서도 기초학교 4학년 과정을 한 번 더 하기 위해 수녀원 학교인 상조제(São José)를 다니게 되었다. 당시에는 학교에서 행복했던 기억이 없다. 다시 그늘 속에 놓인 이방인처럼 느꼈다. 포르투갈에서 돌아왔을 때 브라질 사람들의 부드러운 억양과 달리 나는 매우 강한 포르투갈 억양을 쓰고 있었기 때문이다.

그래서 나는 동급생들의 조롱거리가 되었다. 역사 시간에 수녀 선생님들은 포르투갈인들을 비난했다. 너무 화가 나고 속상해서 아버지에게 왜 나를 포르투갈에서 이곳으로 데려왔냐며 원망했다. 심지어 포르투갈로 돌아갈 비밀계획을 세우기도 했다. 이 무렵 나는 안으로 움츠러들어 몹시 내성적으로 변했다.

열네 살부터 비서가 되기 위한 훈련을 시작했다. 열여섯 살 때, 엄마는 정수기 판매대리점을 시작했다. 대리점 이름은 '카사 살루스'였다. 거기서 오후에는 엄마를 위해 일하고 오전에는 영어와 피아노 레슨을 받았다. 사업 회계뿐만 아니라 현금 관리와 모든 서류작업에 대한 책임을 지고 있었다. 일을 점점 더 잘할 수 있게 되었고 경제적으로도 독립했다. 아주 행복했고, 스스로를 중요한 존재로 여길 수 있게 되었다.

열여덟 살 무렵에는 가족들과 포르투갈로 길고 아름다운 여행을 떠났다. 친척들을 방문해서 어린 시절 추억의 장소를 찾아볼 수 있어 대단히 기뻤다. 여행에서 돌아왔을 때는 일을 계속하면서 다시 공부를 시작했다. 그리고 돈을 받아서 내가 원하는 것을 살 수 있었다. 행복했던 나는 독립적이었으며 중요한 존재였다. 하지만 이 모든 것에도 불구하고 커다란 공허감을 느끼기 시작했다. 그래서 서글펐다. 왠지 내가 하찮게 여겨지고 겉은 그럴 듯하지만 속은 텅 비어 있는 것 같았다. 도움을 주고 싶었고, 누군가가 나를 필요로 한다는 느낌을 받고 싶었다.

우리는 리우 데 자네이루에도 사무실이 있었는데, 아버지는 때로 사업상 여행을 하셔야 했다. 그래서 가끔 아버지와 그곳으로 여행을 갔다. 가족생활은 이렇게 지속되었다. 그사이 오빠들이 결혼해서 조카들이 태어났다.

스물다섯 살에 비로소 내 인생에 의미를 준 남자를 만나 훗날 결혼했다. 미치도록 사랑에 빠지지는 않았지만, 그에게 깊이 공감하고 감탄했다. 전전히 사랑이 깊어지면서 확고하고 아름다운 사랑으로 발전해 갔다. 내 나이 스물여덟, 내가 결혼하던 바로 그날 아버지가 심장마비로 쓰러지셨다. 아버지는 포르투갈을 다시 여행하고 계셨는데, 그 이듬해 아베이루의 할아버지 댁에서 돌아가셨다. 그리고 거기 묻히셨다.

나의 생활은 일과 가정 사이에서 한결같이 이어졌다. 남편의 지성과 일하는 방식, 그의 성격과 도덕성에 매우 감탄하고 있었다.

서른한 살 때, 40도가 넘는 고열을 동반한 심각한 장염에 걸렸다. 어려서 홍역과 파라티푸스에 걸렸을 때 꾸었던 것과 같은 꿈을 이때 다시 꾸었다. 하늘나라에 닿을 때까지 높이 높이 올라가는 꿈이었다. 거기서 흰 수염을 기른 백발의 멋진 베드로를 만났다. 그는 나에게 천국의 문을 열어주었다. 경이로운 소리와 흰 꽃들로 아름다웠다. 성 안토니도 나에게로 왔다. 그는 형용할 수 없이 아름다워 잊을 수 없었다. 아직 거기 머무를 수 없으니 돌아가야 한다고 누군가가 내게 말했다. 그때 설핏 잠에서 깨어 소리를 질렀다. 나는 점점 더 빨리 떨어지다가 철조망 위로 뚝 떨어져 피투성이가 되었다. 그 후 잠에서 깨어날 때마다 두려움과 공포를 느꼈다. 여섯 살부터 이런 꿈을 꿀 때마다 세세한 부분까지 똑같았다는 것을 심각한 장염에 걸렸던 서른한 살 때 분명히 깨달았다. 그 후 병에서 회복되는 동안 친정엄마 집에서 얼마간 머물렀다. 같은 해 서른두 살이 되었을 때, 남편이 일종의 다발성 신경염에 걸려 척추천자(脊椎穿刺)³⁾를 받아야 했다. 하지만 정확한 진단을 받기까지 오랜 시간이 걸렸다. 그 후 3년 동안 그의 병은 전염성 류마티즘으로 의심되긴 했지만 정확한 진단을 받지 못한 상태에서 심령술사의 치료를 받는 등, 온갖 노력을 해보았다. 그러나 어느 것도 긍정적인 결과를 가져오지는 못했다. 남편은 극도로 화를 내고 반발했다. 심지어 자살하려고까지 했다. 당시 알렉산드라 레로이(Alexandra Leroi) 박사라는 분이 강의 여행차 브라질로 왔다. 그는 남편의 병이 다발성경화증이라고 짐작했는데, 곧 그의 진단이 옳은 것으로 밝혀졌다. 남편은 그 병으로 15년 동안 고통을 받았다. 이런 상황은 내가 오래전부터 원했던 인생의 과제를 던져주었는데, 그것은 누군가에게 도움이 되는 사람이 되는 것이었다.

내 나이 서른여섯에 남편과 나는 스위스로 가서 아를레스하임(Arlesheim)에 있는 이타 베크만(Ita Wegman) 의료원에서 아홉 달 동안 머물렀다. 거기서 저명한 사람을 만나 인지학(人智學)을 공부하기 시작했다. 서른일곱 살에 아베이루에 있는 할아버지 댁에 가서 또 몇 달을 지내다가 다시 브라질로 돌아왔다. 남편은 상파울루에서도 마사지와 치유 오이리트미[4] 같은 인지학적 치료를 계속 받았다. 당시 그는 휠체어를 타야 했다. 나는 오전에는 남편을 돌보고 오후에는 일하러 다녔다. 그를 돌보는 동안 내가 매우 많은 것을 감당하고 있다고 여겨졌다. 정신적인 사랑이 우리 사이에서 자라났고, 이것은 너무나 강해서 결코 끝날 것 같지 않았다. 남편이 아팠던 15년 동안 그는 내게 정화와 정신적 고양 그리고 성숙의 도구였다. 다시는 자신이 중요하지 않다거나 공허하고 불행하다고 여기지 않게 되었다. 나는 숭고한 내면의 조화와 죽음 너머까지 이어지는 남편과의 강한 인연을 느꼈다. 그로 인해 지금까지 힘을 얻고 보호받으며 인도받았다고 생각한다.

내 나이 마흔셋에 엄마가 우리와 함께 살게 되었다. 1년 후 남편과 나는 친척의 농장에 가 있었는데, 거기서 남편은 상태가 더 나빠져 그때 이후로 집을 떠날 수 없게 되었다.

일 년 후 조카가 교통사고로 열아홉 살에 숙었다. 또 다른 소카는

---

3) 척추에 구멍을 내서 척수를 검사하는 것.
4) 오이리트미는 1912년 오스트리아의 철학자이자 예술가이며 교육자인 루돌프 슈타이너에 의해 창시되었으며, 1919년 2월 스위스 취리히에서 처음 공연되었다.
　희랍어로 오이리트미는 '아름다운(eu)+리듬(rythmie)'을 의미하며, 결국 '아름다운 동작'을 뜻한다. 오이리트미는 음악이나 언어를 신체의 움직임으로 표현하는 유일한 예술이다. 음이나 말소리에 맞춰 고유한 동작으로 표현하는 오이리트미는 '보이는 음악예술' 또는 '보이는 언어예술'로 알려져 있다. 언어와 음악에 살아있는 창조의 힘을 동작으로 표현하는 것이므로 신체와 영혼이 우주의 기운과 연결되어 있음을 자각하게 된다.
　치유 오이리트미는 의사의 처방에 따라 일반인의 건강관리 또는 특수아동을 위해 장애 치유의 목적으로 개발하여 발전시켰다. 그밖에 회사 및 일반 사업장에서도 심신의 균형을 이루고 일의 능률과 건강을 위해 오이리트미를 활용하고 있다.

결혼했다. 마흔일곱 살에는 엄마가 심장병으로 고생하기 시작했다. 게다가 어린 시절부터 남편을 돌보아왔고, 여러 해 동안 우리와 함께 지냈던 가정부가 궤양성 정맥류 때문에 수술을 받아야 했다. 그래서 나는 한 집에서 세 명의 환자를 돌보아야 했다. 남편은 마비가 계속 진행되다가 결국 1970년 6월 4일에 죽었다. 그때 내 나이 마흔여덟이었다. 22년 동안 함께 산 남편은 나의 좋은 친구였다.

남편이 죽은 후에는 온전히 일에 매달렸다. 여러 개 지사를 만들었고, 직접 관리하는 커다란 상점이 네 개나 되었다. 쉰여섯부터는 점차 사업을 정리해서 마지막 한 곳만 남겨두었다.

부연(1985년 63세에 씀)

지금도 상점 하나는 운영하고 있지만 마침내 더 많은 자율권을 다른 사람들에게 넘겨주는 법을 배웠다. 나는 고객들과 만나는 것을 좋아한다. 저녁엔 혼자 사는 집으로 간다. 너무 다 갖춰 놓아 할 일이 없는 것 같다. 자신이 쓸모없다고 느끼고 싶지 않기 때문에 새로운 과제를 찾고 있다. 지금까지 9년 동안 휴가를 가본 적이 없다. 이제는 스위스와 포르투갈로 다시 여행을 떠나고 싶다.

그러나 이 휴가는 스위스를 방문한 지 30년 후인 3년이 더 지나서 이루어졌다. L여사는 아를레스하임에 다시 왔다. 그녀는 병원과 괴테아눔을 방문하고 슈타이너가 만든 '인류의 표상'이라는 나무조각상을 연구하는 데 대부분의 시간을 보냈다.

포르투갈을 거쳐 돌아오는 여행에서 그녀가 태어난 집을 다시 방문하여 머물렀다. 그녀는 브라질로 돌아가면 남은 상점들을 팔기로 했다. 무엇보다도 1960년부터 1988년까지 28년간을 쉼 없이 일했다. 부모의 사업은 조카에게 넘겼다.

중요 라이프스토리 정보

2세	첫 번째 기억(정신적 경험).
3세	아버지가 브라질로 이사.
4세	두 여자 형제를 잃고 브라질로 감.
5세	포르투갈로 돌아감.
11세	파라티푸스에 걸림.
12세	브라질 상파울루로 돌아감.
14세	비서 훈련.
16세	일을 시작함.
18세	포르투갈로 여행. 어린 시절의 장소를 방문.
25세	미래의 남편을 만남.
28세	결혼, 부친 사망.
31½세	장내 감염 - 초감각적 경험.
32세	남편이 병이 남.
36세	새로운 단계 - 아를레스하임에서 인지학을 알게 됨.
37세	포르투갈의 아베이루를 여행함.
43세	모친이 그녀의 집으로 이사.
48세	남편의 죽음 - 사업을 구축.
56세	점차 다른 사람에게 사업을 넘겨주고 하나만 남겨둠(휴가가 없었음).

63세   한 사업에 집중해서 일함(휴가가 없었음).

66세   괴테아눔과 이타 베그만 병원, 그리고 포르투갈로 여행 - 마지막 사업을 조카에게 물려주기로 결심.

극적으로 굉장한 사건이 없는 라이프스토리로 잘 묘사되어 있다. 그런데 왜 이것을 여기에 넣기로 했을까? 그것은 L여사가 오랜 세월 우리와 함께했고 여러 해 동안 그녀 자신의 라이프스토리 작업을 할 수 있었기 때문이다. 우리는 이 라이프스토리에서 몇 가지 전형적인 법칙을 발견할 수 있다.

첫 번째의 세 7년 주기의 법칙을 살펴보자. L여사가 살았던 환경은 집, 학교, 직업으로 점진적으로 확대되었다. 그녀가 자람에 따라 세 단계로 발전한 것이다. 열두 살 무렵, 그녀는 다른 아이들의 조롱거리가 되었고 그로 인해 수줍고 내성적인 성격이 되었다. 그것은 자신이 다르다고 느꼈기 때문이다. L여사는 16세에 일을 시작했고, 그녀의 전 생애에 걸쳐 나타나는 주제(motif)인 '사업'이 여기서 출발했다는 것을 알 수 있다. 하지만 그녀는 불행하고 공허하다고 느꼈다.

그녀가 결혼한 28세에 부친이 사망했다. ― 옛것이 떠나고 새로운 출발이 있었다. 인생 동반자와의 연결은 3, 4년 후 그녀에게 새로운 도전으로 다가왔다: 15년 동안이나 병자가 된 남편을 돌보면서 그녀는 세계에 대한 정신적인 관점을 가질 수 있었고, 헌신과 사랑으로 정화되었다.

남편이 세상을 떠난 직후, 사업을 다시 시작했다. 사업은 L여사의 인생에서 되풀이해서 나타나는 반복되는 주제(leitmotif)였다. 49세에서 56세까지의 7년 주기 동안에는 네 개의 큰 판매대리점으로 차근차근 사업을 확장했다. 그러다가 56세 이후에는 서서히 일에서 물러났다. 하지만 그다음 7년 주기에도 사업체 하나는 계속 운영했다.

L여사의 라이프스토리에서 볼 수 있는 더 심오한 것은 달의 교점[5]으로 만들어진 흔적이다.(18년마다 달의 교점이 인간의 삶에서 반복된다. "리듬과 거울 이미지" 장에서 이것을 다시 언급할 것이다.) 이때마다 L여사에게 고향과 조부모의 집, 어린 시절의 장소에 가보고 싶다는 강한 열망이 일었다. 그 열망은 18세와 37세에 일었다가 57세에 다시 일었지만 66세가 되어서야 이룰 수 있었다.

토성 리듬 또한 L여사의 인생에서 볼 수 있다.(30년 후의 휴식과 회귀): 30년 후 그녀는 정신적 고향인 이타 베그만 병원과 괴테아눔을 다시 찾았다.

라이프스토리 2

나는 열두 명의 형제자매 중 일곱째로 태어났다. 아버지는 인디언이고 어머니는 포르투갈 사람이다. 나는 가족들이 사는 집 뒤에 있는 인디언 오두막에서 할머니와 살았다. 할머니와 나는 매일 숲으로 가서 약초와 열매, 그리고 무엇보다도 담배나무를 찾아 모았다. 나는 할머니가 실 잣는 일을 도와서 실을 감아야 했다. 담배나무가 다 자라면 잎을

---

[5] 달의 교점(月之交点, lunar node)은 달의 궤도 교점으로, 달의 궤도가 황도와 교차하는 점이다. 승교점(昇交點, ascending node)은 달이 황도를 북쪽으로 가로지르는 곳이다. 강교점(降交點, descending node)은 달이 황도를 남쪽으로 가로지르는 곳이다. 달의 교점은 6793.5일 또는 18.5996년에 걸쳐 황도를 역행하며 (교점 주기라고도 불리는 장동 주기) 한 번의 공전을 마친다.

땄다. 나는 담뱃잎을 말아야 했고, 할머니는 그것으로 커다랗고 검은 소시지 모양을 만들었다. 담배는 치료 목적은 물론 할머니의 파이프를 위해서도 쓰였다. 할머니는 치료사였다. 많은 인디언이 병에 걸렸을 때, 조언을 듣고 약초를 얻으려고 할머니에게 왔다. 모든 환자는 짧은 시구(詩句)와 함께 처치를 받았다. 그래서 나는 어린 나이에 각각의 상처에 알맞은 시구와 약초에 대한 모든 것을 배웠다. 할머니는 가장 좋아하는 손주가 내가 아니었는데도 나를 후계자로 삼았다. 할머니는 누구보다도 자매 중에서 피부가 가장 하얀 손녀를 제일 좋아했고, 종종 그녀를 무릎에 앉히고 안아주었다. 그러나 그녀는 할머니 집에 들어갈 수 없었다. 나만이 치료사를 계승할 사람으로 선택받았다.

매일 저녁 나는 오카(인디언식 오두막)의 틈새로 안을 들여다보았는데, 인디언들이 저녁 예식을 위해 그곳에 와서 노래를 불렀다. 하지만 우리 가족 누구도 오카 안으로 들어가는 것이 허락되지 않았다. 나머지 가족들은 집 안에 숨어 있어야 했다.

나는 여섯 살 때, 읽고 쓰는 것을 스스로 깨우쳤다. 아버지는 나에게 산수와 다른 기능들을 가르쳐주었다.

아홉 살 때의 어느 날 저녁, 할머니가 숲에서 돌아와서 지친 채 해먹에 누웠다. 그러고는 아들을 불러서 이제 곧 죽을 거라고 했다. 할머니는 마지막 성찬식을 받아들이지 않았으며, 돌아가신 후 가족묘에 묻혔다. 할머니가 돌아가시자 전혀 예상하지 못했던 일이 벌어졌다: 아버지가 할머니의 오두막을 불태워버렸다. 모든 것이 타버리고 재만 남았다. 그때 나에게 무슨 일이 벌어진 것일까? 이때부터 우리 가족은 더욱더 가난해졌다. 아버지는 새 옷을 사 입고 다른 여자들과 어울려 마을을 휘젓고 다녔다. 내가 숲의 뿌리와 열매들을 잘 알고 있었기 때문에 가족을 먹여 살려야 했다.

아버지는 정치에 관여했다가 정부가 바뀌는 바람에 위협을 받았다. 그래서 내가 보디 가드로 아버지와 함께 다녀야 했다. 아버지의 권총을 할머니가 짠 작은 가방에 숨겨서 갖고 다녔다. 열한 살 때, 아버지가 손잡이에 진주조개가 박힌 작은 권총을 주었다. 나는 당장 사격 연습을 시작했다. 당시 우리 가족은 양계장을 하고 있었는데, 내가 사격 연습을 한다며 닭들을 한 마리씩 쏘아 죽여서 엄마는 몹시 화를 냈다. 닭을 팔지 못하고 요리해 먹어야 했기 때문이다. 그래도 나는 가족을 도와서 많은 닭을 팔았다.

나는 기꺼이 도움을 주고 싶어 했고, 공부를 좋아했다. 그래서 주변의 농부들에게 읽고 쓰는 것을 가르치기 시작했다. 내가 학교에 갔을 때는 3학년을 건너뛰었지만 반에서 늘 최고의 학생이었다. 하지만 친구가 없어서 아버지에게 차라리 상급학교로 보내 달라고 졸랐다. 마침내 어려운 시험을 통과하여 우리 가족 중 처음으로 상급학교에서 공부하는 여자가 되었다. 상급학교에서도 나는 여전히 가장 우수한 학생이었다. 학교 구내매점에서 일하면서 생활비를 벌었고, 많은 아이에게 개인교습을 해주었다. 농부들에게 읽고 쓰기를 가르치는 일도 계속했다.

나를 눈여겨보던 선배들이 어느 날 비밀스런 책들을 가져다주었다. '빅 브라더'가 쓴 책이었다. 그 책의 모든 사상은 놀라운 것이었다. 나는 농부들에게 이 사상들을 조금씩 가르쳤다. 라디오에서 연설도 하고, 신문사도 차렸다. 이렇게 해서 점점 전국에 알려지다 보니 마침내 군사정부가 나의 존재를 알게 되었다. 그들이 나를 제거하려 했기 때문에 도망

쳐서 숨었다. 그러나 고지식한 아버지가 내가 숨은 곳을 누설하는 바람에 열일곱 살부터 열여덟 살까지 감옥살이를 해야 했다. 1년 후 마침내 석방되어 외국의 한 도시를 여행했다. 거기서 어떤 성직자와 협력하여 농부들과 함께 일하며 읽고 쓰기를 가르쳤다. 농부들은 손이 거칠어서 연필 잡는 것을 어려워했다. 그래서 손가락이 다시 부드러워지도록 기름을 발라 문질러주곤 했다. 농부들은 마침내 그들의 이름을 쓸 수 있게 되었고, 세상에서 무슨 일이 벌어지고 있는지 알게 되었다.

한편으로 '빅 브라더'의 사상에 한계가 너무 많다는 생각이 들기 시작했다. 때마침, 이 당시에 게릴라 운동이 일어나서 확산되고 있었다. 게릴라 운동을 위한 루트가 만들어졌고 그 루트는 파라과이에도 뻗어 있었다. 그 루트를 따라 게릴라들을 보호해주는 많은 농장이 있었다. 나는 열아홉 살에 다시 수감될 때까지 이 일을 기획하는 데 열성적으로 가담했다. 2년간의 두 번째 감옥생활은 처음보다 더 어려웠다. 나는 묵비권을 행사했다. 그래서 비록 심한 고문을 당했지만 함께 일했던 사람들에 대해 아무 말도 하지 않았다. 살갗은 흉터로 얼룩졌고 상처들은 아물지 않았다. 치료를 많이 받았지만 고열과 류마티스성 질병에 시달렸다. 다리를 다쳤을 때는 피를 너무 많이 흘려서 병원으로 옮겨졌다. 정밀검사를 했지만 질병은 발견되지 않았다. 여섯 달 동안 병원에 있다가 가까스로 도망쳐 나왔다. 그때가 막 스물한 살 되던 때였다. 그 후 남아메리카의 여러 나라를 전전하며 도망 다니다가 인생의 짝을 만났다.

그와 결혼해서 행복했다. 남편은 전처의 아들을 데려왔고, 나는 곧 임신해서 어여쁜 아기를 낳았다. 엄마가 되어 행복감으로 환히 빛났다. 그 무렵, 2년 동안 질병으로 고생하다 마침내 루푸스[6]로 진단받았는데 이후에도 계속 재발했다. 그러나 그렇게 많이 괴롭진 않아서 가르치는 일을 즐겁게 계속할 수 있었다.

남아메리카의 한 나라에서 다시 공부를 시작하여 사회학으로 학사학위를 받았다. 그러나 내 생활은 점점 위험해져 더 이상 남아메리카에 숨어 살 수 없게 되었다. 그래서 유럽으로 도망쳤고, 세 나라를 옮겨 다니며 지냈다. 그곳에서도 가르치는 일을 계속하면서 출판사에서 일하기 시작했다. 삶은 매우 만족스러웠지만 조국에 대한 그리움이 점점 커져 갔다.

어느 날, 내가 공항에 서서 브라질 아이들에게 작별인사를 하는 영상을 보았다. 눈물겨운 그 영상은 일부러 나에게 보여준 것이지만 나에게 이런 일이 일어나는 것이 싫었다. 처음에는 거북해서 그 영상을 더 이상 보고 싶지 않았다. 하지만 곧 자제력을 되찾았다. 이 무렵 브라질에서 망명법이 제정되었다. 이는 나 같은 망명자들이 고국으로 돌아가는 것을 허락한다는 의미였다. 가족은 나를 감동적으로 맞이해주었다. 막 스물여넓 살이 되던 때였다.

조국에서의 생활은 새로운 경험이었다. 새로운 사람들을 만났고 조국을 이해하려 애썼다. 더구나 남편은 일자리를 찾지 못했다. 그가 새로운 상황에 적응하는 데는 시간이 필요했다. 나는 가르치는 일을 시작했고, 이렇게 해서 가족에게 필요한 돈을 벌었다. 얼마 후 남편은 점점 이상하게 행동하기 시작했다. 그는 망명자였고, 여자들에게 그것은 매력적인 것이었다. 어느 날, 그는 하이힐을 신은 예쁜 여자를 집으로 데리고

---

6) 전신 홍반성 낭창(狼瘡). 가임기를 포함한 젊은 여성에게 주로 발병하는 만성 자가면역 질환이다.

왔다. 그는 심지어 우리 두 여자와 함께 살기를 원했다. 나는 더 이상 그것을 받아들이지 않았고, 두 아이와 함께 집을 떠났다. 매우 우울했고 불행했다. 여전히 남편을 사랑했지만, 우연히 만난 여자를 데리고 와서는 온갖 어려운 삶을 함께 헤쳐왔던 자기 부인을 어떻게 버릴 수 있는지 이해할 수 없었다.

서른 살 즈음 남편과 헤어졌다. 내면의 평정을 되찾는 데는 2년이 걸렸다. 그때 나의 일을 다시 즐길 수 있었다. 나는 영화와 광고 사업에서 일하기 시작했다. 친구에게서 근사한 브라질 제과점을 사서 운영하기도 했다. 그래서 나와 아이들이 먹고살 만한 돈은 벌 수 있게 되었다.

서른다섯에 다시 격렬하게 사랑에 빠졌다. 그러나 이 사랑은 해서는 안 되는 것이었다. 임신했지만 석 달 만에 유산되었다. 이 무렵 남편이 두 아이를 데려가 버렸다. 내 인생에서 가장 큰 위기가 시작되었다. 아이들이 없어 외로웠고, 내적 공허감이 커지면서 뭔가 다른 것을 갈망했다.

나는 이미 정치에서 완전히 벗어나 있었다. 새로운 씨앗이 내 영혼 안에서 자라나는 것을 차츰 느꼈다. 그 무렵 할머니가 나에게 심어주었던 정신성을(das Geistige) 다시금 찾기 시작했다. 내가 찾고 있었던 것은 자신을 발견하는 정신적인 진실(eine geistige Wahrheit)이었다. 아이들이 내게 돌아왔고 집안은 다시 생기로 가득 찼다. 이 무렵, 새로운 사람과 사귀게 되었다. 그때가 서른여덟 살 즈음이었다. 우리는 두 영혼을 가진 하나의 심장이었고 서로를 완벽하게 보완해주었다.

그래서 어린 소녀 탕가는 서른아홉에 성숙한 여인이 되어 의식적으로 자기 삶의 주인이 되었다. 자기 병의 심각성을 이해하고 새로운 가치를 추구하게 되었으며, 이 새롭고 정신적인 가치의 도움으로 병을 극복하려고 노력하고 있다.

이 라이프스토리에서 무엇을 알 수 있는가? 우리는 어른처럼 다루어진 한 어린이를 경험한다. 그 아이는 어린 나이에 커다란 책임을 감당해야 했다. 그녀는 가족들, 형제자매와 함께 살지 않았다. 가족들과 떨어져서 그녀를 필요로 하는 할머니와 생활하며 할머니의 재능과 책임을 전수받아야 했다.

탕가는 아홉 살에 할머니가 돌아가신 후 할머니의 집이 불태워지는 것을 경험했고, 완전히 새로운 삶이 시작되었다. 이제 그녀는 훨씬 더 큰 책임을 떠맡아야 했다. 그녀는 다시금 자신의 아버지에게 이용당했고, 나중에는 정치가들에게 이용당했다. 그녀는 언제나 그들에게 이용 가능한 존재였다. 그녀는 감옥에서 고통스런 경험을 했다. 결백함이 어느 정도까지는 그녀를 지켜주었지만, 그녀가 심각한 병을 얻게 되는 것까지 막아주지는 못했다.

그때, 환자는 내적으로 많은 절망을 느끼며 그 시기를 살았다. 마침내 그녀는 서른일곱에 다시 자신을 찾아냈고 정신적 실마리를 발견했다.

이 라이프스토리에서 나타나는 바와 같은 개인적인 특징들을 뒤에서 더 정확하게 이해하게 될 것이다.

인간으로 자라나다
: 21세까지, 삶을 위한 준비

어른으로 성장해가는 스물한 살까지의 초기 발달과정은 한 사람의 전 생애를 규정지을 만큼 중대한 영향을 끼친다. 특정한 가족에게서 태어나 특정한 나라에서 세상을 만나고 그 나라의 말을 배우기 시작한다. 한 아이가 외동이인지 형제나 자매가 있는지는 이후의 개인성과 사회성 발달에 매우 중요한 역할을 한다. 한 인간을 형성하는 데는 많은 내적·외적 요인이 있다. 이를테면, 인간은 자신의 내적 요인들을 가지고 태어난다. 예를 들어 키가 크고 말랐는지, 작고 뚱뚱한지와 같은 체형이 그런 요인이다. 이런 요인들은 부모로부터 물려받은 것과도 관련이 있다. 한편으로 기질이나 태어난 때의 황도 12궁(별자리)과 행성의 영향 등은 태어나면서 갖고 온 또 다른 요인들이다. 210쪽에서 이 주제로 다시 돌아갈 것이다.

인생의 첫 번째 7년 동안 개인의 과제는 자신의 몸을 변형시키는 것이다. 이 변형 과정을, 내면적으로 나를 변화시킨 어떤 여행에서 돌아왔을 때 집을 새롭게 바꿔야겠다고 강렬하게 느끼는 것에 비유할 수 있을까? 또 다르게는, 건축가에게 집을 지어달라고 부탁했는데 다 끝나기 직전에 내가 원하는 대로 하기 위해 다 헤집어놓는 것에 비유할 수도 있다. 각 개인은 비슷한 과제에 직면한다. 한 사람의 자아는 정신적인 근원에서 떨어져나와 육신을 취하기 위해 이 땅으로 온다. 그리고 부모의 유전력에 의해 형성된 육신을 변형시킨다.

인지학에서는 어린 시절에 앓는 병들이 이러한 변형 과정을 돕는다고 한다. 첫 번째 7년 주기 동안 신체의 모든 세포에 그 개인의 특징을 부여했던 물질이 모두 새로운 물질로 바뀐다. 이 과정에서 신체 중에서 보다 단단한 세포인 젖니가 빠졌다는 것은 신체의 변형이 완성되었다는 신호다. 영구치는 특성상 사람마다 아주 달라서 치과 의사들은 환자의 치아만 보고도 그 환자가 누구인지 알아맞힐 수 있다고 한다.

첫 번째 7년 안에 외부의 영향으로 몸에서 정신이 깨어난다. 우리는 이 지점에서 또 다른 비유를 들 수 있다. 차가운 물 속에 들어갔을 때 어떻게 반응하는가? 충격을 받고 자신 속으로 움츠러들 것이다. 그렇지만 적당히 따뜻한 목욕물에 들어가면 만족스럽고 즐겁게 기지개를 켤 것이다. 아이의 인격도 이와 같다. 외적인 감각 인상이 이롭고 좋은 영향을 준다면 아이는 자기 몸 안에서 편안하게 느낄 것이고 스스로를 활짝 펼칠 것이다. 감각 인상이 불쾌하고 차가운 목욕물과 같다면 그는 몸으로부터 움츠러들어 신체를 충분히 변형시키지 못할 것이다. 그런 영향이 이후의 삶에서 분명하게 드러난다.

인간은 첫 번째 7년 동안 모방을 통해 배운다. 이때 어른의 태도가 매우 중요하다. 이 시기는 이후의 삶에서 나타나는 도덕적 행위의 기초를 형성하는 시기이다.

　루돌프 슈타이너는 여러 강의와 강좌에서 첫 번째 7년의 중요성을 이야기했다. 그는 이 시기 동안 아이가 감각 인상과 어른의 도덕적 행위에 영향을 받아서 '세상은 좋은 곳'이라고 어떻게 경험할 수 있는지 매우 잘 설명하고 있다.

　첫 번째 7년 동안 아이들의 정신 발달을 위해서는 무엇이 필요한가? 내가 진행했던 과정에 참여한 어느 참가자는 그것을 이렇게 표현했다; 아이들은 둥지가 필요하다. 그러면 둥지는 무엇을 제공하는가? 따뜻함, 감싸줌, 보호, 규칙적으로 먹고 자는 것, 그리고 무엇보다 사랑이다. 이 모든 것은 부모나 가족이 첫 번째 7년 동안 아이들을 위해 마련해주어야 하는 조건이다. 아이들은 전적으로 외부 환경에 의존하고 있기 때문이다. 아이들이 어떻게 자신의 한계를 점차 확장해가는지를 바라보는 것은 매우 놀라운 일이다. 처음에 아이는 어머니 몸속에 존재한다. 그러고 나서는 아기침대에, 그다음에는 방에, 얼마 후에는 층계를 기어 오르내리고 집안을 정복한다. 그러고 나서는 정원을, 그다음에는 거리를—만일 작은 마을이라면 얼마 후에는 마을 전체를 정복할 것이다. 처음에는 보호받던 아이의 작은 세계가 점점 넓어진다. 그것은 인생에서 여러 번 반복하게 될 자유를 향한 점진적인 진보라고 표현할 수 있다.

　어린이의 세 가지 기초적인 능력—꼿꼿이 서서 걷기, 말하기, 생각하기—은 모방을 통해 발달한다. 이것들은 일생 중 첫 3년 안에 신이 인간에게 부여하는 가장 두드러진 자질이다. 다리가 부러져 걷지 못할 때, 목이 쉬어 말을 할 수 없을 때, 어떤 이유로 생각과 기억이 제 기능을 못할 때, 오직 그럴 때만 우리가 그 세 가지 자질에 얼마나 많이 의존하는지, 선천적으로 그런 자질을 부여받지 못한 사람에게 그것들이 어떤 의미가 있을지 깨닫는다. 이 모든 것은 인간의 의식이 그것을 인식할 수 있기 전에 선물로 주어진 것이다. 우리는 시간과 공간, 영원성을 정복하기 위해 그것들을 사용한다. 우리는 공간 속에서, 다른 사람과의 교류 속에서, 그리고 생각의 세계에서 움직이는 것을 배운다고 할 수 있다. '나는 길이요, 진리요, 생명이다.'라고 예수님은 말씀하셨다.[7]

세 살이 막 지났을 때, 처음으로 자아를 경험한다. 이제 신경감각계가 성숙하여 그것을 도구로 사용할 수 있다. 아이는 내면적으로 세계로부터 자신을 분리하여 '나'('Ich')로 경험한다. 더 이상 '캐이티가 뭔가를 원한다'가 아니라 '내가 뭔가를 원한다'라고 말할 수 있게 되는 것이다. 이때가 바로 우리 모두 너무나 잘 알고 있는 '미운 세 살'에 들어선 때다. (누군가가 어른이 되어서도 모든 것에 'No!'라고 반응한다면 그것은 자기 자신을 주장할 필요가 있어서일 것이다.)

인간은 자아의 첫 번째 경험을 기억할 수 있다. 일반적으로 한 사람

---

7) 앞 문장과 연결이 다소 부자연스럽게 느껴질 수도 있는 이 문장은 '너의 존재의 모든 것' 혹은 근본이라는 의미를 담고 있으며, '인간의 세 가지 기초능력은 신이 인간에게 부여한 존재의 본질'이라는 의미로 쓴 게 아닐까 생각된다. 이 유명한 성경구절에 이어지는 다음 구절과 함께 생각해 보자. "나를 통하지 않고서는 아무도 아버지께 갈 수 없다."
예수님을 따라가면 하느님께 이르기에 예수님께서는 길이시다. 길이신 예수님을 따라갈 때 하느님의 생명, 영원한 생명을 살아가기에 예수님께서는 생명이시다. 예수님을 따름으로 영원한 생명을 누리는 길이 진정한 삶의 원리이기에 예수님께서는 진리시다. 이렇듯 신앙의 진리는 정지되어 굳어버린 논리적 이론이 아니라 생동감 넘치는 여정이다. 길이신 예수님을 따라 걷는 신앙인은 머리로 수긍하는 진리를 소유한 사람이 아니라, 진리이신 주님께 마음의 바탕을 두고 생명력 넘치게 살아가는 사람이다. (A. 그륀)
걷고, 말하고, 생각하는 인간의 기본자질은 시간과 공간, 영원성에 이르는 길이다. 이것은 저자가 말하는 개체의 한계를 넘어서는 우주적 정신성에 이르는 길이기도 하다는 점에서 위에 인용한 성경구절과 연결지어 생각해볼 수 있을 것이다.

의 생애에서 첫 번째 기억은 그 사람의 운명 전체에서 결정적인 의미가 있다. 그래서 라이프스토리 작업을 시작할 때, 첫 번째 기억을 불러내는 것이 매우 중요하다. 태어나기 전의 삶이나 전생의 기억을 캐내려는 사람들이 있지만 여기서 추구하는 것은 그런 것은 아니다. 우리는 깨어있는 평범한 의식을 관찰할 뿐이다. 어떤 사람이 갓난아기로 엄마 품에 안겨있을 때를 기억한다면 이 작업에서는 매우 예외적인 경우일 것이다.

라이프스토리에서 묘사하는 어린 시절의 환경과 자연 그리고 무엇보다도 부모의 집은 아이에게 결정적인 영향을 끼치는 것이 분명하다. 형제자매들과의 인간적인 상호작용도 중요하다. 종종 샘을 내기도 하면서 함께 나누는 것을 배워야 한다. 그런 점은 한 가족에서 셋째였던 환자의 라이프스토리 1에서 매우 분명하게 드러난다. 나는 이런 점에서 카를 쾨니히(Karl König)[8]의 책『형제와 자매들』을 읽어보기를 추천한다. 이 책에서 저자는 셋째 아이의 전형적인 역할을 언급한다. 아이는 형제자매와의 관계에서 언제나 좀 불리하다고 느낀다. 이것은 라이프스토리 3과 5에서도 명백하게 드러난다.

여러 라이프스토리에서 첫 번째 기억을 어떻게 묘사하고 있는가? 라이프스토리 1에서는 정신세계에 대한 경험을 매우 뚜렷이 묘사한다. 성모 마리아의 경험은 환자의 전 생애에 결정적인 영향을 끼쳤다. 라이프스토리 2에서의 소녀 탕가의 어린 시절과는 대조적이다. 여기서는 분명한 첫 번째 기억이 없다.

---

[8] 1902~1966. 오스트리아의 소아과 의사. 특별한 필요나 장애가 있는 사람들을 위한 치유 공동체인 캠프힐을 창설했다.

첫 번째 7년 주기에서 신뢰를 어떤 식으로 경험하게 되는가는 한 사람의 생애에서 결정적이다. 무엇보다도 아이들은 세상에 대한 순수하고 자연스런 신뢰를 가지고 태어난다. 나무에 높이 기어 올라갔다가 내려올 수 없을 때 그들은 엄마나 아빠를 부른다. 그러고는 안심하고 부모의 품으로 뛰어내린다. 살면서 언제 이런 식으로 자신을 내던질 만큼 어른을 신뢰해 보겠는가? 신뢰는 어린이의 기본적인 태도다. 어떤 의미에서 그것은 타고난 것이다. 그러나 우리는 얼마나 빨리 그런 신뢰를 잃어버리는가? 어쩌면, 아이가 한밤중에 깨어났는데 아빠 엄마는 극장에 가고 없다. 혹은 아이를 돌봐주기로 한 사람이 '너, 자러 가지 않으면 검은 양이 와서 물어버릴 거야!'라며 겁을 준다. 다른 예를 들자면, 어린 조니가 서커스에 가려고 코트를 입었는데 알고 보니 치과 의자에 앉아있다. 내가 진행한 강좌의 또 다른 참가자가 들려준 이야기도 있다. 그는 어릴 때 머리 깎는 것을 좋아하지 않았다. 그가 이발소에 갈 때마다 이발사는 그 아이를 위해 자기가 만들고 있는 비행기에 대한 긴 이야기를 들려주었다. 비행기가 완성되면 함께 가서 그걸 타고 날아보자고. 어느 날 누군가가 그 소년에게 "잘 들어봐! 그런 비행기는 존재하지 않아."라고 말해주기 전까지 이 이야기는 몇 년 동안 계속되었다. 그 소년은 너무나 실망해서 그 일을 평생 잊을 수 없었다. 바로 이 경험이 그의 인생에 불신의 개념을 심어주었고, 그것을 극복하는 데 오랜 시간이 걸렸다.

처음 7년이 지난 후, 일단 신체의 변형이 끝나면 이전의 변형 과정에 필요했던 생명력이 방출된다. 아이들은 학교에 갈 준비가 되고 잘 받아들일 수 있는 상태가 된다. 이제 이러한 힘을 사용하여 지식을 습득할 수 있다. 그러나 아이가 너무 일찍 입학하면 심각하게 해로운 결과를 초래한다. 이런 결과는 다음 7년 주기에는 눈에 띄지 않지만 인생 후반부인 56~63세 단계에서 나타난다. 이때 생명력이 신경 감각계에서 다시 방출되기 때문이다. 대체로 첫 번째 7년은 한 사람의 인생에서 이후의 신체 건강에 결정적인 영향을 끼친다.

두 번째 7년 주기에는 호흡기관, 심장 및 순환계가 성숙한다. 이 기관은 공감과 반감, 선과 악, 아름다움과 추함을 구별할 수 있게 하는 감정을 실어 나르는 도구이다. 이 단계는 동료 인간과의 관계, 그리고 무엇보다 세상과의 관계에서 인생 후반부에 거울처럼 반영된다. 이 단계에서 비로소 들숨과 날숨을 배운다고도 할 수 있다. 호흡 과정 자체에 대해서뿐만 아니라 세계와의 관계에 대해서도 대체로 그렇다는 것이다. 이 단계의 아이들은 자신을 더 이상 자연의 일부로 여기지 않는다. 대신 풍요로운 내적 삶이 펼쳐지고 상상력이 점점 더 풍부해진다. 어린이들은 상상 속에서 삶을 드라마처럼 경험한다. 공주였다가 노예였다가 다시 영웅이 되기도 하고 강도가 되기도 한다. 영혼이 다채로운 빛깔로 희미하게 빛나기 시작하고 내면세계는 꾸준히 외부 세계와 교류한다.

이 단계의 아이들은 모방을 통해서만 배우는 것은 아니지만, 권위 있는 인물로 우러러보고 경험할 어른이 필요하다. 부모가 여전히 그런 역할을 부분적으로 할 수도 있지만, 학교 교사가 그 역할을 하기 시작한다. 학교는 일곱 살에서 열네 살 사이의 아동들이 중심적인 시간을 보내는 곳이다. 교사들은 그들의 삶에 중요한 역할을 한다. 교사는 세계와 아동의 매개자다. 교사가 말하는 것과 그가 전하는 세계관은 아동의 발달과 이후의 삶에 깊은 영향을 끼친다. 교사가 인간은 유인원으로부터 유래했다고 굳게 믿고 있는지 아니면 신체와 영혼, 정신을 지닌 신성한 존재로 인식하는지에 따라 두 번째 7년 주기에 있는 아동의 세계 인식이 근본적으로 달라진다. 식물이란 단지 암술과 수술, 꽃잎 등으로 구성되어 있다고 여기는지, 아니면 자연이 가져온 꽃의 기적이 인간에게 기쁨을 주려고 존재한다고 여기는지, 이 모든 것은 일반적으로 삶에 대한 이후의 태도에 결정적인 영향을 끼친다. 아동의 감정 세계가 반드시 교육 과정과 수업에 포함되어야 한다. 여기서 자세히 다룰 수는 없지만, 이런 관점에서 발도르프 교육[9]에서는 문학이 수업의 주제를 감정의 세계와 연결해주는 역할을 한다.

어떤 아이가 집이나 학교에서 매우 권위적인 교육을 받았다면 자주 숨을 들이쉬어야 하고, 그런 이미지를 계속 간직하고 있어서 숨을 내쉬는 데 큰 어려움을 겪을 것이다. 이 때문에 그는 내향적으로 될 위험이 있다. 나중에 그는 자신을 다시 밖으로 끄집어내기 위해 애써 노력해야 한다. 다른 한편으로, 교육의 권위가 너무 부족하면, 자주 숨을 내쉰다. 그는 이후의 삶에서 내면을 거의 발달시키지 않았기 때문에 충분히 반성적이지 못하고 외부 세계에 완전히 장악될 수도 있다. 그래서 들숨과 날숨의 리듬이 알맞은 정도가 되어야 한다. 이렇게 하는 가장 좋은 방법은 교육에서 사랑과 권위가 조화를 이루는 것이다.

---

9) 최초의 발도르프 학교는 루돌프 슈타이너가 1919년 4월 독일 슈트트가르트(Stuttgart) 발도르프 아스토리아(Waldorf-Astoria) 담배공장에서 행한 강연에서 비롯되었다. 초등학교와 상급학교를 포괄하고 사회 계층에 관계없는 12년간의 통합학교를 주장했던 그의 강연에 감명을 받은 노동자들은 그러한 학교의 설립을 희망했고, 사장인 에밀 몰트(Emil Molt)의 지원으로 공장 내 노동자와 기타 일반인의 자녀를 위한 자유-발도르프 학교(Freie Waldorfschule)가 세워지게 되었다.
슈타이너는 인간의 몸과 마음이 물질체, 생명체, 감성체, 자아라는 4가지로 이루어져 있으며, 7년 주기로 차례로 펼쳐나간다고 했다. 발도르프 교육은 아이의 신체적·정신적 성장에서 아이의 발달과정에 맞게 3가지 정신 영역- 의지, 감각, 사고-의 조화로운 발달을 목표로 한다.

리듬은 언제나 활력을 주고 건강을 유지하는 데 효과가 있다. 그러나 오늘날 많은 성인이 하루, 일주일, 한 달, 일 년의 리듬이 흐트러져 괴로워하고 있다. 사람들은 지속적인 피로감을 호소한다. 리듬이 점점 더 자주 무질서해져서 수면 장애와 소화 장애, 심장부정맥, 천식 등을 일으킨다. 이런 것들은 두 번째 7년 주기에서 비롯했을 것이다.

예술과 종교는 감정 발달에 특별한 역할을 한다. 그래서 루돌프 슈타이너는 교육에 대한 강의를 요약하면서 "이 시기 동안 인간에게 내재한 아름다움의 요소를 일깨워야 한다."고 했다.

두 번째 7년 주기는 사람들의 행동에 많은 영향을 받는 때이고 온갖 종류의 행동 규칙들이 삶의 규범이 되는 시기이다. '너는 왼손만 두 개니?', '너는 우리 식구의 검은 양이야.', '학교에 보내봤자 소용없구나, 아무것도 배우지 못하잖니, 넌 멍청이야.'라는 말들은 영혼에 깊은 영향을 미친다. 또한 우리를 교육하는 사람들의 습관을 모두 내면으로 받아들인다. 식사 후 이를 닦는지, 샐러드를 많이 먹는지 아닌지 등과 같은 기본 습관을 형성하는 시기가 바로 두 번째 7년 주기이다. 나쁜 습관을 떨쳐 버리거나 깊이 뿌리 박힌 규범에서 벗어나는 것이 얼마나 어려운 일인가!

그런 규범들의 예를 들어보자: '울면 안 돼. 넌 강해져야 해.' 자라나는 소년이 이런 규범을 강요받았다면 훗날, 어른이 된 이 소년의 감정에 어떤 영향을 끼쳤겠는가?

또는, '남자애들이랑 놀지 마라.' '넌 공부할 필요 없어, 남자애들만 공부하는 거야.' 이런 말을 듣고 자란 여성이 어떻게 나중에 자신의 생활이나 직장에서 잘해나갈 수 있겠는가? 그런 생각이 어린 시절에 심어졌다면 남편이 죽었거나 이혼했을 때, 가족을 위해 충분한 돈벌이를 할 수 있겠는가?

 아홉 살 즈음 커다란 변화가 일어난다. 이때 아이는 더욱 자기 안으로 들어간다. 형제자매들과는 다른 감정을 지니고 있다는 것을 불현듯 깨닫기도 하고, 이웃 가족을 감정적으로 의식하기 시작한다. 예를 들어, 자신이 가난한 집안에서 태어났다거나 다른 집이 더 부자라는 걸 새삼스레 알아차린다. 친구의 부모는 자녀에게 우리 부모가 우리를 대하는 것보다 더 잘해준다거나, 내가 몹시 좋아하는 고양이를 오빠는 싫어한다는 것을 알아차린다—이런 예는 얼마든지 있다. 이 단계에서는 개별적인 감정체(아스트랄체)[10]가 깨어나면서 두 번째 에고를 경험하게 된다.

 그런데 감정체(아스트랄체)가 잘 자라려면 비옥한 땅이 필요하다. 그런 토양은 예술이나 종교에서 가져올 수 있지만, 무엇보다 부모나 교사로부터 오는 권위에 대한 사랑에서 가져올 수 있다. 교사는 교육에서 매우 중요하다. 사랑받고 존경받던 선생님들이 가르친 과목을 나중까지도 좋아하는 경우가 많다.

 또한 이 두 번째 7년 주기는 나와 너의 다름을 받아들이는 것을 배워야 하는 시기이다. 이런 상황은 동급생들 사이에서 주로 일어난다. 두 번째 7년 주기는 심리적 발달과 성숙, 그리고 일반적으로 대인관계에서 결정적인 시기이다. 이는 영혼의 삶이 발달하는 21~42세 시기와 특히

---

[10] 아스트랄체 또는 영혼체라는 용어는 별(Aster) 또는 태양(항성)과 연관이 있다. 동물에게는 자기 몸 안에 태양과 같은 아스트랄체를 갖추고 있는데 이를 성체 또는 태양체라고 부르기도 한다. 에테르체에 작용해 우리의 물질체를 움직이게 하는 의지가 아스트랄체이다. 우리의 감정생활은 아스트랄체와 연관이 있다.
 출처: https://steinerinstitute.tistory.com/698 [슈타이너사상연구소 : 평화의 춤]

관련이 있다. 결국 영혼의 삶에서 우리를 성장하게 하는 것은 타인과의 관계이다.

라이프스토리 1의 두 번째 7년에, 11세 소녀의 삶에 근본적인 균열이 일어난 것을 볼 수 있다: 포루투갈에서 브라질로 이사 오면서 외국 발음 때문에 새로운 학교환경에 적응하지 못한 일이 그것이다. 친구들에게 거절당한 경험이 그녀를 매우 내성적으로 만들었다. 여기서 우리는 그 소녀가 외부로부터의 요구에 제대로 대처할 수 없었음을 알 수 있다.

라이프스토리 2에서 소녀 탕가는 다른 환경에서 자라났다. 그녀 또한 아홉 살에 할머니의 죽음과 관련해서 커다란 변화를 경험한다. 그녀의 과거는 이 사건 이전과 이후로 구별되는 듯하다. 그 후, 완전히 새로운 가치가 그녀의 삶을 지배한다.

이제 14세에 이르렀다. 일찍이 11~12세에 시작된 사춘기가 14세까지 더욱 격렬해진다. 청소년들은 이 시기에 신체적으로 급격히 성장한다. 사춘기의 시작은 사람마다 다르다. 이 단계에 들어서면 일곱 살 때보다 다루기가 더 어렵다. 첫 번째 7년 주기에서 두 번째 7년 주기로 넘어갈 때 학교에 가고 싶어 하지 않는 아이들이 종종 있지만, 좋은 선생님을 만나면 극복할 수 있다. 그러나 열네 살에 다가가면서 더 깊은 절연(caesura)이 일어난다. 이것은 파라다이스에서 땅으로 곤두박질치는 것 같은 '죄의 나락'에 비유할 수 있다. 남자와 여자의 영혼의 태도에서도 분명한 차이가 나타나기 시작한다. 여자가 좀 더 우주적 차원에 남아 있는 반면 남자는 더 강하게 지상에 연결된다. 이러한 차이는 이후에도 계속 남자와 여자를 특징짓는다. 몇몇 라이프스토리에서 이 시기는 첫 번째 자살 시도와 동시에 일어난다. 이때 청소년은 문지방을 넘어서는 경험을 하고 있는 것이다. 땅으로 내려가는 길을 발견해서 여기서 활동하게 되든가 아니면 이 세계로부터 돌아서서 영적인 세계로 돌아가야 한다. 12세 소녀처럼 그렇게 어린 청소년들이 지상과의 접촉을 피하기 위해, 그리고 어른들의 세계가 아닌 어린 시절 혹은 상상이나 환상 속 어딘가에 남아있기 위해, 과거에는 인형을 갖고 놀았다면 오늘은 최악의 경우 약물을 복용하는 등, 매우 다양한 수단을 사용하는 일이 종종 벌어진다.

이 시기에 발달하는 신체기관은 하복부, 특히 생식기다. 또한 다른 무엇보다도 근육과 팔다리가 발달한다. 이 기간 동안 인간의 근육 시스템 전체가 굳건히 통합된다. 생식기와 근육, 팔다리는 우리가 세계를 변화시키는 데 쓰는 기관들이다. 소화기관을 사용하여 물리적 세계로부터 받은 물질을 처리해서 인간적인 물질을 만들어낸다. 또한 근육의 움직임을 더 잘 다룰 수 있게 된다. 팔다리는 창조적인 신체기관이다. 팔다리로 외부 세계를 변화시킨다. 이를테면 새로운 세계를 창조하는 것이나. 우리는 새로운 인산이 생식기를 가지고 지상에서의 삶을 시작하도록 도와야 한다.

청소년들은 두 개의 반대되는 힘 사이에서 갈팡질팡한다. 한편으로는 다른 어떤 시기보다 사춘기 때, 인간에 대한 이상적인 이미지가 가장 강하게 떠오른다. 다른 한편으로는 성충동이 깨어나 생리적으로 강력한 힘을 표출한다. 청소년에게 이 두 가지 힘은 한 극단에서 다른 극단으로 잡아당기는 것처럼 반대 방향으로 작용한다. 마치 그들의 영혼이 중간에서 균형을 잡고 있는 것과 같다. 그들은 세상과 자기 삶에 불만을 품고 반항적으로 행동한다. 청소년들은 자주 매우 내향적이 되어 '나는 누구인가?', '나는 지상에서 무엇을 하고 있는가?'라는 질문에 답을 찾고자 한다. 더 이상 부모에게 이해받지 못한다고 여기며 선생님들에게도 만족하지 못한다. 외부 세계에서 자신의 질문에 대한 해답을 스스로 찾을 수 있다고 생각하며, 마르크시즘에서 불교에 이르기까지 온갖 종류의 '주의'에 파고들어 알려고 한다.

사람들은 고립되어 있다고 느낄 때 친구를 찾는다. 그러나 청소년들에게 친구를 찾는 것은 자신의 환경에 대한 근본적인 비판을 표현하는 것이다. 그들은 자신 안에 문을 걸어 잠그고 들어앉아서 바깥세계를 향해 화살을 쏘아대며 그것이 누구를, 무엇을 맞추는지는 상관하지 않는 것 같다. 그들에게는 대단한 내적 힘이 있다. 그 힘으로 가정생활에 새로운 규칙을 도입하고 세상을 변화시킴으로써 자신의 환경과 세계를 바꾸고 싶어 한다.

생각하고 느끼고 의지(意志)하는 세 가지 영혼의 특성이 이 시기 동안 완전히 분화한다. 어떤 젊은이들은 사고하고, 숙고하고, 철학하는 데 정신이 팔려있다. 다른 젊은이들은 감정과 신념에 몰두한다. 그 예로 다양한 히피 운동을 들 수 있다. 어떤 젊은이는 공격적이고 파괴적으로 된다. 야생마 같은 그들의 의지는 억제될 수 없다. 그런 젊은이들은 자신의 의지를 통제하지 못하여 종종 주변을 위협하는 것으로 끝을 맺는다. 또 한편으로는 진실을 추구하기 시작한다. 부모와 교사가 진실할 때만 이에 맞설 수 있다. 자녀들은 그다지 온당치 않은 모든 가족관계를 눈치챈다. 그래서 어른들이 진실한 상황과 어울리지 않게 뭔가를 꾸미려 해도 아무 소용이 없다. 청소년들은 더 이상 책의 교훈을 받아들이지 않는다; 그들은 진짜 경험을 원한다. 자기 자신과 부모의, 또 세상의 진실을 알아내고 싶어 한다.

이후의 정신발달을 위한 기초를 놓는 시기가 바로 이 7년 주기이다. 14세부터는 자신의 운명에 점점 더 많은 책임을 지게 된다. 인간적인 만남은 모두 운명과 관련된 깊은 의미가 있기에 존중받고 보호받아야 한다. 우리가 하는 모든 것에는 결과가 따른다. 이 시기에 아이들에게 공부를 강요하는 것은 큰 의미가 없다. 이때까지 그들이 스스로 배우지 않았다면, 그 결과를 감내해야 한다. 교육에서도 자유의 원칙이 지켜져야 한다. 그러나 자유를 향한 발걸음은 느리다. 청소년들은 스스로 외적인 자유를 얻고 책임질 수 있는 정도까지 자유를 즐긴다. 자유와 책임은 저울에 올려진 두 요소라고 할 수 있는데, 균형을 잘 잡아야 한다. 또한 두 사람 사이의 이해를 위해 가장 중요한 것은 대화다. 따라서 대화를 집중적으로 장려해야 한다. 자녀들과 논쟁할 수는 있지만 일방적으로 뭔가를 금지해서는 안 된다. 청소년은 자율적으로 행동하는 것을 배워야 한다.

이 나이의 청소년에게는 내적 자유가 특히 중요하다. 사람들은 집에서 그리고 가정에서 더 많은 자유를 느낄수록 외부에서 자유의 필요성을 덜 느끼게 될 것 같다.(우연히도, 결혼생활에서의 관계에서도 마찬가지다.) 다음과 같은 장면을 흔히 접할 수 있다: 대학에 다니는 한 젊은이가 자기 방이 있다. 자신도 모르는 사이에 막 이혼한 누이가 세 자식들을 데리고 친정집으로 돌아온다. 그는 누이를 위해 그의 방을 비워주어야 한다. 왜 그것이 그에게 특별히 문제가 되는가? 부모들과 의논한 후 그가 자유의지로 그렇게 하게 한다면 다르다. 그러나 어쩔 수 없이 그렇게 한다면 그것은 이 나이에 더 이상 용인할 수 없는 개인적인 자유를 침해하는 것이다. 또 다른 예가 있다. 한 젊은 여성이 그녀에게 온 편지를 건네받았는데 봉투가 열려있었다. 혹은 그녀가 실수로 테이블에 놓고 간 일기를 부모가 발견했다. ― 이 시기는 젊은이들이 자신의 일기장에 자기 자신을 내맡길 필요성을 느끼는 시기이다. ― 부모가 그것을 읽고 열대여섯 되는 딸이 벌써 친구들과 성관계를 했다는 것을 알게 되었다. 부모들은 그 일기장을 불태웠고 그 소녀는 심한 벌을 받았다.

이 시기에 신뢰 관계가 깨져서는 안 된다. 어떤 부모들은 아이의 친구가 되는 데 성공하고 대화와 신뢰를 위한 기초를 마련한다. 다른 대부분의 젊은이는 어른 대 어른으로 진정한 대화를 나눌 수 있는 선배나 친척을 찾아낸다.

개인으로서 존중받는 것은 내적 자유의 영역에 속한다. 정말, 어린 아이로 영원히 다루어진다면 어떻게 성장할 수 있겠는가! 이 시기는 많은 젊은이가 세상으로 나아가기를 원하며 여행을 하고 온갖 경험을 하려는 때다. 그들은 모든 것을 시도하고 경험하기를 원한다. 스스로 증명하고 발견할 필요가 있다는 이유만으로, 금지된 많은 일이 비밀리에 행해지기도 한다. '나는 누구인가?'라는 질문은 종교와 성, 직업 등 모든 영역에 적용된다. 어떤 충동들이 부모로부터 비롯했는지 아니면 스스로에게서 나온 것인지 구분하기 어렵다. 젊은이들은 그런 구분을 더 명확하게 하고 자기 자신을 발견하기 위해 집을 떠날 필요가 있다.

이제 우리는 열아홉 살에 이르렀다. 18세 7개월에 소위 달의 교점(luner node)이라는 인생의 한 고비를 지난다. 태양과 달이 우리가 태어났을 때와 같은 별자리에 있게 되는 것이다. 달의 교점을 지나는 동안 우리는 운명의 길을 분명하게 경험할 수 있다.(나중에 다시 다룰 것이다. 181쪽과 비교해보라.) 이때는 하늘이 조금 더 넓게 열리는 듯해서 지상에서 무슨 일을 하며 살아가고 싶은지 내적으로 감지할 수 있다. 또한 이것은 의지와 활동의 영역에서 자아(Ich)의 세 번째 탄생을 나타낸다. 그러나 얼마나 여러 번, 완전히 반대의 상황이 벌어지는가! 특히 브라질 같은 남반구 나라들에서는 여성들에게 제약이 많다. 그래서 그들은 라이프스토리 2에서와 마찬가지로 직업적 잠재력을 계발할 수 없다. 그녀의 아버지는 딸의 미래를 결정할 권한을 갖고 그녀가 추구해야 할 직업을 말해준다.

어떤 젊은이들은 이 시기 동안 반항하지만 다른 젊은이들은 스스로를 닫아버린다. 많은 아버지들은 젊은 자녀가 가업을 이어받기를 여전히 기대한다. 그러나 어떤 직업을 추구해야 하는가에 대한 질문은 점점 더 스스로 답을 구해야 하는 것으로 되어간다; 직업을 찾는 것은 쉽지 않다. 때로 부모들은 젊은이가 스스로 직업을 찾을 때까지 참을성 있게 몇 년을 기다려야 한다. 어떤 경우에는 적당한 길을 찾고 자기 자신을 발견할 때까지 여러 과목을 공부하다 집어치우기를 반복한다. 그렇지 않다면 이후의 삶에서 직업적으로 안착하지 못하게 될 것이다.

이 시기는 이후의 정신 발달을 위한 기초를 놓는 시기이다. 스스로 배우고 성장하며 이상적인 가치를 추구한다. 진리와 진정성의 추구는 위대한 것이다. 그것은 세 단계로 이루어진다. 첫째는 과학적 진리이다. 이것은 이 시기의 발달에서 극히 중요하다. 다음은 오늘날 젊은이들의 관심이 증가하고 있는 심리적 진리이다. 그리고 마지막으로 정신적 진리가 있다. 정신적 진리 또한 젊은이들 사이에서 대단한 관심의 대상이 되고 있다. 젊은이로서 과학적·심리적·정신적 진리에 충분하고 균형 있게 접근했다면 조화로운 발달과 자기 교육의 기초적인 조건을 마련했다고 할 수 있다. 이것은 인생 중반기에서의 영혼 발달과 인생 후반기에서의 정신 발달에 다 적용된다.

말하자면 라이프스토리 1에서 L여사는 열아홉 살에 과거를 점검하기 위해 포루투갈로 돌아가는 여행을 했다. 정확히 달의 교점인 열여덟 살 반[11]이었다. 달은 그녀가 태어났을 때와 마찬가지로 별자리와 황도에서 정확히 같은 위치에 있었다. 이 순간 L여사는 지상에서의 정신적 과제를 이해할 수 있었다. 그것은 마치 자유의지의 세계에서 활동하기 위해 자신의 과거를 털어내는 것과 같다. 그녀의 라이프스토리에서 포르투갈을 방문하고 과거를 털어내는 것은 37세에 반복된다. 이때가 두 번째 달의 교점을 지나는 때였다. 그리고 56세, 세 번째 달의 교점 이후 L여사는 활동적인 생활에서 점차 물러나기 시작한다. 그리고 사업을 하나씩 하나씩 접는다.

라이프스토리 2에서 탕가는 간신히 자신의 길을 헤쳐나가며 가족 중에서 첫 번째로 공부하는 여성이 되었다. 그녀는 스스로 새로운 땅을 씩씩하게 개척했다! 그러나 그때 그녀는 정치에 연루되어 3년 동안 사회에서 배제되고 '감금되었다'. 여기서 얻은 병으로 그녀는 오랫동안 고생했다.

이상적인 환경에서라면 첫 번째 7년 주기 동안 아이는 '세상은 선하다'라고 경험한다. 세상을 선한 곳으로 경험하게 되는 것은 인생에서 도덕성을 깊이 형성하는 데 결정적이다. 두 번째 7년 주기에 '세상은 아름답다'라고 경험한다면 그것은 심미적 감성의 기초를 마련하는 것이다.

---

11) 우리는 '18세 1/2'이라는 말을 쓰지 않지만, 달의 교점의 순환주기가 18년 반이기 때문에 이렇게 표현했다.

그리고 최선의 경우, 세 번째 7년 주기의 청소년들은 '세상은 진실하다.'라고 느낀다. 이 시기의 청소년들은 진리감(진실을 감지하는 능력)을 발휘하고 건전한 비판의식을 갖도록 교육받는다. 인간은 이러한 것들을 기초로 하여 인류의 속성인 진·선·미의 원칙을 정립한다.

어린 시절에 정반대의 극단을 경험한다면 어떤 비인간적인 속성이 드러날까? 사악함, 추함, 거짓. 그러나 모든 삶에서 그러한 어두운 시기에도 빛이 비춰지고 그 빛이 인격으로 통합될 수 있다. 그리고 어떤 시기에도 나쁜 것만 경험하는 건 아니라는 것을 알게 될 것이다. 심리분석가들은 이런 관점을 힘주어 강조한다. 빛이 비춰지는 때를 훨씬 더 주안점을 두고 찾아내야 한다. 영혼이 빛과 그림자 속에서 자신을 경험할 때만 그 고유한 빛깔이 떠오른다. 이렇게 해서 억압되었던 숱한 감정과 여러 기억이 소환되어 그 사람의 인격으로 통합되며, 열 살 때 했던 행동을 마흔 살이 되도록 되풀이하지 않을 수 있다.

인생의 현 단계와 다음 단계를 잘 통찰할 수 있는 또 다른 예를 들어보겠다. 스물여섯의 청년이 열여덟 살 된 남동생에게 말한다.

"살면서 나는 늘 운이 좋았어. 그러나 이제 이런 행운을 지켜가려면 노력해야만 할 것 같아. 넌 항상 네 인생에서 불행을 겪었지. 하지만 이제 때가 되었어. 너를 불행에 빠뜨리는 짓을 하지 않도록 의식적으로 노력할 때야."

이 청년은 스물한 살 때까지, 혹은 적어도 열여덟 살 때까지 이미 차려진 밥상에 놓여 그에게 주어졌던 것들에 대해 진지하게 말하고 있다. 어떤 사람의 생애에서는 좀 더 힘겨웠을 수도 있고 또 다른 사람의 생애에서는 좀 더 쉬웠을 수도 있다. 쉽게 주어졌다면 운이 좋다고 여기

겠지만 역경이 많아 보인다면 운이 나쁘다고 여길 것이다. 하지만 스물한 살 이후에는 변형 과정이 시작된다. 자신에게 주어진 재능과 능력에 대해 책임감이 생기고 그것들을 의식적으로 변형시키기 시작한다. 스물여섯 살의 이 젊은이는 자기 인생의 무게를 느끼기 시작한 것이다. 그리고 자신의 인생을 한 단계 더 끌어올리기 위해서는 노력이 필요하다는 것을 깨닫는다. 그래서 열여덟 살 소년에게 의식적으로 자신의 운명을 바꾸고 긍정적으로 변화할 가능성을 일깨워주고 있다.

그 과정은 아주 간단한 일부터 시작할 수 있다. 잘 준비한다면 전혀 노력하지 않았을 때보다 도전에 훨씬 잘 성공할 것이다. 열네 살부터, 소년 소녀의 내면에서는 온갖 욕구과 열망이 끓어오른다. 감정이 저 아래, 신진대사 차원에서 강렬하게 일어난다. 이때, 그들이 뚜렷하게 품고 있는 이상적인 인간의 이미지와 끓어오르는 성충동, 신진대사 수준에서부터 솟구치는 열망 사이에 갈등이 일어난다. 그 싸움은 그들을 갈가리 찢어놓는다. 하지만 바로 이때 스스로 배우고 성장하기 시작한다.

열여섯 살 소년이 말해준 갈등상황이 생각난다. "저는 담배를 피울 수 있고, 담배를 피워볼까 하는 유혹을 받기도 해요. 하지만 담배를 끊을 때 힘들 것을 생각하면 담배 피우기를 시작하고 싶지 않아요."

스물한 살에서 스물여덟 살의 많은 젊은이가 지난 7년 주기에 저지른 어리석은 장난의 여파로 계속 고통받는다. 이제 이런 결과를 의식적으로 바꿔내야 한다. 그것은 한 사람의 직업에도 적용된다. 대부분의 사람은 열네 살에서 스물한 살에 직업훈련을 시작한다. 그리고 스물한 살에서 스물여덟 살 사이에 의식적인 작업을 통해 그들의 전문기술을 성숙시킨다.

고대 그리스인들은 전차 스포츠를 즐겼다. 그들은 마구(馬具)를 채운 야생마를 전차로 데리고 가는 연습을 몇 번이고 반복했다. 내면의 야생마 또한 길들일 수 있도록 자아('Ich')를 단련하기 위해 이러한 연습을 했다. 오늘날 많은 젊은이가 세일링이나 서핑 같은 수상스포츠를 즐긴다. 이것을 하려면 몸을 똑바로 유지하기 위해 바람과 높은 파도에 맞서 싸워야 한다. 사람의 영혼도 물과 같다. 때로 거친 파도가 몰아치는 상태에서 그렇게 하는 것은 자신의 자아와 의지력에 도전하는 것이다. 그들은 '내가 얼마나 오랫동안 이 환상적인 물보라 속에서 똑바로 버틸 수 있을까?' 하고 스스로를 시험한다. 과거 그리스인들과 마찬가지로 오늘날에도 어떤 나이가 되면 외부의 무언가를 조종하는 법을 배우고 싶어 한다. 이런 과정을 거친 후 내면으로부터 그것을 잘 다루는 법을 익힌다.

또 다른 예로 악기연주를 들 수 있다. 조화로운 음을 만들어내려면 악기를 잘 다루는 법을 익혀야 하지만 사춘기에는 먼저 모든 종류의 불협화음을 실험해보아야 한다. 불본 그 후에도 이 발달단계에 고착되어 있는 사람들도 많다.

다음 장에서 그런 발달의 결과들을 만나게 될 것이다.

스물한 살

나는 내가 아닙니다.
나는 내 옆에서 걷고 있지만
보이지 않는 그 사람입니다.
나는 그를 자주 찾지만
그러고 나서는 자주 잊어버립니다.
내가 말할 때, 조용히 침묵을 지키는 사람,
내가 미워할 때, 온화하게 용서하는 사람,
내가 없는 곳에서 주위를 배회하는 사람,
내가 죽을 때, 그 위에 남아있는 사람.

_후안 로몬 지메네스Juan Romón Jiménez

요즘 사람들은 여러 다른 방식으로 스물한 살을 경험한다. 많은 사람이 이 시기에 깊은 위기를 겪는다. 그것은 자아 발견의 위기라고 표현할 수 있다. '나는 누구인가?'라는 의문이 지난 7년 주기부터 이미 자라기 시작해서 점점 커져간다.

많은 의심과 갈등상황이 일어난다.

'나는 부모가 만들어낸 결과일까?'

'내가 원해서 이 직업을 택했을까 아니면 부모가 원해서 택했을까?'

'아버지는 엔지니어가 되기를 원하셨지만 그렇게 되지 못하셨고 이제 내가 엔지니어 공부를 하기로 되어있다. 그것이 나의 바람일까? 아니

면 내 안에 있는 아버지의 바람일까?'

'교회와 관련된 모든 사람이 싫어. 부모님의 종교를 받아들이고 싶지 않아. 사실 지금 나는 전혀 신을 믿지 않아."

'여러 해 동안 발도르프학교에 다녔지. 부모님은 인지학자이시지만 난 그것에 관심이 없어. 나 자신의 길을 가고 싶을 뿐이야.'

'천사와 수호천사와 관련된 이 모든 것에 질려버렸어.'

이런 것들은 모두 자기 자신을 발견하려는 사람을 거들어주는 말이다. 많은 사람이 이 시기에 부모의 집을 떠나는데, 이렇게 함으로써 좀 더 쉽게 자신을 발견할 수 있다. 어떤 사람들은 집을 떠나지 못하고 그대로 머물기도 한다. 자아를 발견할 다양한 기회가 도처에 널려있다. 어떤 사람은 낮에 일하고 밤에는 공부하거나 반대로 낮에 공부하고 밤에 일하면서 거의 대부분의 시간을 집 밖에서 보낸다.

부모들은 그가 집을 숙소로 이용하고 있다고 불평한다. 그런 부모들은 다음과 같은 말을 들어보아야 한다. "이런 점에 대해 신께 감사하세요. 이서야말로 사람들이 자신을 찾아가는 방법이니까요." 모든 것이 깔끔하게 정리되어 있기를 원하는 엄마를 둔 젊은이들은 무의식적으로 이것이 어리석은 태도라는 것을 보여주려고 한다. "나는 집에서 지저분 떠는 사람이 될 거야. 그리고 일부러 모든 물건을 여기저기 늘어놓을 거야. 엄마는 자기가 너무 꼬장꼬장하게 굴지 말아야 한다는 것을 받아들여야 해." 또 어떤 젊은이는 일 년 내내 자기 방문을 걸어 잠그고 가족들과 말을 하지 않는다. 자기 방으로 밥을 가져가서 먹기도 한다. 그를 무시하는 것은 그의 감정을 다치게 하지만 사랑으로 품어주기를 원치도 않는다. "제발 날 내버려 둬요!" 물론 이 시기에 심리적으로 심각한 손상이 일어날 수도 있다. 그러나 우리는 거기까지는 가지 않을 것이다. 그것은 이 책에서 다루려는 범위를 넘어서는 것이기 때문이다.

그 대신 자신을 발견해 가는 이 단계를 긍정적으로 경험했던 사람들의 이야기를 들어보자.

"스물한 살이 된 것을 어떤 식으로든 기념해야 한다고 생각했어요. 그래서 부모님에게 '어린 처녀' 혼자 여행하는 것을 허락해달라고 난생처음 부탁했지요. 그런 태도는 40년 전 남아메리카 나라에서는 매우 드문 일이었지요."

또 다른 사람의 말을 들어보자.

"막내아들이 스무 살 때, 그에게 내면에서 어떤 변화를 느끼는지 물어보았어요. 아들은 '빛이 내면에서 비추기 시작하는 것처럼 느껴지고 어둠 속에 갇혀 있던 것들이 내 안에서 점점 빛나기 시작하는 것 같아요.'라고 하더군요."

그는 이런 말도 했다.

"의식이 어디 있는지 궁금해요. 그것은 마치 내 머리 뒤쪽에 있는 것 같아요. 내 의식이 있는 곳으로부터 목소리가 들리는 것 같기도 해요."

인간다워지다
: 21세에서 42세까지의 영혼 발달

이 나이의 많은 젊은이들은 가방을 싸서 여행을 떠난다. 영혼의 차원에서 일어나는 것도 이런 여행의 이미지로 떠올려 볼 수 있다. 어린 시절에 이미 다 채워놓은 여행 가방을 가지고 있다면 이제 들고 떠나야 한다. 그러나 이처럼 여행을 떠날 때, 잠깐 멈춰서 여행 가방에 무엇이 들어있는지 살펴보는 게 도움이 된다. 가방 안에 돌 한 무더기가 들어있다는 것을 발견한다면 아마도 자수정이나, 마노[12] 혹은 정동석[13]일 것이다. 밖에서 보면 거친 회색 돌덩이에 불과하지만, 내부를 들여다보면 경이로울 것이다. 멋진 수정이 드러나고 빛이 안으로부터 모든 방향으로 반사된다. 수정 덩어리 일부만 떼어내 연마하면 반사된 빛의 홍수는 더욱 찬란해질 것이다. 영혼의 발달 또한 이와 같은 의미로 볼 수 있지 않을까? 정신의 빛을 비춰주는 거울을 완성하기 위해 거친 광석을 꺼내 연마하기 시작하는 것과 같다. 21세부터 42세까지, 그리고 그 이후에도, 모든 만남은 다른 사람을 통해 자신을 발견하고 거친 모서리를 부드럽게 갈고

---

12) 줄무늬가 있는 석영
13) 화성암 속에 형성된 자수정

닦을 기회가 된다. 위에서 설명하였듯이 21세에서 42세까지 이어지는 영혼 발달 단계에서 이루어야 할 과업 중 하나는 영혼을 일깨우고 연마하는 것이다.

그 밖에 여행 가방에서 찾아내는 것은 무엇인가? 학교나, 대학, 가정에서 모아두었던 그 많은 연장을 결코 다 사용하지는 않을 것이다. 그것들 때문에 가방이 불필요하게 무거워지지 않도록 꺼내놓는 것이 제일 좋은 방법이다. 남은 연장들은 날카롭게 잘 갈아놓을 필요가 있다. 그리고 어떤 연장들이 빠졌는지, 필요한 연장들이 모두 있는지 확인해야 한다. 여행을 위해 필요한 연장들을 챙기는 일은 21세에서 28세까지의 시기에 주로 노력해야 할 과제다. 물론 평생토록 연장을 새로 갈고 닦아야 한다.

여행 가방에는 그 밖에 무엇이 들어있을까? 부모들은 대부분 자녀들에게 가져갈 음식을 마련해준다. 그러나 이것은 일정 시간만 지속될 뿐이다. 결국 남자나 여자나 심리적으로 성숙해야 스스로에게 식량을 계속 공급할 수 있다. 부모가 자녀들에게 줄 수 있는 가장 좋은 교육은 어른으로서 자급자족할 수 있게 하는 것이다. 이것이야말로 실질적인 생활을 위한 교육이라고 할 수 있다. 그런 경우라면 얼마 후 먹을거리가 떨어져도 문제가 되지 않는다. 필요할 때 다시 채울 수 있기 때문이다.

그 밖에 여행 가방에서 찾아내는 것은 무엇일까? 가방 속으로 손을 집어넣었는데 당밀 같은 뭔가가 찰흙처럼 손에 달라붙어 재빨리 손을 움츠린다. 가방을 들여다볼 용기가 없는가? 그렇게 달라붙은 것은 무엇일까? 그것은 물론 과거에서 비롯된 것으로, 이제는 씻어내야 한다. 우리에게는 어린 시절에 들었던 말들이 여전히 달라붙어 있다. 그런 말들은 오랫동안 자신을 규정지었다. 특히 두 번째 7년 주기에 들었던 말들이 강하게 영향을 미친다. 익히 알고 있듯이 그 시절에는 이름보다 어떤 말들을 더 자주 듣곤 한다. '대학에 가봤자 소용없어, 너는 그렇게 똑똑하지가 않아.', '넌 왼손이 두 개니?', '남자는 울지 않는 거야.' 때로는 자신이 공부를 할 수 없을 만큼 멍청하지는 않다고 확신하기까지 오랜 시간이 걸릴 수도 있다. 그런 섣부른 규정들은 부모가 나에게 붙여놓은 딱지일 뿐, 실제로 내가 어떤 사람인지와는 관계가 없다. 그럼에도 그 딱지는 씻겨져야 한다. 혹은 내 손이 실제로는 매우 민첩하다는 것을 알게 된다. 나는 늘 소목장이가 되고 싶었다. 그러나 두 개의 왼손으로는 소목장이가 될 수 없다. 이제 나는 안다. 내가 소목장이 일을 잘한다는 것을, 그리고 내 손은 부모들이 말했던 것처럼 그렇게 서툴지 않다는 것을. 혹은 나는 오랫동안 결혼생활을 해왔고 사랑하는 아내와 아이들이 있다. 때로 아내는 내가 감정이 부족하다고 불평한다. 어린아이였을 때 울거나 감정을 드러내서는 안 되었기 때문에 그렇게 된 것이 그리 놀라운 일인가? 나는 이제 다시 그런 섣부른 규정들을 의식의 표면으로 가져오는 작업을 해야 한다.

『개구리 왕자, 철의 하인리히』 같은 그림 형제의 동화가 이 단계에서 영혼의 발달을 통찰하는 데 도움이 된다. 만약 두 번째 7년 주기에 붙여졌던 규정에서 벗어나지 못한다면 영혼은 스스로의 굴레에 갇혀 더 이상 발전하지 못할 것이다. 개구리 왕자의 동화에서 공주는 그녀의 아버지가 부여한 규칙을 깨야만 했다. 그녀는 개구리를 벽에 던지고서야 왕자의 진정한 모습을 드러나게 할 수 있었다. 집으로 가는 길에 왕자가 세 번 외쳤다.

"하인리히, 마차가 부서지고 있어."

그러나 그것은 마차가 아니었다. 왕자가 개구리로 변할 때 하인 하인리히의 가슴에 채워졌던 강철 굴레였다. 어린 시절에 들었던 말들과 규범, 그래서 우리 안에서 살면서 우리를 뻣뻣한 외투 안에 묶어놓은 말들로부터 자유로워진다면 개인으로서 발전을 계속할 수 있다. 그것은 주로 28세에서 35세의 단계에서 이루어야 할 영혼 발달의 한 부분인 자기 교육의 어려운 과제다.

다시 여행 가방에 손을 넣는다. 타르처럼 끈적끈적한 뭔가를 느낀다. 타르는 씻겨지지 않는다. 그것들은 무엇일까? 키가 180cm이든 170cm이든 타고난 신체조건에 불만을 품고 맞서 싸워봐야 아무 소용이 없다. 앞으로는 그런 일들로 괴로워하지 말고 받아들여야 한다. 부모님이 복잡한 이름을 지어주셨다면 그것을 거부하는 것은 소용없는 일이다. 나는 우울질이나 담즙질을 지니고 있다. 기질에 대한 태도를 바꿔볼 수는 있지만, 기질이란 굽은 코처럼 자신의 일부다. 내가 해야 할 일은 화를 내거나 그런 것들에 맞서 싸울 게 아니라 긍정적으로 받아들여서 나의 인격에 통합시키는 것이다. 달리 말하면, 부모에게서 이런저런 것을 선택하는 것은 나의 몫이다. 나이 40에 부모의 잘못에 반항하는 것은 의미가 없다. 인생의 이런저런 장애물을 극복하면 그런 장애물은 자신을 더욱 강하게 만들어주기 때문이다.

여행 가방에 숨겨져 있던 그 밖의 다른 많은 것을 발견할 수도 있다. 자신이 누구인지 발견하는 것은 독자의 몫으로 남겨두겠다. 21세 청년으로부터 온 다음 편지를 읽어보면 방금 설명한 것이 더욱 분명해질 것이다.

스물한 살 의대생에게서 온 편지

나는 일상에서, 그리고 내면적으로나 외면의 모습에서까지 크게 변하고 있다고 생각합니다. 나는 또래 중에서 가장 우수한 학생이었고 가장 좋은 점수를 받았습니다. 그러나 내가 배우고 있는 것과 배우는 방식, 선생님들이 하는 일과 그들이 가치를 두고 있는 것이 나를 어떤 곳으로도 이끌어주지 못한다는 것을 어느 날 문득 깨달았습니다. 적어도 의학을 배우고자 했던 나의 진정한 목적을 이루게 해주지는 못한다고 생각했습니다. 과학기술이 의학계에서 얼마나 우위를 차지해 가는지도 알아차렸습니다. 내 머리는 그렇게 많은 개념을 더 이상 감당할 수 없었습니다.

그래서 새로운 방법을 찾기 시작했습니다. 교수들이 말하는 것을 그저 받아쓰고 강의에 귀 기울여 요점을 파악하려고 애쓰지 않게 되었습니다. 단순한 복사기가 되기를 그만둔 것이지요. 하루 종일 수업이 있지만 그중 많은 과목이 별로 유용하지 않기 때문에 수업에 열심히 출석하지 않았습니다. 사람들은 내가 잘못하고 있다고 생각하지만 나는 더 흥미로운 일에 건설적으로 시간을 활용하는 게 낫다고 생각합니다. 성적이 떨어지긴 했지만, 여전히 수업을 통해 유용한 것들을 충분히 얻고 있습니다.

내 외모 또한 사람들을 곤혹스럽게 합니다. 어느 날, 내가 진짜 의사처럼 보인다는 것을 알게 되었습니다. 나와 동료들이 의학공부를 시작했을 때부터 얼굴 모습이 비슷해졌다는 사실을 문득 깨달았습니다. 의대생들은 자신의 겉모습을 대단히 중시합니다. 똑같은 머리 모양에 똑같은 방식으로 빗질을 하고, 콧수염을 기르고, 안경을 쓰고, 말할 때는 전문용어를 씁니다. 그래서 나는 머리와 턱수염을 기르고 안경을 벗기로 했지요. 그리고 괜찮은 옷들은 집으로 보내버렸습니다.

사람들이 나를 히피라고 부르기 시작했는데, 나는 그렇게 불리는 게 만족스러웠습니다. 모든 학생이 대학 문장이 새겨진 배지가 달린 서류가방을 들고 다니지만 나는 간단한 가방을 들고 다닙니다.

나는 많은 다른 자질을 계발하려고 노력하고 있습니다. 내면에서 어떤 폭발이 일어났습니다. 모든 것을 바꾸고 싶은 충동! 요즘은 드라마 그룹에도 참여하고 기타도 배웁니다. 그리고 자연에 대해 더 깊이 이해하려고 노력하고 있습니다. 가능할 때마다 자연과 들판, 강을 관찰하지요. 작은 정원도 가꾸기 시작했습니다. 나는 모든 것을 변화시키고 싶습니다. 침술강좌와 초심리학 과정을 이미 마쳤고, 얼마 전부터 동종요법을 공부하기 시작했습니다.

전에는 결코 집을 떠난 적이 없었습니다만 이제는 좋아하는 친구들 모임에서 함께 지내곤 합니다. 나는 보헤미안처럼 생활하고 있습니다. 친구들과 길게 이야기 나누고, 토론하며, 늦게 잠자리에 들고, 많은 사람을 알아가고 있습니다.

지금은 동종요법 외래진료과에서 일하고 있습니다. 지난 몇 달 동안 기분이 좋았습니다. 모든 점에서 훨씬 더 인간다워졌다고 생각합니다. 지금은 다양한 사람들에게서 배운 기량을 부지런히 다듬고 있습니다. 정기적으로 인지학에 관한 책을 읽습니다. 이미 『신비학』, 『정신과학에서 바라본 아동교육』, 『네 가지 기질』, 『아이의 첫 번째 삼 년』, 『영혼의 도구로서의 신체』 같은 책을 읽었습니다. 이 모든 것은 나에게 많은 내적 자산이 되었습니다.

내면의 자아를 발달시키고 스스로 배우고 성장하는 데도 관심이 있습니다. 얼마 전 심리치료를 시작해서 기분이 매우 좋습니다. 나 자신에게 어떤 것도 숨기지 않으려 합니다. 마음의 문을 활짝 열고 지극히 솔직하며, 실생활에서 될 수 있는 한 유용한 사람이 되려고 노력합니다. 앞으로는 약율로 실험을 해볼 생각입니다. 정신의학을 공부해보고 싶고, 이것들을 알아야 한다고 생각합니다. 그러나 아직 정신의학을 공부하는 것에 확신은 없습니다. 왜 정신의학을 공부하고 싶어 하는지, 그것이 일종의 도피는 아닌지, 그렇다고는 생각하지 않지만, 아무튼 그 까닭을 헤아려보려고 노력하고 있습니다.

며칠 전, 친구들과 술을 마시면서, 나에 대해 믿기지 않는 뭔가를 알게 되었습니다. 내가 말하고 행동하고 싶어 하던 모든 것은 술을 마시지 않더라도 말하고 행동하고 싶었을 거라는 점이죠.

몇 년 전에는 그런 것이 가능하지 않았을 것입니다. 이제는 외향적으로 바뀌어, 술 마시지 않아도 춤을 출 수 있습니다. 전에는 그렇게 할 수 없었습니다. 이런 점에서 매우 운이 좋은 것 같습니다. 전에는 몹시 우울하고 자주 죽음에 대해 생각했습니다. 요즘 나는 활짝 열린 상태입니다. 이제는 죽음에 대해 거의 생각하지 않습니다. 여전히 우울한 성향이지만 내면적으로는 기분이 좋습니다. 지금은 사물과 사람에 대해 더 큰 사랑을 느낍니다. 사람들과 이야기 나누고 싶고, 느끼고 생각하는 것을 분명하게 말하려고 합니다. 전에는 그렇지 않았죠. 사람들이 나를 우울하게 하면 그런 기분이 오래갔습니다. 원래의 나에게서 너무 멀어지고 있는지도 모르지만, 이것이 내가 사물을 보고 생각하는 방식입니다. 이 편지가 당신의 '라이프스토리 작업' 연구에 도움이 되면 좋겠습니다.

21세에서 28세까지의 발달 단계

21세에서 28세까지는 여행자의 단계라고 할 수 있다. 많은 사람은 두루두루 경험하기 위해 세상으로 나아간다. 어떤 의미에서는 다시 한 번 어린 시절로 돌아가는 여행을 하기도 한다. 그리고 첫 번째 21년간의 경험을 되짚어 변형시킨다. 그래서 21세에서 28세까지의 단계는 14세에서 21세까지의 단계를 반영한다. 이러한 반영은 많은 라이프스토리에서 찾을 수 있다.(171쪽의 '리듬과 거울 이미지' 장과 비교) 어느 의대생의 편지에서 볼 수 있듯이 14세에서 21세까지는 힘든 시기이다. 침울하고 삶이 힘겨워 보인다. 젊은이들은 주변 사람들이 자신을 이해하지 못한다고 생각하고, 고립되어 있다고 느낀다. 그리고 자주 우울해한다.

스물한 살이 되면 삶의 또 다른 국면으로 접어든다. 더 외향적으로 되는 시기이고, 온갖 종류의 경험을 시도해서 삶 그 자체로부터 배우려고 한다. 영혼의 어떤 측면에서는 첫 번째 7년 주기와 비슷하다. 걸음마를 배울 때 넘어지고 다시 일어서고 또다시 넘어지는 것처럼 네 번째 7년 주기에 영혼 차원에서도 같은 일이 일어난다.

경험을 얻고, 넘어지고 다시 일어서면서 한층 더 깊이 있는 경험을 얻는다. 젊은이들은 자신의 경험을 확신하지 못하더라도 그로부터 배워야 한다. 치열하게 살면서, 일과 관계, 심지어 약물이나 정신적 경험에 이르기까지 다양한 분야에서 실험해보기를 원한다.

그런 과정을 거치며 더 크게 스스로 배우고 성장한다. 그것은 야생마를 타는 것과 같다. 말을 고삐로 단번에 제어하는 것이 아니라 서서히 해낸다. 얼마나 자주 그 말이 살아 날뛰고, 얼마나 자주 말에서 떨어졌다가 다시 올라타야 하는가, 그리고 그 과정에서 어떻게 의지를 발휘하는가! 인생의 이 단계를 루돌프 슈타이너는 '감각혼(sentient soul)의 단계'라고 했다. 삶에 기복이 많은 것이 이 단계의 특징이다. 첫 번째 7년 주기에서처럼 다시금 환경에 의존하게 되는데, 신체의 영역에서가 아니라 영혼의 영역에서 그렇다는 것이다. 자신에 대한 다른 사람의 의견을 중요시하여 시부모나 장인·장모가 어떻게 생각하는지, 부모에게 좋은 아들딸의 이미지를 유지하려면 어떻게 해야 하는지 등에 신경을 쓴다.

이 시기에는 갖가지 역할을 떠맡기 쉽다 — 직장에서 안정된 위치를 유지하기 위한 직업상의 역할, 좋은 남편과 아내의 역할 같은 가족으로서의 역할 등을 떠맡는다. 그리고 좋은 엄마와 아빠에게 남들이 기대하는 것은 무엇인지 스스로에게 묻는다. 하지만 떠맡은 역할들로 인해 성장하고 있는 자아가 질식당할 위험이 도사리고 있다. 칼 융이 인격의 외피(페르소나)라고 명명했던, '역할'과의 싸움이 이 시기부터 시작되는데, 때로 그것이 평생 지속될 수도 있다. 이때부터 외적인 삶이 내면의 삶과 반대편에 서기 시작한다. 이 두 가지를 조화롭게 하는 법을 배워야 한다.

네 번째 7년 주기에는 친구들과 우정을 맺고 그룹을 형성한다. 생각이 같은 사람들과 뭔가 함께 하고 싶어 하고, 많은 친구들과 여가를 보내고 싶어 한다. 또한 직장에서의 경험을 통해 배운다. 자주 직업을 바꾸기도 하고, 자기가 한 일의 성과를 보고 싶어 하기도 한다. 하루에 여덟 명의 아이가 태어나는 것을 돕는 의사는 얼마나 행복할까! 이 의사의 '자아'는 직장에서의 경험을 통해 성장하고 강해진다. 반대로 생산라인에서 하루 종일 일하고도 누 손이 텅 비어있는 노동자는 얼마나 불행할까! 그의 공허함을 채워줄 유일한 탈출구는 많은 양의 맥주나 브라질 칵테일(사탕수수로 만든 정신)이다! 그는 술집에서 여러 시간을 보낸다. 그리고 공허감이 존재하지 않는 듯이 가장한다.

이 시기의 젊은이들은 환경이나 다른 사람들에게, 직장 동료나 상사에게, 집에서는 배우자에게 크게 의존한다. 사람들은 종종 자신이 갖추지 못한 능력을 지닌 배우자를 선택해서 자신을 보완하기를 바란다. 그리고 전체의 절반이라는 의미에서 배우자에게 아주 많이 의존하기 쉽다. 개별화의 과정은 다음 단계인 28세에서 35세에 이르러서야 시작된다. 그때에야 비로소 온전한 인간이 되어 상대방에게 지나친 요구를 하거나 의존하지 않고 새로운 방식으로 배우자를 사랑할 수 있게 된다.

이 시기에는 젊음의 열정과 활력이 넘친다. 이상주의로 가득 차서, 모든 것이 가능하며 자신이 하는 모든 것에서 성공할 수 있다고 믿는다. 예를 들어 알콜 중독자와 결혼한 한 여자는 그녀가 그를 고칠 수 있다고 굳게 믿는다. 또 어떤 사람은 그가 모든 사람에게 대체 의학이나 유기농 음식을 도입할 수 있다고 믿을지도 모른다. 그들은 지식에 목말라 하고 지성으로 번뜩인다. 27세에 이르러서야 열정의 힘이 약간 시들해져 간다. 그런데 오늘날에는 열정이 우울함으로 바뀌어 여러 해 동안 지속되는 젊은이들도 많다.

젊은 의대생의 라이프스토리에서는 실제로 그렇지는 않았다. 어린 시절의 발달에서 기인한 것인지 분명하지는 않지만 몇 년 후 놀라운 변화가 있었다. 그의 라이프스토리가 어떻게 이어졌을까? 그 젊은 의대생은 의학사 학위를 받았고 정신의학을 전공했다. 브라질 내륙지방의 작은 도시 출신이지만, 그가 살던 도시는 그에게 너무 작았다. 그래서 상파울루로 갔고, 온갖 모험으로 가득 찬 그 도시를 사랑했다. 그의 인간관계는 서서히 굳어져서 남자들과만 더 깊은 우정을 나누었다. 그는 상파울루의 인지학 의료원에서 일했고, 그룹 작업과 사회교육에 매우 관심이 있었다. 33세쯤 그는 영국의 사회발전 센터에서 3개월짜리 강좌에 참석했다.

그는 몇몇 유럽 도시들을 방문했다. 하지만 이 모든 것이 그에게 매우 힘겨웠을 것이다. 그는 기본적으로 브라질 내륙지방 출신의 소박한 젊은이로 남아있었기 때문이다. 그의 영혼은 부드럽고 예민했다. 그는 심리적 증상을 주로 다루는 훌륭한 의사였다. 그는 늘 혼자 여행을 했다. 36세쯤 되었을 때, 그가 심각한 내적 갈등을 겪고 있다는 것이 분명해졌다. 그러나 그것에 대해 물으면, 그는 으레 모든 것이 괜찮다고 했다. 한번은 등산 가서 안개 낀 숲속에서 길을 잃었다. 집에 돌아올 때까지 3일 동안 그는 야생 상태에서 숲속을 배회했다. 그는 자신의 경험에 대해 누구와도 말하지 않으려 했다. 틀림없이 힘들었을 텐데 말이다. 그는 기력을 회복하기 시작했으나 3주 후 수면제와 약물을 과다복용해서 영원히 잠들고 말았다. 이렇게 해서 그가 살면서 겪은 갈등은 수수께끼로 남게 되었다.

감각혼의 단계 동안(21~28세) 발아래 단단한 기반을 다지는 데 성공한다면 이는 이후의 인격 발달을 위한 기초를 쌓는 것이다. 우리가 수행한 일을 이따금씩 평가해줄 좋은 상사가 있다면 직업에서 튼튼한 기초를 마련하는 데 도움이 된다. 객관성을 훈련하는 것 또한 도움이 된다. 내 관점이 유일하게 옳은 관점은 아니라는 것을 배우기 시작한다. 사물은 내가 바라보는 관점에 따라 달리 보인다. 그래서 더 높은 관점에서 사물을 바라보는 것을 배워야 한다. 오늘날, 괴테의 현상학적 관점에 기반하여 젊은이들의 객관성을 훈련시키는 데 도움이 될 수 있는 종합적인 학문이 존재한다.

28세: 사라져가는 재능의 위기

알버트 아인슈타인이 '천재성이란 무엇입니까?'라는 질문을 받았을 때, 그는 '90퍼센트의 땀과 10퍼센트의 영감'이라고 답했다. 이 말은 28

세 이후에 주로 해당한다. 이때까지는 청춘의 체력이 뒷받침되고 지성과 열정이 모두에게 날개를 달아주기 때문이다. 너무나 많은 젊은 시인과 음악가 등등이 이때부터 그들의 천재적 재능을 사장시킨다. 예를 들어, 목소리가 멋진 가수가 라이프스토리 작업 과정에 참여했다. 그녀는 노래연습을 하다 너무 싫증이 나서 멈출 때마다 남편에게 조롱당했다. 어느 날 그녀가 화장실에서 노래 부르는 것을 라이프스토리 강좌의 몇몇 참가자들이 들었다. 당시 그녀는 이미 예순이 넘었지만 그들 모두 그녀의 노랫소리에 매료되었다. 그러나 이런 일은 오직 한 번뿐이었다. 우리의 가수는 자신의 비범한 재능을 묻어버렸고 더 이상 그것에 감히 손도 대지 못했다.

라이프스토리 강좌에 참여했던 한 참가자로부터 짧은 편지가 왔다.

"당신의 라이프스토리 강좌에서 적어 온 노트를 때때로 읽으며 많은 것이 진실이라는 것을 발견합니다. 이제 12월이면 스물여덟이 됩니다. 아무 노력 없이 저절로 얻어진 것들이 어떻게 정확히 반대로 작용하는지 분명히 알게 되었습니다. 이런 지식으로 '내가 무엇을 할 수 있을 것인가'라는 질문에 비추어 어떻게 답을 찾을 수 있을까요?"

'내가 무엇을 할 수 있을까?', '내 지식을 어떻게 활용할 수 있을까?'라고 묻는 것 자체가 이미 옳은 길로 첫발을 내디딘 것이라 할 수 있다. 수동적인 태도나 우울함조차도 행동으로 극복할 수 있기 때문이다. 물론 이 길은 사람마다 다르다.

운명을 함께할 누군가와의 진정한 만남은 생기를 불어넣어 준다. 다른 사람의 이미지에서 자신을 다시 발견하고 새로운 힘이 솟아난다.

이것은 두 가지 색깔이 섞이는 것과 같다 — 푸른색과 노란색이 초록색을 만들어내듯이.

관계란 무엇인가? 상호관계에서 평행선을 이루는 것은 흔한 일이다. 서로 많은 것을 함께할 때 서로를 더 잘 이해한다고 생각하지만 아직은 각자가 자신의 색으로 남아있어 창조적인 과정이 시작되지 않았다. 서로의 색을 섞을 용기가 있을 때에만, 상대방이 나와 완전히 다르다 할지라도 상대를 이해하려고 노력할 용기가 있을 때에만 창조적인 과정이 시작되고 모든 다양한 색조가 만들어질 수 있다. 분명히, 푸른빛은 그 자체로 완전히 떨어져 있어야 할 때가 있다. 노란빛도 그 자체로 빛나야 할 때가 있다. 그러나 그 사이에는 열대우림의 풍부한 초록색으로부터 봄 풀밭의 미묘한 연록색에 이르기까지 온갖 종류의 각기 다른 색조가 있다.

각자는 걸을 때 자기 나름의 리듬이 있다. 걷는 것은 한 사람의 삶의 여정에 대한 이미지이기도 하다. 각자가 삶에서 나름의 리듬을 발견하는 것은 매우 중요하다. 다른 사람의 리듬을 존중하는 것도 똑같이 중요하다. 그러나 함께 걷고 싶을 때도 있는데, 그때는 무엇이 필요한가? 다른 사람이 뒤에서 절뚝거리고 있을 때, 한 사람은 앞에서 뛰고 있어야 할까? 그렇지 않다. 공통의 리듬을 찾아내야 한다. 느린 사람이 빠른 사람의 걸음에 맞추려 한다면 그는 곧 지쳐버릴 것이다. 빠른 사람이 느린 사람의 걸음에 맞춘다면 자신이 지체되어 제대로 나아가지 못하고 있는 것처럼 느낄 것이다. 우리는 이럴 때 공허감에 직면하고 의심과 두려움을 느낀다. 과연 다리를 만들어 건너는 데 성공할 수 있을까?

수정(受精)은 우리에게 관계의 원형적인 이미지를 제공한다. 줄기세포가 배아세포를 만날 때 수정이 일어난다. 수정되지 않으면 배아세포와 줄기세포 둘 다 죽는다. 우리 관계도 마찬가지다. 서로 만나서 수정되면 뭔가 새로운 것이 관계에서 생겨나고 꽃을 피운다.

그래서 이 단계에서의 만남은 많은 새로운 것을 만들어낼 수 있다. 또한 우리의 삶을 발전시킬 만한 능력에 대해 느끼는 무기력감을 완화하는 데도 도움이 될 수 있다. 그렇게 되면 28세 즈음의 위기를 그토록 강렬하게 겪지는 않을 것이다.

모든 위기는 새로운 깨달음을 주기도 한다. 내 친구 한 명은 28세 때까지 완전한 무신론자였다. 어렸을 때 그는 많은 엄격한 프로테스탄트 가족들과 휴일을 보냈다. 나중에 그는 종교에 강한 반감을 갖게 되었다. 어느 날 직장 선배가 그에게 신앙이 있느냐고 물었다. "아니오."라고 그는 거칠게 대답했다. "거리에서 예수를 만나면 그의 얼굴에 침을 뱉을 겁니다." 그 말에 선배는 크게 웃었다. "그럼 자네는 아무런 도움도 필요 없겠군."이라며 그의 말을 인정해야 했다. 같은 방에서 그들의 대화를 듣고 있던 다른 동료가 나중에 그 젊은 무신론자에게 슈타이너의 『신지학』이라는 책을 가져다주었다. 그는 그 책을 아주 열심히 읽고 삶에 대한 많은 새로운 아이디어를 발견했다. 그의 인생은 인지학에 의해 새롭게 양분을 공급받은 셈이었다. 그의 가족도 새로운 관점을 받아들였다. 내 친구는 그 후 기계 엔지니어로 부지런히 일하며 경력을 쌓아갔다. 그는 37세에 직업을 바꾸고 새로운 전환기를 맞아 인간적인 면과 사업적인 면에서 스스로를 발전시키는 데 매진했다.

많은 사람이 28세 무렵 내적인 분열을 경험한다. 한 예로, 갈등을 겪고 있는 28세의 한 여인이 떠오른다. 그녀는 어린 딸이 있는 미혼모다. 그녀는 브라질에서 계속 살지, 유럽으로 갈지 결정해야 한다. 그녀는 다음 시에서 그녀의 상황을 묘사했다.

여기서 지낸다면 일이 잘 풀리겠지.
때로는 둘로 나뉜 자신을 보네.
난 여전히 알지 못하네.
내가 어떤 사람이 될 수 있고
되기를 원하는지.
(그래서 여기 머물고 있네).
잘 지내고 있지만
현재 이 순간을 들여다보기가 두려워.
나는 분열되어 있고
이 분열이
다음 7년에도 지속될까 두려워.
이제는 선택할 시간;
어느 나라,
어느 문화,
어떤 세계를 선택해서
나의 씨앗을 심고 가꿀지?
브라질에 남는다는 것은
이미지와 의식의 영역을
계속 유지한다는 의미.
글 쓰고 정보기술, 언론, 소통 분야에서

일을 해내면서

나와 내 주변에서 가꾼 열매를 수확하는 것,

내 집, 내 딸과의 관계

내 책의 비밀,

내가 사랑하는 레코드와 음악,

(나의 문화)에 대하여 느끼는 감정

나의 언어,

바깥 세계보다도

나를 더 필요로 할지도 모를 나의 조국

난 내가 필요해.

내가 떠난다면

모든 것을 포기하고

멀리 떨어져 살면서

내 안에 새로운 나라를 심는다는 의미.

자신과 주변에 다시 짓는

새로운 집

새로운 영혼

새로운 경험;

오랜 꿈이 새로워지고

내적인 투자가

실패로 돌아올지도 모른다는

물질적인 두려움으로

불확실함과 외로움 속으로 걸어 들어가리.

브라질에서 통했던

게임의 규칙에서 벗어나

새로운 것들을 배우며

문화적 지평과 의식이 넓어지리.

돈을 벌어야 한다는 것이 걱정되기만 하네

나는 이미 스스로 돈을 벌어왔네.

(그건 부모가 되기 위한 분투이기도 했다네.)

그리고 지금?

더 원하는가?

더 할 수 있는가?

나는 잘 살고 있어.

모든 것이 정착되어가는 것처럼 보이는

이때 왜 이런 결정을 하려는가?

왜 이런 운명인가?

왜 새로운 변화인가?

어떤 사람이 되기를 원하는가?

어떤 사람이 될 수 있을까?

어떤 것이든:

내가 가는 모든 길에서

잘할 수 있으리라.

하지만 내가 할 수 있을지,

내가 원하는 것인지
나는 모른다.

28세에서 35세까지: 죽음과 부활

다른 사람들이 하는 일을 보지 마라,
주위의 많은 사람처럼,
결국 그 한계를 알지 못하는
게임에 빠져들 것이다.

단지 신의 길을 따르라.
안내자를 두지 말고
올곧은 길을 택하여
혼자서 가라.

_크리스티안 모르겐스턴(Christian Morgenstern)

우선, 다섯 번째 7년 주기를 여러 그림과 문장들로 표현해보자. 그림 3과 그와 연관된 다음 묘사는 이 연령의 입장을 잘 설명해준다.

나는 동굴에 있고, 자신을 방어하는 데 사용할 방패를 갖고 있다. 그러나 그 방패는 너무 커서 동굴 밖의 빛을 볼 수 없다. 마침내 동굴을 떠나 빛의 검을 움켜쥐고 싸우기로 했고, 32세에 그 발걸음을 내딛는 데 성공했다.

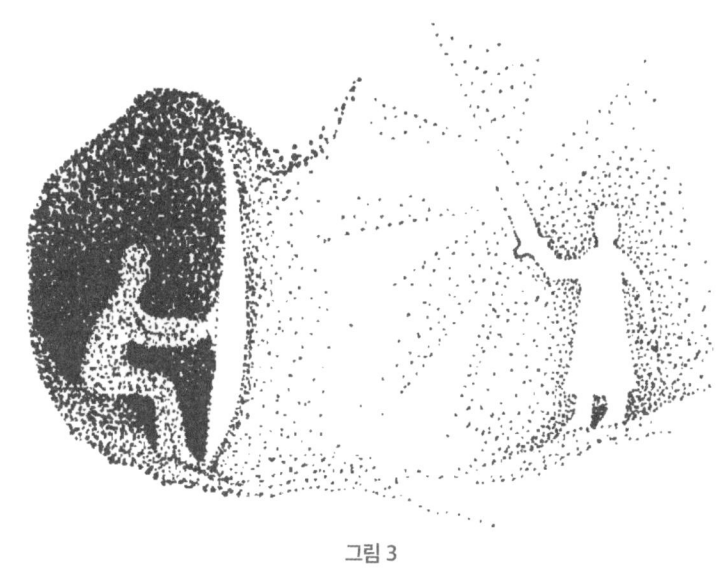

그림 3

　21세까지 노르웨이에서 행복한 어린 시절을 보낸 한 노르웨이 여성이 이렇게 이미지를 만들어 설명했다. 그녀가 브라질 사람인 현재 남편을 만났을 때 그들은 결혼해서 브라질로 이주하기로 약속했다. 하지만 그 여성은 브라질에 정착하여 농장에서 생활하는 것을 몹시 힘겨워했다. 그녀는 늘 브라질과 노르웨이를 비교했다. 브라질의 태양이 너무 뜨겁고 너무 오래 비춘다고 불평하며 노르웨이의 눈과 소나무와 산을 그리워했다. 새로운 언어를 배우는 것도 어려웠다. 그럼에도 그 사이에 건강한 세 아이의 엄마가 되었다. 가족과 아이들을 위해 완벽하게 살았고, 남편은 그녀의 보호자였다. 그녀는 갈등을 겪거나 우정을 만들어가는 것, 사회에 적극적으로 참여하는 것을 두려워했다. 이런 상황은 32세까지 지속되었다. 이 그림은 이러한 내적 상황을 표현한다. 35세에 이 여성

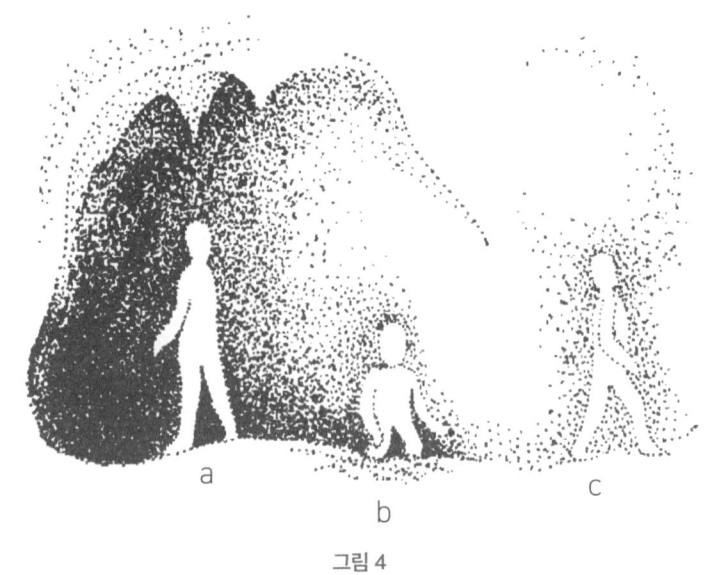

그림 4

은 농장에서 교사로 활동하기로 결심했다. 아직 온전히 편안하게 느끼지는 못했지만 일을 하면서 새로운 기회를 엿보고 있다.

이제 두 번째 그림을 보자.(그림 4)

나는 동굴 안에 있다고 느낀다.(a) 동굴 후방을 바라보며 그쪽으로 걸어 들어가고 있다는 것을 알아차리지 못한다. 빛이 뒤쪽에서 오고 있다는 것을 몰랐다. 누군가와 갑자기 마주쳐서 대화를 나누었을 때, 돌아설 필요가 있다는 것을 알아차렸다. 거기서 나는 동굴 밖에서 오는 빛을 보았지만 무릎까지 집어삼킬 듯한 커다란 늪을 지나야 했다.(b) 서른 살의 나는 여전히 동굴 안에 있지만(c) 벌써 입구 가까이 왔고 빛을 볼 수 있다. 죽음에 대한 생각은 내게 친숙하다. 열두 살 때, 내가 서른두 살에 죽는 꿈을 꾸었다. 이제 라이프스토리 강좌를 통해 인간과 인류의 총체성에 대해 배우기 시작했다. 죽음과 삶이 어떻게 연결되어 있는지 이해하기 시작했다. 전에는 삶에서 아무런 동기도 의미도 찾지 못했다.

이 사람이 다음과 같은 시를 썼다.

여러 날 밤, 기억하지 못하는
꿈을 꾸고 또 꾸었습니다.
오늘 나는 기억합니다.
높은 층의 건물에 갇힌
나는 죄수입니다.
그것은 높은 담벼락으로 둘러싸여 있습니다.

누군가와 함께 있습니다.
저 위, 창문을 통해
저 아래, 자유의 세계를 봅니다.
하지만 참여할 수는 없습니다.
내가 도망가려고 할 때,
24시간의 징벌은 결코 끝나지 않을 것입니다.
이미 4개월이 지났습니다—
도망가야 하나요? 머물러야 하나요?

싸워야 하나요? 기다려야 하나요?

이 시는 무엇을 표현하려는 걸까?
이것은 일어설 수 없는 붙들린 영혼의 이미지들이다. 과거가 여전히 집요하게 들러붙어 있고 이 사람은 힘겹게 늪을 건너가고 있다. 그는 여전히 멀리 있는 빛을 본다. 젊음의 선물은 끝나가고 기력은 쇠잔해지고 있다. 그는 문지방을 건너야 한다. — 그 힘을 발견할 것인가? 혼자 힘으로 그 자신의 길을 찾아낼 것인가?

많은 젊은이가 27세에서 33세 사이에, 때로는 35세까지 큰 고난의 시기를 통과한다. 활력이 약해지고 기력이 떨어져 심각한 질병에 걸리기도 한다. 이 시기에 놀랄 만큼 많은 사람에게 암과 에이즈 등이 발병한다. 때로는 죽음에 직면하기도 하여 많은 사람이 33세 이전에 죽는다. 암이나 에이즈, 교통사고, 자살 등은 요절의 전형적인 원인이다.
이 나이에 뭔가 새로운 것이 시작된다. '자아'가 강해지고 자기를 극복해야 한다. 여기서 설명하는 위기는 대체로 타고난 재능의 위기를 말한다.(성경에서 달란트의 비유는 이 맥락에서 흥미롭게 읽힌다.) 내가 세상에 가지고 온 재능을 묻어두고 있는가? 그것들을 허비하고 있는가? 혹은 35세부터 쓰일 수 있도록 그 재능을 점차 변환시키고 있는가?
영감의 시간은 지나갔다. 이제는 자아가 내면으로부터 작업할 수 있게 해야 한다. 여기서 어떤 힘의 도움을 받을 수 있을까? 인간의 자아와 비슷한 힘, 예수 그리스도의 힘, 그 힘은 서력기원[14] 이래로 인류에게 흘러들어와서 인간의 자아를 개별화의 과정으로 인도한다. 또한 독립적으로 결정할 수 있는 능력과 인간 본래의 도덕성으로 이끈다. 이것이 어떻게 가능할까? 이 단계에 있는 많은 사람이 신앙이나 신에게 돌아갈 수 있게 안내해주는 책이나 철학 또는 사람과 맞닥뜨린다. 예수 그리스도의 시기인 30세에서 33세의 시절은 이런 요소들을 많이 포함하고 있다. 성공적으로 이 개별화 과정을 끝맺기도 하지만 그렇지 않은 경우도 있다. 개별화 과정이 어떤 사람들에게는 보다 의식적인 수준에서 일어나지만 어떤 사람들에게는 무의식적인 상태로 남아있기도 한다.

이런 관점에서 라이프스토리 1을 다시 읽어보면, 젊은 여성이 세균성 이질과 고열로 인해 낙원 속에 있는 꿈을 꾸는 특별한 경험을 하는 것을 볼 수 있다. 라이프스토리 2에서 탕가는 30세에서 32세 사이에 남편과 헤어지고 2년 동안 어려운 시기를 겪는다. 그 후 그녀는 일을 통해 다시 자신을 발견하고 아이들과 같이 살게 되면서 행복한 시기를 맞이한다. 그다음 라이프스토리들도 이런 요소들인 인생에서의 변화와 전환기를 보여준다. 라이프스토리 5에서는 가족에게 새로운 아이가 태어나면서 환자의 내면적인 태도에 변화가 일어난다. 라이프스토리 6에서는 루돌프 슈타이너의 『신지학』에 의해 새로운 요소가 도입되었다.

28세에서 35세까지, 인생 중반기에 있는 많은 사람은 매우 다른 면이 있다. 이 시기는 개별 자아가 물질적인 신체에 깊이 침투하는 시기이

---

14) 원문은 'Zeitenwende.' 인지학에서는 성경에 나오는 예수의 골고다 언덕의 수난이 인간의 역사(인간의식의 진보)에 가장 중대한 사건이며 전환기라고 한다. '예수의 수난과 부활을 통해 인류는 구원받았고 하느님 나라에 닿을 수 있게 되었다. 혹은, 삼위일체가 완성되었다'는 것은 인류가 무의식 상태에서 깨어나기 시작하였다는 의미이며, 집단의식에서 개별의식으로의 진화가 시작되었다는 의미다.

다. 이것은 목표지향적인 외부활동을 할 수 있는 힘을 주고, 우리가 하는 일들은 그 결과를 보여준다. 이 단계에서 남자들은 종종 외적인 것들을 아주 많이 지향한다. 그래서 그들은 직업기술을 연마하고 경력을 쌓고 승진하려고 애쓴다. 여성들에게 아이가 있다면 집과 가족에 얽매여 여념이 없는 경우가 많다.

이 시기에 자연스럽게 일어나는 이기심과 균형을 맞추려면 주변에 대한 관대한 태도와 사랑, 동정심을 길러야 한다. 루돌프 슈타이너는 이 단계를 '지성혼과 감성혼의 시간'이라고 했다. 그는 늘 의도적으로 이 두 용어를 함께 사용한다. 사고와 감성이 인격 안에서 통합되어야 한다. 사고와 의지에 본성적으로 끌리는 남성들이 그들의 아내나 자녀들과 유대를 쌓고자 한다면 감성을 키워야 한다. 또 다른 방법으로는 그들 영혼의 여성적인 면, 즉 칼 융이 부르는바 '아니마(anima)'를 발달시켜야 한다. 반면 감성에 본성적으로 끌리는 여성들은 사고와 의지의 능력을 폭넓게 신장시켜야 한다. 칼 융에 따르면, 여성들의 남성적인 면인 '아니무스(animus)'는 그들이 남편을 더 잘 이해할 수 있게 하고, 특히 직업이 있는 경우 그들이 직면하는 과제를 더 잘 다룰 수 있게 해준다.

루돌프 트리츨러(Rudolf Treichler)[15]는 21세에서 28세 단계를 다음과 같이 특징지었다.

"내가 세계를 어떻게 경험할 것인가?"

---

15) 1909~1994. 독일의 숀도르프 암 아메르제에서 태어나 슈투트가르트의 발도르프학교를 다녔고 그 후 의학을 전공했다. 공부를 마친 후에는 프리드리히 홀더린에서 정신의학 박사학위를 받았다. 1945년에 슈투트가르트에서 정신의학의료원을 열었다. 1959년에는 스위스의 프리드리히 후세만 의료원에서 수석의사가 되었으며, 1974년부터 강연자, 작가, 무소속 정신과 의사로 활동했다.

그는 28세에서 35세의 단계를 다음과 같은 모토 아래 놓았다. "세계는 어떻게 구성되어 있는가? — 나는 세계와 어떻게 관계 맺을 것인가?"

이 시기에는 주변과 적절히 상호작용하는 것을 배워야 한다. 그리고 가족과 일 사이에 적절한 균형을 찾는 것이 중요하다 — 한편으로 적응하되 다른 한편으론 나의 자아가 환경에 의해 질식되지 않게 하는 것이다. 그래서 개인으로서 자유롭게 발전할 수 있어야 한다. 배우자에게 덜 의존해야 스스로를 더 넓게 확장하여 사랑할 수 있는 능력을 기를 수 있다. 부부 관계는, 상대에게 끊임없이 요구만 할 것이 아니라 각자 상대방의 인격을 존중할 때 진정한 우정으로 변화할 수 있다.

누군가가 신체적 능력이 필요한 일을 하고 있다면 이때가 최적의 시기이다. 많은 스포츠에서 그런 사례를 관찰할 수 있다. 사람들은 28세에서 35세 사이에 놀라운 조직능력이 발전하고 미래를 위한 계획에 매진하는 경향이 있다.

28세에서 35세까지의 다섯 번째 7년 주기는 21세에서 28세에 지녔던 이상주의와 쉽게 환멸을 느끼는 회의주의, 그리고 35세에서 42세까지 경험하게 되는 물질주의와 경직성 사이에서 균형을 만들어 낼 수 있는 단계다.

라이프스토리 3: 28세에서 35세까지의 경험

내 이야기를 어디서 시작해야 할지 모르겠다. 물론 모든 것이 서른 살에 시작했다고 할 수는 없다. 그건 사실이 아닐 것이다. 하지만 그 이전까지 30년 세월은 앞으로 뒤따라올 일들에 대한 준비기였다.

우리 가족은 아버지, 어머니 그리고 세 딸이 있었는데, 나는 둘째 딸이다. 아버지는 러시아의 유대인 가정에서 태어나 여덟 살에 부모님을 따라 브라질로 이민왔다. 그들은 박해와 반유대주의, 가난, 의지, 성공해야 한다는 압박감에 짓눌려있었다. 어머니는 남아메리카에서 이미 3대째 살고 있어 이곳에 동화된 유대인 가정 출신이다. 아버지는 예술가이며 지성인이고 사업가였다. 어머니는 훌륭한 가정주부로서 좋은 엄마이자 좋은 아내였고, 사랑과 헌신으로 가득했다.

나는 행복한 어린 시절을 보냈다고 생각한다. 어릴 때부터 명랑한 천성과 유머, 창의성을 발휘해서 사람들을 설득하는 법을 배웠다. 집에서는 나의 이런 자질들을 매우 높이 평가해주었다. 나는 그런 식으로 대립과 말다툼, 짜증스런 상황을 모면했다. 그리고 어린 나이에, 행복하게 지내는 법을 배웠다. 사랑받기 위해 화려하게 빛나는 모든 것을 추구했고 성공적으로 해냈다.

내겐 나를 사랑하고 인정해주는 많은 친구와 가족이 있었다.

17세 즈음 아버지가 돌아가셨다. 너무 힘들었지만 삶은 계속되었다.

스무 살에 결혼했다. 사랑에 빠져있던 내 앞엔 새로운 인생이 펼쳐져 있었다. 곧 첫 아이를 가졌고, 그 후 4년 동안 세 아이를 낳았다. 이후 꼬박 10년 동안 아이들을 잘 키우기 위해 먹이고 입히고 놀아주고 함께 노래 부르며 애정을 보여주려고 애썼다. 어릴 때 본보기로 받았던 것을 최대한 완벽하게 해내려고 전심전력을 기울였다. 이 모든 것은 바깥 세계에서 '중요한 사람'(예를 들어 예술가 같은 사람)이 되고 싶고, 무엇보다도 내가 하는 모든 것에서 잘 해내고 싶다는 바람과 뒤섞여 있었다.

또한 이 시기에 삶과 세계, 인간과 신을 바라보는 새로운 방식을 우연히 접하게 되었다. 처음에는 인지학을 통해 정신적인 세계가 있다는 것을 아주 서서히 이해하게 되었고, 결국 받아들였다. 나는 점차 물질주의자에서 정신주의자로 변해갔다. 반면 아버지의 유대주의는 민간 전통에 묶여 있었지만 지극히 물질주의적이고 불가지론적이었다. 그것은 나에게 지대한 영향을 끼쳤다.

그 후로 나의 정체성이 둘로 갈라졌다. 친구들 앞에서 내가 정신세계를 인정하고 있다는 것을 드러내는 것이 어려웠다. 더구나 유대인 가족에게 내가 기독교인이라는 것을 알리기는 훨씬 더 어려웠다. 그래서 두 얼굴로 10년을 보냈다. ― 혹은 천 개의 얼굴을 하고… 그러나 어떤 활동 영역에도 깊이 뿌리박지 않은 채 두루두루 잘 해냈다.

스물아홉 살 때는 매우 불안하고 절망적이었다. 이 세계, 이 세기에 살고 있는 한 여성으로서 나의 한쪽은 엄마로서, 아내로서, 가정주부로서 책임을 잘 감당해내고 싶었다. 아무도 나보다 더 잘할 수는 없었다. 반면 다른 한쪽은 전문적인 직업에서 인정받고 돈을 버는, 그런 괜찮은 사람이 되기를 원했다. 동시에 나는 사랑스럽고 매력적이고 싶었고, 남편이 나와의 사랑에서 빠져나가지 못하기를 바랐다. 간단히 말해서 나는 슈퍼우먼이 되기를 원했지만 성공하지는 못했다. 모든 것이 괜찮다고 자신을 납득시키려 애썼지만 오히려 좌절감에 사로잡혔다.

서른 살이 되던 해에 남편과 나는 결혼생활의 엄청난 위기를 겪었다. 이런 일이 나에게 일어날 수 있다는 것을 간접적으로도 겪은 적이 없었기에 아주 높은 곳에서 깊은 수렁으로 추락하는 듯했다. 두려움, 걱정, 불안이 나를 사로잡았다. '나는 이래야 한다'는 이미지 속의 그 무엇이 아니라는 것, 더 정확히 말하자면 다른 사람들이 나에게 기대하는 그런 사람이 아니라는 점을 인정해야 했다. 깊은 우울감으로 고통스러웠고, 걱정근심이 떠나지 않았다. 내 눈에 나는 아무것도 아니었다. 여자로서도, 엄마로서도, 직업인으로서도, 내가 했던 모든 것에서.

남편과 나는 관계를 재정립할 수 있었지만, 그 후 바로 엄마가 자궁근종 수술을 받았다. 엄마는 자궁을 들어내야 했는데, 나는 이 일로 깊은 충격을 받았다. 태어나고 보호받았던 나의 첫 번째 집, 나의 '둥지'가 쓰레기통에 버려진 듯했다. 이제 나는 나 자신에게 의지해야 했다.

그 후 두 달도 채 안 되어 이번에는 내가 장출혈을 앓았는데, 심신성 망상궤양이라고 진단받았다. 대장의 일부를 제거하지 않으면 종기처럼 부풀어 오르는 종양이 될 수도 있어서 치료하기가 어려웠다.

그로부터 두 달 후, 엄마가 암으로 진단받았다. 땅이 꺼지고 붙잡을 수 있는 지푸라기조차 없는 듯했다. 그러나 나는 아무것도 잘못된 게 없는 것처럼 행동했다. 병을 숨길 수 있도록 의사들에게 약을 받는 것이 내가 유일하게 원하는 것이었다. 나에게 병이 존재하지 않는다는 듯이 전력을 다해 '슈퍼우먼'의 생활을 이어갔다. 병과 나는 두 개의 분리된 존재인 양, 오토바이의 사이드카처럼 옆에 끌고 다녔다.

2년 동안 질병과 나는 이렇게 계속 같이 살았다. 그러다가 엄마가 돌아가셨는데, 그 상실과 이별을 견딜 수 없었다. 내 상태는 훨씬 나빠졌는데, 갑작스럽게 내면에서 변화가 일어났다. 내 병을 나 자신으로 보게 된 것이다. 내 병을 인정하고 스스로 철저히 맞붙어야겠다는 결심이 섰다. 더 이상 기존 의사나 인지학 의사에게 가지 않고 치료법과 식습관을 완전히 바꾸기로 했다. 매일 침을 맞았고 더 이상 누구의 말도 듣지 않았다. 어떤 약도 먹지 않았고 어떤 검사도 받지 않았다. 더 이상 출혈이나 설사에 관심을 두지 않았다.

하지만 내 몸은 빠르게 쇠약해졌다. 점점 말라 갔고 자신을 돌보는 것 외에 다른 어떤 것도 할 수 없었다. 일할 수도 공부할 수도 없었다. 아이들이나 집안을 돌볼 수도 없었고 남편의 생활에 참여할 수도 없었다. 내 생활은 오로지 나를 중심으로만 돌아가고, 삶과 죽음의 기로에서 그 중간은 없는 듯했다. 너무 약해져서 가방을 들 힘조차 없었다. 손발과 무릎에 관절염이 왔고, 발목이 부어서 지팡이를 짚고 걸어야 했다. 대장에서부터 몸에 쌓여있는 독소 때문에 온몸에 종기가 생기기 시작했다. 백 개 이상의 큰 종기들, 그것들 중에는 세 개에서 일곱 개까지 종기 머리를 지닌 것도 있었다. 이 모든 것과 함께 뜨거운 홍조가 나타나 열이 40도까지 올랐다. 복부 질병이 악화되기 전에 이미 엄청난 고통을 겪고 있었다. 완전히 무기력하고 영양부족 상태였지만 그때조차도 어떤 충고도 듣고 싶어 하지 않았다. 여전히 내 안에 있는 '슈퍼우먼'의 상이 컸고, 나 자신의 힘과 침으로 스스로를 치료할 수 있으리라 생각했다. 마침내 극도로 심각한 상태에서 병원으로 실려 갔다. 하지만 수술조차 받을 수 없을 만큼 극도로 허약한 상태였기에 회복되기가 매우 어려웠다.

'이러다 죽겠구나.' 하는 느낌이 들었다. 주변의 모든 사람도 그렇게 예상했다. 죽음이 옆에 서 있는 것을 보고 느낄 수 있었다. 삶과 죽음의 문턱에 서서 저편을 바라보며 살짝 넘어가기만 하면 되는 문제였다. 처음에는 짜증이 나고 화가 났다. 그러고는 생각했다. '왜 모든 사람 중에 하필 나야? 나는 여전히 젊고, 살면서 하고 싶은 일이 많은데… 아직 어떤 것도 이루지 못했단 말이야.' 그때 나는 두려웠다. 아주 두려웠다. 이미 고통의 극단을 경험했기에 그런 죽음의 순간이 두려운 것은 아니었다. 오히려 두려운 것은 나에게 믿음이 없다는 것이었다. 지금까지 정신세계와 신의 존재, 죽음 이후의 삶에 대해 믿고 있다고 생각했다. 지상에서의 삶의 본질적 의미와 인간성의 발달에 대해서도 진지하게 믿었다. 그러나 죽음 이후 아무것도 없을 거라는 두려움에 직면한 나 자신을 불현듯 발견했다. 모든 것이 거짓말이었다면? 모든 것이 죽음과 함께 멈춘다면? 내 생애 전부가 무의미한 것이었다면?…

그때부터 사람들을 만날 때, 마음속으로 작별인사를 하기 시작했다.
'이게 마지막일 수도 있어…'

그 무렵, 침대에서 창밖을 내다보면서 나의 감각기관과 마지막 시간을 보내고 있었다. 사물들을 느껴보려고 눈과 귀, 코로 나무들과 하늘, 날씨의 변화, 냄새를 관찰했다. 아이들과 남편이 건네는 한마디 말이나 포옹에 애절하게 매달렸다.

여전히 매우 허약했지만 몸 상태에 제한적으로 반응할 수 있게 되었을 때, 더 큰 차질이 빚어졌다. 의료 실수로 2주 동안 잘못된 약을 복용한 것이다. 이 약은 독성과 환각을 일으키는 물질이 들어있어 심한 설사를 일으키고 광란과 죽음의 끝으로 몰아갔다. 그리고 동공이 확장되어 바깥쪽보다 오히려 안쪽이 보일 지경이었다. 촉감 또한 끔찍스럽게 느껴져서 죽음이 핀과 바늘로 팔을 찔러대며 나를 공격하는 것 같았다. 그것으로는 충분치 않다는 듯, 전신의 열감과 불안으로 주변의 모든 것에 충격을 느끼는 공황 반응이 일어났다. 더구나 심한 불안감을 일으키는 환각에 시달리며 태아처럼 몸을 웅크리고 엄지손가락을 빨았다. 의사는 내가 죽음에 가까이 왔다고 했다. 또다시 죽음을 경험하고 가까스로 빠져나왔다. 이제는 공황상태가 무엇을 의미하는지 안다. 다른 사람들로부터 완전히 고립된다는 것, 사람들이 도움을 주고 싶어도 내가 받지 못한다는 것, 세상에 완벽하게 혼자라고 느끼는 것이 무엇을 의미하는지 완전히 이해한다.

남편은 육체적·정신적 고통 때문에 지나치게 내향적으로 되어가는 나의 기분을 바꿔보려고 병실에 텔레비전을 놓기로 했다. 그러나 이런 일들을 겪고 난 후, 지각이 극도로 예민해져서 훨씬 더 크게 열린 눈으로 텔레비전 프로그램을 보았다. 영화들 사이사이에는 소비자들에게 어리석고 불필요한 물건들을 선전하는 광고들이 있다. 이런 광고들은 닥치는 대로 실어나르는 뉴스에 뒤섞여 여기저기 흩어져 있다. ― 마치 우리가 날씨 보도와 바나나를 다루듯이 ― 세계의 다른 곳에서 벌어지는 끔찍한 갈등에 대한, 죽음·살인·혁명·지진·화산폭발·교통사고 등에 대한 보도들이 있다. 그리고는 춤추는 여자들과 함께 익살스러운 프로그램이 바로 뒤를 잇는다. 이 모든 것은 나에게 깊은 충격을 주었고, 오늘날 세계시민이 된다는 것의 의미를 ― 지적인 차원에서뿐만 아니라 더 종체적인 차원에서 처음으로 깨달았다: 모든 사람, 나와 함께 여기서 살고 있는 사람들과 세계의 다른 쪽에서 사는 사람들, 그리고 특정한 이 시기에 살고 있는 사람들 모두가 나와 동시대인이었다. 우리는 이 행성에서 같은 시대를 살아가고 있다. 각자의 운명은 자신의 십자가를 짊어지고 있지만 모두 함께 연결되어 있다. 어떤 사람이 중국에서 말한 것이 돌고 돌아서 나의 관심사가 되기도 한다. 나는 개별 인간들이 하나의 인류에 속한 팔, 다리, 발, 머리라는 것을 통감했다. 그리고 내가 또 다른 삶을 살기 위해 이 순간 나의 가족인 인류를 떠나고 있다고 생각했다. 지상에서의 나의 삶은 내 문제와 경험뿐만 아니라 다른 사람들에 의해 달라졌다. 나는 이 모든 것을 받아들였다.

그러자 갑작스레 새벽이 밝아왔다. 내가 살아남을 운명이라면 인류에게 혼란을 끼칠지도 모르지만 그것이 헛된 것일 리가 없다. 그것에는 반드시 의미가 있어야 했다. 살아서 모든 사람과 함께 여기 머무르는 어떤 목적이 있어야 했다. ─ 그들에게 닿을 수도 있고 그렇지 않을 수도 있지만, 그 목적은 그들과 함께 살며, 함께 활동하고, 소위 인류 발전의 위대한 진화의 그림에 나의 붓놀림이 보탬이 되기 위한 것이었다. 마음 속에서 모든 것을 향한 엄청난 책임감과 사랑을 느꼈다.

나는 천천히 병마와 싸우기 시작했다. 힘이 점점 솟아나고 희망도 커져갔다. 치유방법으로 조소(彫塑)와 정원 가꾸기를 시작했다. 땅은 환생 과정을 경험한 나 같은 사람이 지상에 닻을 내리는 데 가장 좋은 수단이다. 생동감 있는 색과 모양에 관심을 갖고 내 상황을 생기있게 만들었다. 그리고 주위를 아름다운 것들로 둘러쌌다.

우울한 상황은 피하고 아름답고 부드러운 것을 추구했다. 그것은 내게 생명을 유지할 수 있도록 자양분을 주었다. 나는 다시 태어난 것 같았다. 마치 우물 바닥에 닿았다가 다시 살아나기 시작하는 것처럼. 그리고 다른 사람과의 관계를 다시 정립할 수 있었다. 이제는 '성공'을 통해 끊임없이 자신을 재확인할 필요가 사라졌다. 다른 사람들이 나를 사랑하도록 그들을 기쁘게 해주려고 노력할 필요가 없기에 '아니오'라고 하기가 조금 더 쉬워졌다. 행복했다. 생기있어지고 다른 사람들과 여기서 함께할 수 있어 기뻤다. 스스로를 더 사랑하기 시작했으며, '슈퍼우먼'이 되지 않아도 자신을 받아들일 수 있게 되었다. 그리고 나 자신에게 많은 기대를 하지 않았다. 인류에 대한, 주변 사람들에 대한 사랑이 흘러넘쳤고 기쁨으로 가득 찼다.

　내 나이를 생각하며 예수와 비교해 보았다. 예수는 서른 살까지 그의 위대한 임무를 위해 준비했다. 서른 살에 고통과 절제의 위대한 길을 시작했고, 부활하기 위해 서른세 살에 십자가에 못 박혔다. 물론 완전히 다른 방식이지만 나도 비슷한 경험을 해왔다고 생각한다. 서른 살에 나는 죽음으로 향하는 고난의 길을 시작했고, 엄청난 육체적 고통과 두려움, 공포, 외로움, 허약함을 겪어야 했다. 다른 사람들에게 전적으로 의존해야 했다. 아무것도 보답해줄 수 없었지만 그들의 도움의 손길을 받아야만 했다. 제대로 살아보지도 못하고 무기력하게 죽어가고 있다고 생각했다. 서른세 살에는 '십자가를 짊어지는 고난'을 정말 막을 수 없을 지경이었다. 그러다가 다시 태어난 듯이 그것에서 벗어났다. 현세의 삶이 '이전'과 '이후'로 나뉜 것 같다. 그것은 아주 분명하다.

　나 같은 유대인 출신에게는 매우 어려운 한 걸음을 떼기로 결심했다. 그것은 세례를 받는 것이었다. 이로써 나는 여기 이 지상에서 그리고 정신세계에서 굳건한 모습으로 위대한 발걸음을 내디뎠다. 즉, 내 안에 일어난 일을 인정하기로 한 것이다. 그것은 내가 속해있는 매우 강력한 정신세계를 인식했다는 것이다. 나를 지원해주는 사람들과 여기 함께 있는 동안 정신세계를 통해 이 지상에서 일하고 있다는 것을 알았다는 것이다.

　나는 건강하지 못하고 내 병은 다루기 어렵다. 그러나 나는 강하다. 그리고 활발하게 일하고, 공부하고, 가족이나 세계와 함께할 에너지가 있다. 나는 그것을 잃고 싶지 않다. 나는 좀 작아진 것 같지만 아마도 — 정확하게 그런 이유로 — 더 나아졌다고 느낀다. 나 자신에게 그다지 큰 기대를 하지는 않지만 스스로를 더 좋아하게 되었다.

나는 아직 원하는 상태에 도달하지 못했다. 예전의 많은 잘못들이 여전히 나에게 달라붙어 있다. 무슨 일이 있더라도 모든 것을 정확하게 해내려고 무의식적으로 고군분투하는 자신을 흔히 발견하기도 하고, 종종 예전 방식으로 돌아간다. 때로는 두렵기도 하다. 하지만 발달과정에 있는 사람으로서 전보다 더 많이 자신을 발견하고 있으며, 이 지상에서 허락된 하루하루에 행복해하고 있다.

라이프스토리 4

서른여섯 살에 나는 인생을 새로운 관점으로 보기 시작했다. 여전히 나 자신이 깨어지기 쉽고 내면적으로 보호받아야 한다고 생각하지만 그럼에도 나는 중대한 변화를 감지한다.

아버지는 브라질 사람이고 엄마는 덴마크 사람이다. 둘 다 외동이였다. 아버지는 엄마가 나를 임신한 상태에서 결혼했다. 아버지는 잘생긴 호사가였고 모든 사람이 그를 대단히 훌륭하다고 생각했다. 엄마는 내성적인 데다 콤플렉스로 가득 차 있었다. 그녀는 매우 엄격했으며 모든 기준에서 독실한 삶을 살았다. 나는 어린 시절을 브라질에서 보냈지만 해마다 몇 달 동안 덴마크로 여행을 갈 수 있었다. 거기서 할머니 할아버지와 함께 살았다. 내가 덴마크에 처음 갔을 때는 두 살 때였다. 이것이 나의 첫 번째 기억이기도 하다.

나는 이곳 브라질에서 작은 유치원에 다녔다. 두 살 반 때 여동생이 태어났다. 엄마가 임신한 동안 질투를 느낀 기억이 난다. 나는 유행성 이

하선염(耳下腺炎, 볼거리)을 앓았고 편도선을 제거했다. 불안 때문에 불면증으로 고생하기도 했다.

나는 여섯 살에 입학했다. 매우 불안정했고 다른 아이들을 질투했다. 내가 읽기 시작했을 때 처음으로 플라토닉한 사랑에 빠졌다. 부모님은 내가 일곱 살 때 헤어졌다. 나는 그때까지 침대에 오줌을 쌌다. 엄마는 나와 함께 지내다가 내가 여덟 살 때 재혼했다. 이 두 번째 결혼은 4년간 유지되었다. 의붓아버지는 엄마를 지배했고 에너지가 넘쳤지만 미성숙했다. 그는 나와 내 여동생을 질투했다. 일요일마다 클럽에서 의붓아버지를 보았지만 그는 나를 신경 써주지 않았다. 내가 아홉 살 때 홍역에 걸렸을 때만 유일하게 나를 걱정해주었다.

열다섯 살에서 열일곱 살까지 매년 여름 휴가를 할머니 할아버지와 덴마크에서 보냈다. 그곳에서는 편안하고 만족스러웠다. 아홉 살에 나는 옷가방을 챙겨서 집을 떠나고 싶었다. 외로웠고 뭔가 욕구 불만이 있었다. 엄마가 두 번째 남편과 헤어졌을 때, 우리는 다른 곳으로 이사했다. 엄마는 내가 매우 이기적이라고 생각했다. 부담감으로 마음이 무거웠다. 엄마는 두 번째 남편과 헤어지고 얼마 지나지 않아 술을 마시기 시작했다. 그러나 몰래 술을 마셨기 때문에 나는 열세 살에야 그 사실을 눈치챘다. 나는 덴마크에 있는 기숙학교에 가고 싶어 했다. 그래서 열세 살이었던 1년 동안 그곳에서 지냈다. 아름다운 시절이었다. 온유함과 사랑을 경험했고 많은 친구를 사귀었다. 거기서 덴마크어와 영어, 독일어를 배우고 뜨개질과 자수를 배웠다.

열네 살에는 브라질 학교로 돌아왔다. 아버지와는 감정적으로 가까워질 수 없었다. 이 무렵, 겉으로 행복하게 보이는 법을 배웠다. 모든 것이 괜찮아 보였지만 내면에서는 걱정과 슬픔, 불안으로 고통스러웠다. 그리고 다른 사람들의 관심을 끌고 싶었다. 열다섯 살에 첫 남자친구를 사귀었다. 열여섯 살에는 두 번째 남자친구를 사귀었는데, 그와 처음 성관계를 했다. 이 때문에 엄청난 죄책감을 느꼈다. 덴마크에 있는 할머니와 할아버지, 두 분 다 내가 열일곱 살 때 돌아가셨다. 열일곱 살 때 엄마는 내가 이미 숫처녀가 아니라는 것을 알게 되었다. 그때 나의 죄책감은 훨씬 강해졌다. 엄마가 말했다. "네가 내 등에 칼을 꽂았어!" 나는 별로 한 달 동안 집 안에 있어야 했다. 같은 해에 아버지가 나의 잘못된 행동을 나무라면서 내 얼굴을 때렸다. 그 사건 이후 성적 욕구가 사라졌다.

열일곱 살에는 여동생과 유럽 여행을 떠났다. 엄마는 그동안 술을 많이 마시고 자살을 시도하려 했다. 나는 다시 남자친구를 만나게 되었고, 성에 대한 태도는 정상으로 돌아왔다. 엄마는 내가 관심받고 싶어서 남자들을 유혹하려고 이런 짓들을 한다고, 하지만 이런 녀석은 내 사랑에 보답하지 않는다고 했다. 열여덟 살에 임질에 걸렸을 때, 엄마가 말했다. "네 남자친구는 너를 존중하지 않아."

열아홉 살에 대학에 진학하여 관광학을 공부했다. 그 무렵 여동생과 덴마크와 브라질 북동부를 여행했다. 그때 처음으로 여동생과의 관계가 좋아졌다. 스무 살에 세 번째 남자친구를 사귀었다. 그는 힘든 사람이었다. 나를 폭행하는 것으로 우리 관계는 끝났다. 아버지에게 도움과 보호를 청했지만, 그는 그 친구를 잘 알고 있었음에도 나를 도와주지 않았다. 이 경험으로 아버지에게 크게 실망했다. 육체적 욕구가 강했던 엄마는 딸에게서 같은 특징을 보는 것을 참을 수 없어 했다.

나는 스스로 잠재력이 대단히 많다는 것을 알고 있었지만 여전히 자신감이 부족했다. 스물두 살에 세 번째 남자친구와 헤어지고 얼마 안 되어 현재의 남편을 만나 새로운 관계를 시작했다. 하지만 남편의 가족이 나를 받아들이지 않고 반대한다는 것을 눈치챘다. 나는 거칠게 반응하며 이게 다 엄마 때문이라고 생각했다. 엄마 때문에 부끄러웠지만 엄마는 계속 술을 마셨다. 그 후 엄마는 결국 미국으로 갔고, 그곳에 정착해 살면서 일 년에 한 번 브라질에 올 뿐이었다. 이렇게 되어 크게 마음이 놓였다. 결혼 준비를 시작했지만 돈이 없었다. 엄마와 시어머니 둘 다 가까이 없었기 때문에 스스로 모든 것을 해야 했다.

스물여섯 살에 첫 딸을 낳았다. 그 아이를 키우는 동안은 행복했다. 그 아이는 나에게 커다란 기쁨을 주었다. 최선을 다해서 내 아이에게 좋은 음식을 먹이려고 했다. 시어머니는 나를 비웃었지만 그럼에도 나는 내가 '수퍼맘'처럼 여겨졌다. 그러나 성관계를 포함해서 남편과의 관계는 어려웠다. 성에 대한 관심은 시들해졌고, 나 자신에 대해 늘 죄책감을 느끼며 나를 나쁜 사람이라고 여기는 반면 남편은 좋은 사람이라고 생각했다. 그래서 마침내 스물일곱 살에 치료를 받으러 가기로 결심했다. 여기서 어린 시절 내가 행했던 것을 남편과의 지금 생활에서 어떻게 반복하고 있는지 알게 되었다. 나는 화해를 즐길 수 있기 위해 늘 위기를 불러일으키려 했었다. 일상이 똑같고 새로운 것이 일어나지 않으면 불만족스러웠다. 젊은 부부로서 우리는 정말 분수에 넘치는 생활을 했다. 스물여덟 살에 나는 사소한 불륜을 저지르고는 남편과 헤어지고 싶어 했다. 그러나 곧 내 자리가 편안하다는 것을 깨닫고 결혼생활을 위해 분투해야겠다고 생각했다. 명상기법을 접하며 정신세계에 관한 읽을거리에 관심을 가졌다. 요가수련도 시작했다. 그해에 엄마가 나를 방문한 것이 남편과 화해하는 데 큰 도움이 되었다.

　스물아홉 살에 다시 임신했다. 같은 기간에 집 리모델링까지 해서 많이 힘들었다. 게다가 시어머니가 우리 가정사에 많이 간섭한다고 여겼다. 하지만 아내로서 가정주부로서 내 권리를 주장하지 않았고, 늘 옆으로 비켜 서 있었다. 이런 상황에서 서른 살에 아들이 태어났다. 의사는 아들이 당뇨병일지도 모른다고 생각했다. 나는 매우 약해져서 한 달 동안 침대에 누워있어야 했다. 얼마 후 의사는 아들이 고혈압이라고 진단했다. 그것이 내 잘못이었을까? 쇼크였을까? 너무 불안하고 걱정스러워 감정을 추스를 수 없었다. 때로 죽을 것 같은 공포가 나를 사로잡았다. 밖으로는 더 단단해지려고 노력했지만 제대로 회복되지 않았고, 마침내 서른한 살에 당뇨병으로 진단받았다. 하지만 어떤 의술도 원치 않았다. 내가 완벽하지 않다는 것 때문에 괴로웠다. 이즈음, 어릴 때부터 피우던 담배를 끊었다. 내가 아프다는 것을 인정하지 않았고 모든 치료를 거부했다. 그리고 내가 남편과의 관계를 어떻게 조종하고 조작하는지 알아차렸다. 나는 엄마와 그녀의 알콜중독에 대해 익숙하게 사용했던 것과 같은 상황을 반복적으로 만들어내고 있었다. 뭔가가 변화되어야 했다. 체중이 14kg이나 줄면서 건강 상태가 매우 나빠졌다. 그때 엄마가 나를 미국으로 초대해서 아이를 데리고 그곳으로 날아갔다. 그녀는 나를 위해 따뜻한 환영을 준비해두었고, 우리는 마침내 화해할 수 있었다. 나는 내 병을 받아들이고 인슐린 처방을 받았다. 나의 상태는 눈에 띄게 좋아지기 시작했다. 엄마는 내 어린 시절 소홀하게 했던 것을 보상하고 싶어 하는 듯했다. 그래서인지 각별한 애정으로 나를 보살폈다.

　내가 브라질로 돌아온 뒤, 남편의 가족 또한 나를 더 잘 받아들였다. 그때부터 내가 다시 태어난 듯했고, 엄마가 나를 임신해서 데리고 다니다가 이제야 겨우 제대로 낳은 듯했다.

서른세 살에 처음으로 내 생일을 준비해서 사람들을 초대했다. 고혈압이 있는 둘째 아기가 천천히 걷기 시작했다.

서른네 살에 양품점을 열어서 일 년 반째 운영하고 있다. 시작할 땐 동업자가 있었지만 그녀가 그만두어, 혼자 하기에는 일이 너무 많다.

서른다섯 살에는 처음으로 아르테미시아에서 라이프스토리 강좌에 참여했다. 루이스 레이의 책도 읽었는데 나에게 매우 중요한 영향을 끼쳤다.

시어머니는 언제나처럼 매우 비판적이었지만 이제는 그녀에게 맞설 힘이 생겼다. 나는 알코올 중독자 가족들이 이야기 나눌 수 있는 '알아논(Alanon)'[16]에 다녔다. 거기서 내 행동에 많은 심리적인 문제들이 있음을 알게 되었다. 서른다섯 살이 되어서 내 운명의 주인은 나라는 것, 나 자신을 스스로 치유할 수 있다는 것을 깨달았다. 남편과의 성관계는 개선되었다. 남편은 직업 생활과 개인 생활 양쪽에서 발전하고 있다. 그도 치유 받으러 다녔다. 나는 점점 더 행복해지고 있고 우리는 가족으로서 사랑 가득한 휴일을 함께 보낼 수 있다.

내 라이프스토리에 대한 추가 사항:

나는 왼손잡이지만 교정받지 않았다. 늘 나 자신을 이방인처럼 느

---

16) 익명의 알코올 중독자 모임(Alcoholics Anonymous). A.A.는 멤버들의 공동 문제를 해결하고 다른 사람들이 알코올 중독으로부터 회복되도록 그들을 돕기 위해 서로 간의 경험과 힘과 희망을 나누는 남녀들의 공동체다. 한국 알아논 http://www.aakorea.org/index.html

껐고 어떤 집단에도 맞춰질 수 없었다. 수줍음을 타며 질투심이 많았다. 나의 주요한 감정은 좌절감, 괴로움, 상처받기 쉬움이다. 나는 분노로 가득 차 있었다. 젊은 시절 동안, 다른 사람들의 평판을 매우 중요하게 생각했으며 몹시 공격적이었다. 내 삶의 특징은 많이 옮겨 다녔다는 것이다. 브라질과 덴마크 사이에서 많은 여행을 했다.

이 라이프스토리에서는 30~33세 사이의 위기가 성공적으로 극복되었다는 느낌을 준다. 이 라이프스토리의 주인공도 죽음 문턱에 갔다가 떨쳐 일어나 부활했다. 그녀의 부활에는 엄마가 소위 임신과 돌봄의 과정을 보충해주는 것이 필수적이었을 것이다. 이것으로 엄마와 딸은 화해할 수 있었다. 동시에 딸은 그녀의 삶에 결정적인 영향을 끼친 엄마의 성격에서 벗어날 수 있었다. 35세부터는 그녀 자신의 욕구가 점차 전면에 등장했다. 이 욕구는 지금 어디로 가고 있는가? 다음 장에서 이 질문을 다룰 것이다.

35세, 그리고 35세에서 42세까지의 단계

> 세상이 나를 만들었다고 생각한다면
> 내가 할 수 있는 것은 아무것도 없습니다.
> 물론 그런 상황에서는 이 행성의 파멸을
> 막을 수 없을 것입니다.
> 그러나 본래 우리 각자가 세계의 상황에
> 좌지우지되지 않는 자율적인 인간일 수 있다고 생각한다면

세계에 그리고 세계를 위해
책임감을 갖게 될 것이고,
내가 할 수 있는 일이 많아질 것입니다.

_바츨라프 하벨(Vaclav Hável)

30세에서 33세까지 고난의 세월을 살아온 우리는 이제 35세에 접어들었다. 어떤 관점에서는 인생의 한가운데에 놓여있다고 할 수 있다. 우리는 육화를 향해 가장 깊이 하강했다. 지금은 지상에 가장 가까이 있지만, 곧 다시 육체로부터 벗어나 위를 향해 서서히 나아가기 시작할 것이다. 지금까지의 삶은 우주와 자연, 환경과 교육, 지식 등을 깊은 숨을 들이마시듯이 받아들였다. 그리고 점차 일터와 가정에서 안전하고 편안하게 느낀다. 출생 전에 머물던 천상의 영역으로부터 자아(Ich)가 의도와 동기, 소명으로 함께 가지고 온 것을 지상에서 점차 실현할 수 있게 된다. 내석인 원전인 선전석인 재능이나 이미 습득한 능력을 점점 더 많이 활용한다. 그리고 그것을 심화 발전시킬 방법을 찾아낸다. 앞선 7년 주기에 자신과 동일시하며 받아들였던 '그리스도의 힘'의 도움을 받아 진정한 형제애와 관용, 타인을 존중하는 마음이 발달한다.

그러나 이제 막 들어선 삶의 여섯 번째 7년 주기에도 부정적인 면이 있다. 이 단계 동안 매우 이기적이고 독선적으로 될 수 있는 것이다. 모든 사람은 생애 발달과정 중에 작은 나폴레옹으로 돌변할 위험이 있다.(나폴레옹은 35세에 스스로 황제가 되었다!) 이 시기에는 이기주의와 맞서 싸워야 한다. 이때, 다른 사람에 대한 긍정적이고 관대한 태도가 도움이 된다. 루돌프 슈타이너는 많은 강의에서 35세 이후에야 드러날 수 있는 것에 대해 지적했다. 예를 들면, 사람들은 자신의 행동과 생각이 세상에 유용하게 쓰일 때에야 그 옳고 그름을 판단할 수 있게 될 뿐이다. 받아들이는 입장에서 세상을 위해 자기 것을 내어주는 입장으로 점차 바뀌는 것이다. 이제 정신은 신체와 영혼의 발달에 더 이상 관여하지 않고 점점 더 자유롭게 미래를 향해 노력할 수 있다.

미국의 저널리스트 게일 쉬히(Gail Sheehy)[17]는 이 단계를 진정성의 위기 혹은 꿈의 탈신비화 단계라고 부른다. 우리는 자신에 대한 환상에서 벗어나 스스로에게 물어야 한다. '주어진 역할을 모두 버리고 나면 우리에게 남는 것은 무엇인가?' 개별성의 성숙이란 겉으로 드러나는 것을 위해 살기보다는 진실하게 살고 싶어 한다는 것을 의미한다. 예를 들어 관계에 대해 말하자면, 남자로서 혹은 여자로서 요구되는 역할 때문에 의무감에 얽매여 어떤 일을 하는 게 아니라 사랑으로 인해 필요하기에 그 일을 한다. 또한 'No'라고 말하는 것이 더 쉬워진다. 다른 사람들의 기대에 부응하기 위해 'Yes'라고 해야만 하는 것은 아니다. 이후로는 나에게 기대되는 것이기 때문에 뭔가를 억지로 하게 된다면 화가 날 것이다. 이제는 확신과 진정한 자신에 기초해서 행동한다.

작은 예를 들어보겠다. 내가 26세에서 28세에 의사로서 수련을 시작했을 때, 쇼핑하다 환자를 만나면 당혹스러웠다. 차라리 심부름꾼을 보내는 게 나았다. 내 기억으로는 35세부터 시장에 가는 것을 매우 즐겼다. 가장 좋고 영양이 풍부한 과일과 채소를 고르면서 진정한 기쁨을 맛보았다. 쇼핑하는 동안 환자들을 만나도 더 이상 아무렇지도 않았다. 다른 사람들이 나를 어떻게 생각하는지에 상관하지 않고 내가 하고 있는 일에 대한 사랑으로 진실하게 접근하면서 헤쳐나갔다.

　프리메이슨[18]의 망치는 거짓으로 쌓아 올린 인격을 때려 부수는 것을 상징한다.

　루돌프 슈타이너는 이 단계를 의식혼의 단계라고 불렀다. 이때, 우리는 사물을 더 분명하고 비판적으로 관찰한다. 그러나 삶이 습관 이상의 어떤 것도 아니라고 느낄 때, 위험스럽게도 공허감을 흔히 경험한다. 바깥으로 향했던 '남 탓'에서 내부로 향해 '내 탓이오!'라는 자기 고백을 하려면 이 시점에서 용기가 필요하다. 각자 자신에게 물어야 한다. '무엇이 나의 한계인가?', '행동하기 위해 나의 능력과 기회를 어디서 찾아야 하는가?' 21~28세의 젊은이는 불가능한 것은 없다고 생각한다. 알콜 중독자에게 술을 끊게 할 수 있을 만큼 자신이 강하다고 확신하면서 알콜 중독자와 결혼할지도 모른다. 혹은 내가 생태계를 위해 일하고 있다고 생각하며 모든 사람이 내 생각을 받아들이고 인정하리라 확신한다.

　이제 나는 나의 한계와 직면한다. 모든 것을 성취하는 것은 불가능하며 자신의 일부만을 실현할 수 있을 뿐이다. 자신을 과대평가해서는 안 된다. '내가 아니라 내 안의 그리스도가!' — 이러한 깨달음을 통해 정신의 실재에 다가가게 된다.

　우리는 자신을 과대평가하는 경향이 있다. 하지만 다른 한편으로 많은 사람이 자신은 아무것도 배우지 못했고 적절한 일을 해내지 못했다고 믿으며 자신의 창조적 능력을 과소평가한다. 특히 여러 해 동안 자

---

17) 1936~2020. 정치평론가, 언론인, 전기작가. '뉴 저널리즘'이라고 부르는 운동을 이끌었다.
18) 중세의 숙련 석공(mason) 길드에서 시작되어 18세기 초 영국에서 세계 시민주의적·인도주의적 우애(友愛)를 목적으로 조직되어 발전된 비밀결사 단체.

녀 양육에 집중해온 여성들이 그렇다. 반면에 능력을 평가절하하는 것과는 반대 경향도 있다. 이때, 다시 한 번 돌아보는 것은 개인의 몫이다. 욕망이나 직업적 야망을 넘어선 어떤 의도가 남아있는가? 어떻게 이런 요소들을 다시 활성화할 수 있을 것인가?

이제 두 번째 달의 교점기인 37세에 이르렀다. 새롭게 출발하려는 욕구가 18세 반에 있었던 첫 번째 달의 교점 때보다 훨씬 강하다. 우리는 과거를 뒤에 남겨두고 새로운 가치와 새로운 기준을 도입하려는 욕구를 경험한다. 많은 여성이 이 시점에서 일을 시작하거나 대학으로 돌아간다. 남성들은 때로 그들 삶의 과제를 완수하기 위해 이 시기에 직업을 바꾼다.

자신의 꿈에 늘 관심을 기울여왔던 사람들은 이때, 자기 삶을 변화시킬 필요를 느낀다. 그리고 이제 자신이 그렇게 할 능력이 있다고 여긴다. 에리히 프롬(Erich Fromm)은 존재와 소유의 관점에서 영혼의 이런 상태를 설명하며 이렇게 말했다.

"소유의 단계는 끝났다. 아내를 소유하고 가족을 소유하고 직업을 소유하고 집을 소유하고 때로는 벌써 자기 공장을 소유하는 것. 그러나 그것이 무슨 의미가 있을까? 아마도 그런 것들을 획득하는 과정에서 많은 것을 잃었을 것이다; 아이들과 함께 지내는 것, 아내와 함께 지내는 것, 나아가 진정 가치롭다고 생각하는 것들과의 조화."

때로는 이러한 내적 갈등이 분명해져서 뭔가 변화하기를 바란다. 40세 이후의 삶에서 이루고 싶은 발달과정에 그 새로운 방향이 놓여있다.

대부분의 사람은 이 단계에서 죽음의 문제와 마주친다. 신체적으로 쇠락하기 시작하는데, 이는 죽어가는 것에 대한 꿈과 죽음에 대한 두려움으로 나타난다.

이 시기의 사람들이 흔히 하는 전형적인 말은 이런 것이다. "더 오래 살지 못할 거라는 생각이 들어요.", "아버지는 42세에 돌아가셨어요. 나도 아버지보다 더 오래 살지는 못할 거예요."

한 여성이 내 진료소에 와서 이렇게 말했다.

"내게 뭐가 잘못됐는지 모르겠어요. 갑자기 길을 건너기가 두려워요."

"몇 살이나 되셨죠?"라고 내가 물었다.

"이제 막 38세가 되었어요."라고 그녀는 대답했다. 죽음을 경험하거나 그 영향을 받았을 때 그런저런 일을 경험한다. 마치 죽음의 천사가 다른 쪽, 내 인생의 끝에서 건너다보면서 나에게 말을 거는 것 같다. "앞으로 아직도 하고 싶은 일과 소홀했던 일, 그리고 여전히 행동으로 옮기고 싶은 일에 주의를 기울이세요."

융(C. G. Jung)은 이 시기를 '위대한 죽음'의 단계라고 특징지었다. 영혼의 차원에서, 한편으로는 외적인 것을 지향하는 자신의 일부를 마감하고 다른 한편으로는 물리적인 신체의 힘이 쇠락하는 것을 표현한 것이다.

이때, 정신적인 문제에 대한 관심이 새롭게 되살아난다. 예를 들면 (라이프스토리 2의 39쪽에서처럼) 37세의 나이에 탕가가 그랬듯이. 그것은 그녀의 어린 시절 할머니가 그녀에게 심어 놓은 씨앗이었다.

라이프스토리 강좌에 참여한 후, 돌아보기를 하면서 37세의 여성이 이렇게 말했다.

"저 자신이 제 삶의 주인공(영웅)이라는 것을 이제야 알게 되었어요. 지금까지 평생 밖에서 영웅을 찾았어요. 그러나 이제 이 라이프스토리 강좌를 통해 그 영웅은 사실 제 안에 있다는 것을 알게 되었지요."

앞에서 묘사한 것과 같은 죽음의 경험은 유기체 내부에서 진행되는 퇴화과정에 의해 촉발된다. 그것은 물리적 신체로부터 의식으로 고양되는 과정이기도 하다. 그로 인해 의식이 현저히 확대되어 사물의 근원이 보이기 시작한다. 이제 우리는 중요한 것과 중요하지 않은 것을 구별할 수 있다. 때로는 정신적인 경험을 하기도 한다. 석양에서 태양이 울려 퍼지는 소리를 듣거나, 꽃이 피어나는 것을 보면서 생명의 본성을 갑자기 깨달을지도 모른다. 다른 사람들과의 관계도 더 깊어질 수 있다. 이기주의에서 벗어나 다른 사람의 진정한 존재를 인식할 수 있다. 다른 사람 안에 있는 어린 왕자가 그의 위대함을 드러낸다. 사람이나 아이디어의 핵심적인 본성을 이해한다면, 그에 대해 진실해질 수 있다. 마침내 위대한 정신적 고양의 단계가 시작되는 것이다. 우리의 말에서 삶의 경험과 인생의 사연이 점점 더 많이 묻어난다.

때로는 인생의 이 단계 동안 내면의 공허함을 덮으려고 겉치레를 하게 될지도 모른다. 자신으로부터 도망치려고 술이나 마약에 빠져 자신과 직면하는 것을 회피하려고 한다. 많은 사람이 물신주의의 유혹에 넘어가서 위험스럽게도 더욱 더 많은 것을 소유하고 싶어 한다. 예를 들면 사업체를 설립하고 나서 또 하나의 사업체를 설립하려는 것처럼, 더 많은 물질적 재화를 쌓는 것에서 인생의 의미를 계속 찾는다.

42세 된 한 남성의 다음 라이프스토리는 한 단계 더 나아가, 42세까지의 생애 발달 법칙을 보여준다.

라이프스토리 5

나는 네덜란드의 한 농가에서 셋째 아들로 태어났다. 형이 둘 있고 동생들이 몇 명 더 있다. 나는 14세까지 네덜란드에서 자랐다. 형들과 학교 다닐 때 나는 총총걸음으로 형들을 쫓아다니곤 했다. 형들은 내가 그들을 따라가다가 결국 뒤처져서 혼자 길에 서 있는 것을 매우 재미있어했다. 가톨릭교 집안인 우리는 매일 저녁 집에서 묵주기도를 했다. 어린 시절은 대체로 화목했다. 그럼에도 엄마는 우리를 위한 시간이 별로 없었고, 우리는 들판에서 아버지를 많이 도와야 했다.

내가 14세 때, 우리 가족은 모두 브라질로 이민을 왔다. 떠날 때 우리는 새 옷을 받았다. 하지만 브라질의 날씨는 덥고 비가 자주 왔기 때문에 이 옷들이 전혀 필요가 없었다. 15세에는 간염을 앓았다.

네덜란드에서는 꽃 외에 아무것도 키우지 않았지만 여기서는 말로 쟁기질을 했고 옥수수, 목화, 채소, 토마토를 심었다. 곧 트랙터를 샀지만 형들만 그것을 사용할 수 있었다. 여러 해 동안 우리는 휴일 없이 일했다. 17세 때 나는 농약에 중독되어 콩팥이 상해서 한 달 동안 병원에서 보내야 했다.

19세이던 어느 날, 작은 밴을 타고 드라이브를 했다. 조금 늦게 돌아왔는데 형이 나에게 몹시 화를 냈다. 아버지는 형을 더 부추기며 "동생에게 교훈을 가르쳐 줘!"라고 말씀하셨다. 그것은 나에게 큰 상처를 주었다. 두 형들과 나는 늘 경쟁했고 서로 사이가 나빴다. 반면, 남동생과는 사이가 아주 좋았다. 그러나 그는 곧 집을 떠나 대학에 갔고 나는 친구를 잃었다. 아버지는 언제나 형들 편을 들었고 큰형 말에만 귀를 기울었다. 한편으로 나는 언제나 내 자리를 지키기 위해 싸워야 했다. 큰형이 결혼했을 때, 아버지가 결혼 전날 우리 침실로 와서 — 우리 3형제는 모두 한방에서 잤다 — 그에게 작별인사를 했다. 그는 형에게 '사랑하는 아들'이라고 했다. 그것은 나에게 매우 고통스러운 일이었다.

내가 24세에 결혼할 때, 둘째 형도 이미 결혼해 있었다. 그러나 우리 셋은 아버지 회사에서 계속 일했다. 우리 가족의 사업은 여러 개의 농장을 거느린 더 큰 네덜란드 식민 회사에 합병되었다. 아버지는 가장 크고 좋은 기업을 만들 생각이셨다.

결혼생활은 좋았지만 자식을 낳을 수 없었다. 그래서 내가 28세 때, 남자아이를 입양했다. 30세에 다시 여자아이를 입양했다. 31세에 나는 회사의 비서와 사랑에 빠져 매우 곤란한 상황이 벌어졌다. 그녀와 나 사이가 더 이상 친밀한 관계로 발전하지 않았음에도 아내는 몹시 질투했다. 그 후 비서는 우리 회사에 몇 달 동안 더 남아있다가 떠났다. 33세에 우리는 결혼생활의 어려움을 극복하고자 셋째 아이를 입양하기로 했다. 세 아이의 입양이 운명에 의해 정해진 것 같았다.

이 모든 감정적인 어려움은 결국 흑색소 세포종(腫)으로 발전했고 나는 그것을 제거해야 했다. 얼마 후 곧바로 나는 인지학적 치료를 받기 시작했다.

회사는 점점 더 커져갔고, 우리는 꽃 중에서 주로 글라디올라와 국화를 전문적으로 생산했다. 이제는 700명의 고용원이 있는 큰 기업이 되었다. 꽃들은 나에게 커다란 기쁨을 준다.

37세에는 가슴에 작은 피부 악성종양이 생겨서 그것을 제거해야 했다.

35세부터 줄곧 내적 자유를 더 많이 느끼고 있다. 또한 내 삶에 다른 의미와 더 큰 가치를 부여하기 시작했다. 아버지는 내가 40세 때 사업에서 서서히 손을 떼셨고 형이 회사 대표가 되었다.

나는 아버지로서 자녀들과 지내는 것이 어렵다고 느끼지만 적절하게 행동하려고 많이 노력한다. 그것은 나와 아버지의 관계가 너무 힘들었고 그와 친밀한 관계를 맺기가 몹시 어려웠다는 사실과 연관이 있을 것이다. 나는 41세에 처음으로 라이프스토리 강좌에 참여했다. 아내와 나의 관계는 더욱 더 어려워졌다. 인지학에 대한 나의 관심은 점점 더 강해지고 있다. 아내는 매우 엄격한 가톨릭 집안에서 자라났다. 그녀는 나와 아이들을 매우 강하게 통제한다. 나는 나의 인생 여정을 이해하는 데 더욱 집중적으로 작업해야 한다고 생각한다. 라이프스토리 강좌를 통해 카를 쾨니히의 『형제와 자매들』이라는 책을 접했고 그에 기초하여 첫째, 둘째, 셋째 형제로서의 상황에 대한 통찰을 얻을 수 있었다. 셋째 양자(養子)에 대해서도 많은 것을 배웠는데, 나는 그 아이를 나와 매우 동일시했다. 이렇게 해서 우리 관계에 혁신을 가져올 가능성도 있다는 것을 알게 되었다. 나는 라이프스토리 강좌에 두 번째 참여했다. 이제 두 형들과의 관계를 더 분명하게 이해하기 시작했다.

나는 42세에 한 번 더 강렬하게 사랑에 빠졌다. 아내와 이혼하고 내 인생의 다음 단계에 새로운 추동력을 가져다줄 새 출발에 대해 생각하기까지 했다. 일 년 내내 매우 심각하게 고민했지만, 내 원칙을 지키고 가족에게 진실하게 남아있기로 했다. 나는 변화는 기본적으로 밖으로부터가 아니라 내면으로부터 와야 한다는 것을 알고 있다.

42세의 위기

42세는 한 사람의 인생에서 전환점을 이룬다. 42~63세에 이르는 다음 세 번의 7년 주기에서 인간발달은 대체로 내면에서 일어나는 변화에 좌우된다. 42세는 실존적 위기로 표현할 수 있다. 그러나 그 나이라고 못 박을 수는 없다. 사람에 따라 결정적인 시기가 일찌감치 30대 말에 올 수도 있고, 다음 7년 주기까지 미뤄지기도 한다.

내 삶을 돌아볼 때, 당시의 나는 어두운 터널 안으로 들어가는 느낌이었다. 그 터널의 다른 끝에 빛이 있다는 것을 잘 알고 있었지만, 그럼에도 내가 마흔다섯 살에 그런 상태에서 헤어나오기까지 몇 년이나 걸렸다. 한 사람의 인생에서 이 시기에 겪게 되는 감정을 다음 두 가지 이미지로 그려볼 수 있다.

하나는 빠져나올 수 없을 것처럼 깊은 우물에 잠겨있는 이미지다. 이때 우리는 바닥을 치고 다시 올라올 수 있도록 스스로 밑바닥까지 떨어져 보아야 한다. 인생을 돌아보면 어려운 상황을 극복하도록 도와주는 사람들이 늘 있었다는 것을 알게 될 것이다. 이제부터는 혼자서 그런 상황에서 벗어날 길을 찾아야 한다. 말하자면, 자신에게 손을 내밀어야 한다는 것이다. 아무도 우물 밖으로 나오도록 도와주지 않는다. 오직 자신만이 그것을 해내야 한다. 그 때문에 우리는 일종의 무력함을 느낀다.

또 다른 하나는 열대지방의 정글 속을 걷고 있는 이미지다. 길은 잡초와 가시덤불, 열대 덩굴, 그리고 다른 장애물 사이로 이어져 있다. 하지만 그 길은 갑작스럽게 산 정상에 다다른다. 거기서 처음으로 주위를 둘러싼 웅장한 광경을 바라보며 이 지형의 전체적인 모습을 이해하게 된다. '왜 강이 저기서 그처럼 구불구불할까? 땅이 매우 평평하기 때문이다. 그리고 저기에 거대한 폭포가 있다!' 여기서 더 많은 것을 발견할 수 있을 것이다.

우리가 바라보는 이 거대한 지형을 읽는 법을 배워야 한다. 그러면 더 높은 관점에서 삶의 지형을 관찰하고 이해하게 될 것이다.

오늘날 너무나 자주 언급되는 소위 '중년의 위기'는 한 사람이 의식혼 단계에서 지금까지 발달시켜온 가치관과 밀접하게 연관되어 있다. 외적인 일이나 경력 그리고 성공에 몰두해있는 남성들에게는 이 위기가 40대 이후로 미뤄질지도 모른다. 그들은 성공을 위해, 더 높은 지위를 위해 계속 분투한다. 이 때문에 다음 단계의 과제를 보여주는 변화가 일어나지 못한다. 종종 결과에 크게 만족하지 못하고 결국 우울증으로 이어질 수도 있다. 42세 전후의 이러한 위기는 '중년의 위기'와 일치한다. 그러나 위에서 말한 대로, 이 위기는 일찍 찾아올 수도 있고 더 늦게 찾아올 수도 있다는 것을 간과해서는 안 된다.

일하는 여성들도 성공 지향적인 남성들과 비슷하다. 그러나 그때까지 자녀와 가정을 돌보았던 여성들은 42세 전후로 인생의 중대한 위기 상황에 특히 영향을 받는다. 그들은 이 위기로 격렬하게 흔들린다. 그들이 지금까지 억압받았다면 페미니스트적인 반란으로까지 이어질 수도 있다. 그러나 각 개인에게 주요한 과제는 개인의 문제와 삶의 상황을 내면으로부터 변화시키는 것이다. 그것은 내면의 성숙으로 표현되는 어떤 것이다. 이 시점에서 내면의 성숙을 이루어야 한다.

라이프스토리 5의 작가는 변화가 내부로부터 일어나야 한다는 것을 뚜렷하게 경험한다. 그러나 많은 사람은 그것을 인식하지 못한다. 그들은 커다란 공허감을 경험하고 스스로를 일에 몰두시키거나, 섹스와 술로 자신을 속이려는 유혹에 빠진다.

42세가 되어야 우리는 인생에서 진정한 성숙에 이르며 우리의 '자아'를 온전히 깨닫는다. 21세에는 부분적으로만 어른이 되고, 42세에 충분한 어른이 된다. 인생은 우리를 성숙시킨다. — 인생의 여러 사건이 인격 안에서 변형을 거쳐 통합되어 왔다면 이를 통해 그 열매들이 무르익을 것이다. 이제야 비로소 충분히 성숙해져서 다른 사람들을 더 많이 도울 수 있다.

이전의 인생 단계에서 시작된 죽어가는 과정은 여전히 영혼 안에서 메아리치며 융(C. G. Jung)이 말한 '위대한 죽음'이 어떤 의미인지 알려준다. 우리는 스스로에게 묻는다. '우리 안의 어떤 요소들을 죽게 할 것인가? 다시 태어나 자라나도록 북돋을 만한 가치가 있는 것은 무엇인가?'

35세에서 42세까지, 의식혼의 시기에 새롭게 얻은 가치가 이제 굳건해진다. 그리고 부모가 우리를 키우면서 했던 실수를 용인하게 된다. 부모님을 용서하고 그들과 새로운 관계를 맺을 수 있다. 자신이 받은 교육과 부모를 여전히 비난하는 사람은 인생에서 발전할 수 없거나 거기서 발전을 멈춘다.

루돌프 슈타이너는 "40세 즈음 문지방을 건넌다"고 했다. 문지방을 건넌다는 것은 무엇을 의미하는가? 그것은 사람들이 정신적 존재(spiritual kind)를 자연스럽게 경험하게 된다는 것을 의미한다. 그것은 그때까지 신체기관에 묶여 있던 생명력의 해방과 관련이 있다. 35세까지는 자아(Ich)가 신체기관을 형성하고 모양을 잡는 역할을 해왔다. 그러나 35세부터는 그 자아가 신체기관의 힘으로부터 서서히 분리되기 시작한다. 이런 힘들은 우리의 의식으로 들어와 우리를 압도할 수 있다. 오늘날엔 점점 깨어있는 의식으로 문지방을 건너는 것이 중요하다. 많은 사람이 이 시기뿐만 아니라 다른 시기에도 더 자주 문지방 경험을 한다. 이런 경험들을 감당하지 못한다면 심리적 혼란과 정신병에 이를 수도 있다. 그러나 그런 경험에 올바르게 대처한다면, 인생이 풍요로워지며 정신세계의 존재를 확신하게 될 것이다.

다음 라이프스토리는 35세에서 42세까지의 단계를 특징짓는 몇몇 양상과 특색을 조명한다. 이 글은 57세 여성이 쓴 라이프스토리다.

라이프스토리 6

나는 상파울루 주의 내륙지방에서 태어났다. 아버지는 브라질 사람이고 어머니는 스페인 사람의 후예다. 아버지는 경찰서장이었다. 그는 나를 자주 오토바이에 태우고 다녔다. 나는 4남매 중 셋째로, 오빠와 언니와 여동생이 있다. 엄마가 둘째 아이를 출산한 후 일곱 번이나 유산한 끝에 내가 태어났다고 한다. 나는 아홉 달 만에 벌써 걸었다고 한다. 우리 가족은 많은 동물과 원숭이, 악어 등과 함께 큰 집에서 살았다. 세 살 반 때, 나는 이질에 걸렸다.

네 살 때, 가톨릭계 유치원을 다니기 시작했다. 거기서 나보다 더 약했던 오빠를 보호해주었다. 아버지가 다른 여자들과 바람을 피웠고, 엄마가 우는 것을 자주 보았다. 여섯 살 때쯤, 아버지와 낚시하러 갔다가 물에 빠졌다. 물속에 가라앉았을 때 어둠과 밝음을 경험했던 기억이 난다. 일곱 살에 학교에 입학했고 모범생이 되었다. 나는 인형을 갖고 노는 것을 즐기지 않아서 인형 머리를 잡아 뜯어 남자로 만들어버렸다. 아홉 살 때는 이웃에 사는 아이와 플라토닉한 첫사랑을 해보았다. 같은 해에 편도선 제거 수술을 했다. 수술 전에는 홍역을 앓았다. 열 살 때 우리 가족은 다른 도시로 이사해서 또 큰 집에서 살았다. 나는 엄마가 비스킷을 굽거나 과일과 채소로 병조림을 만들 때 많이 도와드렸다. 이사 간 마을에서 같은 학년을 한 번 더 다녀야 했다. 당시 꽃을 보고 이렇게 스스로에게 질문했던 기억이 난다. '저 빛깔과 향기는 어디서 오는 걸까? 어떻게 계절이 바뀌는 걸까?'

언니는 늘 나의 비교 대상이었다. 나는 열 살에 생리를 시작했다. 우리는 늘 농장에서 휴일을 보냈다. 농구를 시작한 것은 열세 살 때였다. 아버지는 내가 농구하는 것을 금지했다. 그래서 몰래 창문으로 도망치곤 했다. 어느 날 아버지가 라디오에서 농구경기 중계방송을 듣다가 내 이름을 듣게 되어 결국 내가 농구 하는 것을 허락해주었다. 열네 살에는 극장에서 연극을 하고 작은 연극의 극본도 썼지만, 아버지가 그것도 못 하게 했다. 바로 그때 수두에 걸렸다.

나는 가톨릭 청년운동에 가담해서 복음 그룹에 참여했고 신문도 발행했다. 사람들이 예수님에게 더 가까이 다가갈 수 있게 하고 싶었다. 한편으로 여러 차례 선생님들을 짝사랑하기도 했다. 당시 나는 원자 이론에 흥미가 있었고 별(천문학)과 철학에도 관심이 있었다. 열일곱 살에는 처음으로 죽음을 경험했다. 여자 친구 한 명과 남자 친구 한 명이 비슷한 시기에 죽었다. 상실감이 몰려왔다. 그래서 죽음의 본성에 대해 궁금해하기 시작했다.

이른 나이인 열네 살과 열다섯 살, 그리고 특히 열여덟 살에 나는 내 몸의 근육을 강렬하게 느꼈고 온갖 종류의 운동과 체조에 관심을 가졌다. 같은 해에 볼거리에 걸렸다. 그즈음 부모님은 상파울루로 이사했고 나는 내륙지방에 남아있었다. 당시 나는 '블랙 팬더(The Black Panther, 검은 표범)'라는 농구팀에서 활약하고 있었다. 그리고 열심히 공부해서 한 해에 일곱 과목을 수료했다. 열아홉 살엔 나도 상파울루로 이사했다. 그 무렵, 심한 알레르기로 시달렸다.

철학을 정말 공부하고 싶었지만 선생님은 반대하며 체육대학에 가라고 충고해주었다. 체육대학 입학시험에는 수영이 있었다. 수영을 배운 적이 없지만 수영장에 뛰어들어 수영을 해서 합격했다! 오전에는 대학을 다니고, 오후에는 개인 교습을 받고, 저녁에는 혼자 운동 연습했다. 이때 동료들과 여행도 많이 했다. 대학 강의 중에는 해부학을 좋아했다. 그러는 동안 스물한 살이 되었다.

스물한 살에서 스물일곱 살 사이에는 눈코 뜰 새 없이 바빴다. 농구팀과 여행을 했고, 여자들과 어린 환자들에게 운동을 가르치기도 했다. 이때부터 부모님에게서 경제적으로 독립했다. 주말과 휴일에는 자주 캠프에 참여했다. 열일곱 살 때, 휴일 캠프에서 스포츠를 가르쳤는데 거기서 만난 소녀를 사랑하게 되었다. 하지만 곧 그 일을 잊어버렸다. 스물네 살에 체육대학에서 학사학위를 받았다. 그 후 공과대학에서 농구를 가르쳤다. 나는 거기서 언제나 정의의 편에 섰다. 이후에는 다른 대학에서 농구 교사로 일했지만, 곧 그 자리를 내려놓았다.

그 후 농구를 포기하고 친구들을 떠나 내륙지방의 작은 도시로 옮겨갔다. 많은 농부 친구들이 있었던 그곳에서 승마를 배우고 담배를 피우기 시작했다. 다른 휴일 캠프에 초청받았는데, 거기서 어떤 목사와 사랑에 빠졌다. 스물일곱 살에 집으로 돌아왔을 때는 말을 타다가 갈비뼈 두 대가 부러진 상태였다. 몸이 회복된 후로는 고향에서 스포츠 가르치는 일을 계속했다. 그리고 한 여학생과 사랑에 빠졌다. 모든 사람이 나를 레즈비언으로 여기며 멀리했다. 마을 전체가 나에 대해 수군대는 이 짧은 기간 동안 몸무게가 20kg이나 빠졌다. 하지만 누구에게도 충고를 구하지 않았다.

갈비뼈가 부러졌을 때 심한 고통을 느꼈는데, 어느 날은 몸에서 내가 벗어난 듯한 느낌을 받았다. 수염 기른 노인과 의료기구를 든 간호사가 수술실 같은 곳에 나타나 나를 치료해주었다. 얼마 후 나는 깊은 절망에 사로잡혔다. 자살하거나 남을 죽이고 싶었는데, 그때 수염 기른 노인이 다시 나타나서 나를 진정시키고는 사랑하고 용서하라고 했다. 그때, 꽃 한 송이를 든 손의 환상을 보았다. 어떤 존재가 나에게 말을 걸었다. 그리고 다른 사람들과의 불화는 전생의 결과라고 했다.(그림 5)

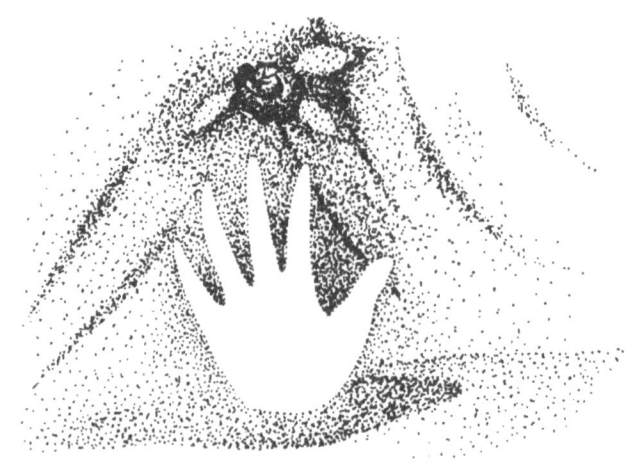

그림 5

이 무렵 나는 한 소녀와 관계를 시작해서 7년 동안 지속했다. 종종 상파울루에 있는 그 소녀를 방문했다.

서른한 살에 『신비학』이라는 책을 접했다. 대단히 흥미롭게 그 책을 읽었다. 나는 한 장애아를 돌보아야 했는데 그 아이에게 깊이 애착을 느꼈다. 휴일 캠프에서 그 일을 했는데, 그곳은 장애아동들도 받는 곳이었다. 그 무렵 일 년간 캠프힐에 와서 일해달라는 제안을 받았다. 나는 그 제안을 받아들였다. 그곳에서 돌아온 후로는 주로 체조 분야에서 어린이들이나 어른들을 가르쳤다. 그런 가운데 여자 친구와의 관계는 지속되었다.

서른세 살에 내 안의 또 다른 존재를 경험했다. 그 존재가 내 안에서 말했다.

"저는 당신 어머니의 태내에 있었던 사람입니다. 당신을 도와주러 왔습니다."

그 존재는 서른네 살이 될 때까지 일 년 내내 나와 같이 다니다가 어느 날 내게 말했다:

"이 시기는 끝났습니다. 이제 혼자만의 길을 찾을 수 있을 것입니다."

서른네 살에는 디스크에 걸렸다. 의사는 수술을 권했지만 거절하고 운동을 하며 스스로 치유했다.

서른네 살과 서른다섯 살 사이에는 상파울루에 있는 발도르프학교로 가서 3년 반 동안 가르쳤다. 서른다섯 살에는 토비아스 의료원에서 인지학적 의료시술을 받았다. 그리고 얼마 후 치질 수술을 받았다. 다시 한 처녀와 4년 동안 우정을 나누었는데 어느 날 그녀가 독일로 가

버렸다. 그녀는 내 인생에서 매우 중요한 사람이었다. 그녀는 정직하고 매우 용감했다.

서른여섯에 상파울루 외곽에 나 자신의 휴일 캠프를 세웠다. 거기서 많은 육체노동을 했고 말과 식물, 나무들에 마음을 쏟았다. 이렇게 주말마다 거기서 보냈다. 주중에는 상파울루 발도르프학교에서 가르치는 일을 계속했다. 여전히 체육 교사로서 일하고 있었다. 인지학 공부 모임도 시작했다. 그때, 발도르프학교에서 교사들과 사이가 벌어져서 그 학교를 떠났다. 그 후에는 주립 학교에서 오전과 오후에 가르쳤다.

서른일곱 살에 또 다른 목소리가 나에게 다가와 말을 걸었다.

"당신에게는 세 가지 길이 있습니다. 감정을 따라가지 않도록 하십시오. 삶이 의미를 가질 수 있게끔 올바른 문을 열도록 하세요!"

나는 당시 어려운 시기를 보내고 있었다. 서른아홉 살 때, 주립대학에서 개설한 정신운동 연구라는 강좌를 등록했다. 이 기간에 음악 작업도 많이 했다. 39세에서 40세 사이에 여자 친구를 잃었다. 그녀가 독일로 가버렸기 때문이다.

40대에 심각한 위기에 빠졌다. 휴일 캠프를 떠나 집 문을 걸어 잠근 채 1년 동안 일을 할 수 없었다. 나는 수도 없이 차를 몰고 도시를 떠났다. 인생에 아무런 의미도 없었고 무기력했다. 동시에 매우 불안했다. 내 안의 생각과 감정 사이에 큰 모순이 있었다. 다시 의사에게 갔지만 나를 입원시키지는 말아 달라고 했다. 이 위기는 6주 동안 지속되었는데, 이 상황을 불평하지 않고 받아들였다. 그해에 가끔 주말 캠프에 차를 몰고 갔다. 마흔둘에 접어들어 내 머리가 다시 상황을 조절하고 정돈하기 시작했다. 다시 일을 시작했다. 처음에는 억지로 뭔가를 해야 했다. 당시에는 대학의 여러 정치적인 흐름 때문에 교편 잡기가 쉽지 않았다. '분열'이라는 그림(그림 6)은 당시 상황에서 나온 그림이다.

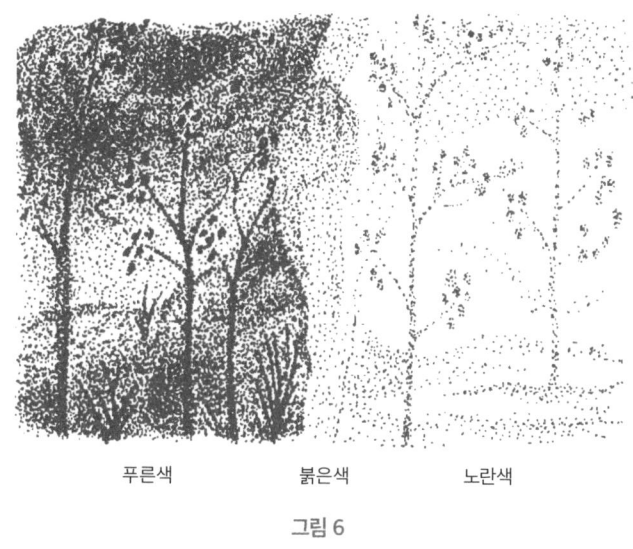

푸른색　　　　붉은색　　　　노란색

그림 6

우리는 이 여성의 그 후 7년 수기 동안의 라이프스토리를 안다. 이 기간에 그녀는 휴일 캠프를 열고 장애 아동을 받았다. 이 활동은 2년간 이어졌다. 개인적인 관계에서 문제가 있어서 그 두 해는 그녀에게 매우 어려웠다. 상파울루에 치유 교육 학교가 열렸을 때, 그녀는 거기서 일하기 시작했다. 그때가 46세였다. 요즘 그녀는 주로 소아마비 아이들에게 운동훈련을 해주는 일을 하고 있다. 젊은 시절에 '근육을 쓰던' 오랜 경험은 인생의 새로운 과업으로 변형되었다.

강한 의지가 이 여성의 라이프스토리에서 느껴진다. 이 라이프스토리의 작가는 담즙질 기질이 있다. 그 기질은 강한 의지로 표현되었지만 그녀를 갈등으로 몰아넣기도 했다. 동성애적 성향 때문에 많은 어려운 상황에 처했다. 그녀는 다양한 초감각적 경험을 했다. 그것은 그녀를 42세에 정신질환으로까지 몰고 갔다. 그러나 그 위기를 벗어날 자신만의 방법을 찾아냈다. 외적으로 그녀는 작업상의 어려움과 씨름했지만, 그 어려움들이 실질적인 삶의 원동력이 되었다. 근육을 사용했던 경험은 소아마비 아이들과 함께 작업하는 것으로 변화 발전하였다. 우리는 분명히 그녀의 라이프스토리에서 거울 이미지를 인지할 수 있다. 이 책 후반부에서 14~21세까지의 단계가 42~49세까지의 단계에 어떻게 반영되는지 살펴볼 것이다. (176쪽을 보라)

인간으로 완성되다
: 42세에서 63세까지의 정신 발달

이제 42세에서 63세에 일어나는 정신 발달의 주요한 단계로 들어섰다. 많은 사람은 이 시기 동안 위대한 정신의 태양이 빛나게 해야 한다고 믿는다. 그러나 우리 경험으로는 촛불 같은 작은 불에 불을 붙여서 꺼지지 않게 하는 것이 더 낫다. 단 한 개의 촛불이나 성냥도 어두운 방을 밝히는 데는 충분하다. 우리가 너무 많은 것을 꿈꾼다면, 완전히 실패할 위험이 있다. 또 다른 이미지를 떠올려볼 수 있다. 이 단계에서 너무 높이 산에 올라간 사람은 더 깊이 떨어질 수 있다.

42세에서 63세의 단계는 '인간의 완성' 단계로 표현할 수 있다. 이 세 번의 7년 주기 동안 삶의 열매가 무르익는다. 우리는 물론 이 열매들을 나눠 주고 싶어 한다. 우리 자신은 전체 나무에서 네댓 개의 열매만 필요할지도 모르기 때문이다. 그러나 어떻게 그 열매들을 나누어주겠는가? 굶주리지 않는 사람에게 줄 것인가? 아니면 그저 썩혀버릴 것인가? 아니다. 우리는 그 열매에 대한 관심을 일깨워야 한다. 특별히 아주 잘 익어서 다른 사람에게 정말 매력적이라면, 모든 사람이 그것을 원할 것이고 기쁘게 먹을 것이다.

이제 우리는 내장 기관으로부터 일부 분리된 힘을 의식을 위해 사용할 수 있다. 그 힘은 지각을 담당하는 새로운 정신 기관으로 변화한다. 이렇게 할 수 있게 되면, 지혜의 길에 잘 들어설 수 있다. 다음 세 차례의 7년 주기 과정에서 세 개의 신체 기관계 — 신경감각계, 리듬계(심장과 폐) 그리고 신진대사와 사지체계(팔다리)로부터 어떻게 이 힘이 분리되는지 알게 될 것이다. 그리고 이 힘이 어떻게 새로운 능력으로 변모하여 성장하는지 알게 될 것이다. 사람들은 이 단계에서 대부분 개인적인 목표를 성취한다. 그리고 내면의 물음과 필요성에 주의를 기울인다면 인류의 목적에 더욱 더 봉사할 수 있을 것이다.

'홀레 아줌마'라는('프로스트 할머니' 이야기로도 잘 알려진) 옛이야기는 삶의 이 단계에 관한 힌트를 준다. 의붓딸은 평생 일하며 맨손가락으로 실을 잣다가 물레가락을 찾아 우물로 뛰어든다. 그녀는 풀밭에 다다라서 그녀에게 청하는 부탁에 귀 기울인다. 빵이 구워지고 있는데 빵들은 꺼내지기를 원한다. 잘 익은 사과들은 따주기를 원한다. 그 밖에도 홀레 아줌마의 깃털 이불을 털어야 한다. 그렇게 지내다가 지상에 대한 그리움 때문에 그녀는 집으로 돌아간다. 거기서 그녀는 보상을 받아 골드메리(황금 처녀)가 된다. 그녀의 존재는 빛과 지혜로 빛날 수 있게 되었다. 반면, 게으른 딸은 어떤 노력이나 수고도 없이 우물로 뛰어들었다. 그녀는 요청을 완벽하게 알아들었지만 정작 자기 일을 하지 않거나 어설프게 겨우 해냈다. 빨리 보상받기를 원했지만 기름 찌꺼기 세례를 받는다.

신체기관으로부터 방출된 힘을 적절히 사용하지 않으면 몸에 영향을 받을 것이다. 병, 특히 암을 포함한 종양이 나타난다. 혹은 영혼이 그 잠재력을 발휘하지 못하고 어둠에 묻히게 된다. 이것을 일종의 '피치메리(Pitchmarie)', 기름 찌꺼기 처녀 효과라고 한다.

새로운 창조성과 새로운 비전: 42세에서 49세

모두들 '인생은 40부터'라는 말을 알고 있다. 그러나 40부터 시작하는 게 도대체 무엇일까? 신체기관에 단단히 묶여있던 우리의 '자아(ich)'는, 40세에 생식기관이나 팔다리, 신진대사 기관 등 하위 신체기관에서 점차 풀려나오기 시작한다. 이제 예전에 먹던 거대한 스테이크를 소화시키기가 어렵다. 그렇게 커다란 스테이크는 위장에 부담이 되는데, 이는 소화기관의 소화액이 점점 적어지고 있다는 신호다.

무엇보다 이 시기의 남자들은 근육이 약해지고 다리가 가늘어진다며 자주 투덜댄다. 이즈음 남자들은 근육이 감소하는 것을 막기 위해 근육강화운동을 해야겠다는 욕구가 일어난다. 동시에 신체기관에서 점점 힘이 빠지고 있다는 것을 알게 되지만 오히려 성적 욕망은 더 커진다.

여성들은 자궁근종이나 생식기 주변의 악성종양 등과 같은 복부질환으로 고생한다. 신체기관이나 근육에서 빠져나온 힘은 이제 새로운 창조성을 위해 변형을 일으키는 데 쓰인다. '인생은 40부터' 이 말은 새로운 창조성을 각자의 방식으로 찾아내어 개발해야 한다는 뜻이다. 많은 사람에게는 자신의 일에서 새로운 창조성을 발전시킨다는 의미이다. 이 시기에 스스로에게 묻는 질문은 대략 다음과 같다.

"내가 사장시킨 재능이나 소질은 무엇일까?"

"그중에서 되살리고 싶은 것은 무엇이고, 개발하고 싶은 새로운 창조성은 무엇일까?"

"내 안에서 일어나는 새로운 욕구는 무엇일까?"

이 단계에서도 여전히 매우 활동적이고 많은 혁신적인 계획을 세울 수 있다. 삶의 경험을 다른 사람들을 위한 교육 활동으로 전환할 수도 있다.

남성들은 종종 직장이나 사회적 위치에서 자신의 지위를 잃게 될까 봐 두려워한다. 그런 두려움 때문에 더 많은 시간을 일하고 여유 시간은 더 적게 갖게 될지도 모른다. 이타적인 태도를 갖기보다 자신의 지식과 정보를 젊은 사람들에게 넘겨주지 않으려 할 수도 있다. 이렇게 해서 그들은 권력과 지위를 유지한다. 감정과, 내면의 여성성(아니마anima)을 발달시키지 못한 남성들은 쉽게 무절제해지는 경향이 있다. 그들은 부인을 자신의 감정 표현을 억누르는 마녀로 여긴다. 내면에서 발달시키지 못한 것을 외부에서 대체하려고 새로운 연애를 찾아 헤맨다.

많은 이혼이 40세 이후 이 시기 동안 벌어지는데, 이런 현상은 부분적으로는 위와 같은 이유에서다. 다른 한편으로는 남근에서 비롯되어 자라난 성적 환상에 굴복하기 때문이다. '어떤 남자는 사십 먹은 아내를 스무 살 먹은 여자 두 명으로 바꾸지만 그 둘 중 누구에게도 만족하지 못한다.'라는 우스갯소리는 아주 근거 없는 말은 아니다.

그럼 여성들에게는 무슨 일이 일어나는가? 그녀들은 자녀들이나 손자 손녀들을 돌보는 일에 바쁘다. 이렇게 해서 자녀들이 이미 떠난 가정의 공허함으로부터 도망치려고 한다. 그러나 많은 여성은 남는 시간과 그 결과로 생긴 여유를 자신을 위해 쓴다. 라이프스토리 7의 여성에게서 그런 멋진 모습을 보게 될 것이다. (139~141쪽)

자기 일에 몰두하는 여성들은 남성들과 같은 문제에 직면하게 된다. 그들은 현명한 지도자나 비서로 발전하거나 아니면 주변 사람들이 '그 여자가 빨리 바뀌었으면 좋겠어'라고 하는, 다시 어찌해볼 수 없을 정도로 지독하게 완고한 사람이 되어있을지도 모른다. 남편에게 오랫동안 억압당했거나 집안일과 자녀 양육으로 소진된 여성들은 일곱 번째 7년 주기에 꿈꿔보지도 못했던 것을 하게 되거나 억눌렸던 남성성(아니무스 animus)이 발현될 수도 있다. 물론 이것이 어떤 형태를 취하는지가 중요하다. 여성들은 그들의 남성성을 지나치게 강조하게 될 수도 있고, 남성들과 싸우는 페미니스트가 될 수도 있다. 제약에서 벗어나 잠재력을 발휘하여 의미 있는 활동을 하게 될 수도 있다.

많은 여성에게 하나 더 덧붙일 것은, 육체적 외모나 매력에 많은 관심을 갖게 된다는 것이다. 그것은 많은 사람에게 문제가 된다. 묶어둔 나팔관을 풀어 늦둥이를 갖는 경우도 있다. 그러나 그것은 확실히 잘못된 길이다. 여성들에게 이 시기는 '정신의 자녀'를 잉태할 시기라는 것을 인식해야 하기 때문이다. 또한 여성들은 어떤 분야에서 새로운 창조성을 개발해야 할지 스스로에게 물어야 한다.

앞 장에서 42세 즈음의 나이에 처하게 되는 상황을 산에 오르는 것에 비유했다. 정상에 도달했을 때, 발아래 펼쳐진 지형의 경관을 바라본다. 우리는 지형의 질서와 구조를 살펴보고 방향을 다시 잡을 수 있다. 같은 일이 42세 이후, 인생의 '지형'에서도 벌어진다.

그러므로 이때를 '새로운 비전'으로 들어선 단계라고 표현할 수 있다. 이제 새로운 배움의 과정에 다가서는 것이다. 삶에서 벌어지는 외부 현상과 상황, 그것들의 요구를 빨리 파악하는 동시에 더 높은 위치에서 삶을 내려다보는 법을 배워야 한다.

그러나 여기에는 더 큰 어려움이 있다. 우리는 자신이 이미 알고 있는 것을 다른 사람에게 말해주고 싶어 한다. 반면 우리가 상대하는 21세에서 28세 사이의 젊은 세대들은 실제로 자신의 경험을 통해 배우고 싶어 한다. 20대에는 많은 실수를 하고 그로부터 인생 경험을 쌓아간다. 나이 든 사람들은 주어진 상황에 대한 통찰이 있지만, 그것을 젊은이들에게 말할 때 조심성이 없다. "네가 하는 짓의 결과를 모른단 말이냐?"

우리는 다음과 같은 문제에 직면한다. '내가 알고 있는 것을 젊은이들에게 어떻게 말해줄까?' 한편으로 주고 싶지만 젊은이들이 우리에게 다가와 물어볼 때까지 자제하며 기다려야 한다. 지혜가 성숙하는 단계는 42세 이후 시작된다. 지혜란 '요청이 있을 때까지 뒤로 물러서 있는 것'을 의미하기도 한다. 젊은이들을 위해 그들의 실수가 사고로 이어지기 직전에만 끼어드는 수호천사처럼 행동할 수 있어야 한다. 젊은이들을 돕고 싶다면 새로운 리더십을 개발할 필요가 있다. 예를 들면, 젊은이들의 작업을 때로 평가해줌으로써 그들에게 큰 도움이 될 수 있다. 정기적으로 그들 작업의 결과를 스스로 가늠해볼 수 있게 해주는 것은 매우 중요하다. 이것은 그들의 '자아'를 강화해준다. 젊은이들의 작업이 인정받고 건강한 방식으로 평가받아서 더 큰 목적을 성취할 수 있게 하는 것 또한 중요하다. 직장에서 좋은 상사가 젊은 세대에게는 신의 선물이 될 수도 있다.

새로운 리더십은 전문적인 경험이 있는 35세에서 42세 사이의 젊은이들에게 점점 더 많은 과업을 넘겨주는 것을 의미하기도 한다. 그리고 자신이 맡고 있는 업무 영역을 다른 사람에게 알려주고 그들이 그것을 할 수 있게 훈련시켜 주어야 한다. 사업체를 설립했는데 현시점에서 후계자를 키우지 않는다면 그 사업은 분명히 망하게 될 것이다.

라이프스토리 강좌에 참여했던 48세의 한 남성은 이제까지 자신의 사업을 계승할 후계자를 찾기 위해 아무것도 하지 않았다는 것을 깨달았다. 그는 400명 이상의 직원을 거느린 회사의 사장이었다. 그는 여전히 중앙에서 모든 것을 통제했다. 라이프스토리 강좌에 참여하는 동안 인생의 이 단계를 그려보면서 자신의 사업이 처한 상황을 알아차렸다. 그러자 그는 빠른 해결책을 찾으려 했다. 그래서 이제 막 건축학을 공부하기 시작한 스무 살 먹은 딸을 회사로 데려왔다. 그리고 이미 비서로 일하고 있는 여동생에게 더 책임 있는 직책을 맡겼다. 얼마 지나지 않아 그 여동생이 라이프스토리 강좌를 찾아왔는데, 그녀는 너무 많은 책임을 짊어져야 하는 것 때문에 절망을 느끼고 있었다. 물론 그것이 상황을 해결하는 방법이 될 수는 없다. 30대 정도 되는 성숙한 나이의 직원이 승계할 수 있도록 준비시키는 것을 고려해야 할 것 같다. 가족이라는 것만으로는 사업을 계승하기에 충분치 않다. 무엇보다도 사업이 어떻게 진행되고 있는지 알아야 한다.

그런 상황에서 황금수단을 찾아내는 것이 중요하다. 너무 일찍 다른 사람에게 책임을 넘겨주면 곧 공허함을 경험하게 될 것이고, 자신의 삶을 무엇으로 채워야 할지 모를 것이다. 또한 너무 늦은 나이까지 일을 계속해서 취미를 가질 시간이 없다면, 이후 여유로운 시간을 어떻게 보내야 할지 알지 못할 것이다. 사람마다 조금씩 다를 테지만 올바른 방책을 찾아야 한다.

또 다른 50대 초반의 참가자는 그의 일을 적절한 시기에 잘 넘겨주어 일주일에 한 번 정도 사무실에 나가는 것 외에 실제로 자신에게 남겨진 일이 없었다. 이제는 그의 삶에 찾아든 공허함과 맞서 싸워야 했다. 이때, 그의 사위가 농장을 건설하는 것을 도울 기회가 있었다. 그는 이 일을 하면서 그의 취미와 오랜 꿈을 깨닫고 자기 자신의 농장을 만들었다.

그러나 이미 60이 넘은 나이에 3천 명의 직원을 거느린 큰 회사를 경영하고 있는 사람이 적절한 시기에 후계자를 훈련시켜 놓지 않았다면 진짜 문제에 봉착할 것이다. 그런 경우 유일한 해결책은 후계자 훈련 프로그램을 운영하는 전문가의 도움을 받는 것이다. 정작 자기 자녀는 완전히 다른 것을 하고 싶어 할지도 모른다. 젊은 사람들이 자신만의 길을 따르려는 열망은 점점 강해지고 있는데, 그가 이 방향에 특별한 재능이 있지 않다면 가업을 물려받아 변화시키고 더욱 발전시키기를 그다지 원치 않을 것이다.

경청의 새로운 길: 49세에서 56세

49세에서 56세의 단계는 몸의 중심부인 폐와 심장의 리듬체계에서 기운이 감소하는 시기이다. 이제는 새로운 리듬을 찾아야 할 때다. 변화하지 못하고 기존 페이스를 계속 유지한다면 이런 장기들이 손상을 입을 수도 있다. 그 결과 심장발작이나 호흡기관에 문제가 생길 수도 있다. 자신의 삶을 돌아보기 위해 자발적으로 휴식기간을 갖는 것이 아니라 정말 어쩔 수 없이 쉬게 될지도 모른다.

버나드 리브괴드(Bernard Lievegoed)[19]는 이 시기를 '도덕의 단계'라고 했다. '도덕과 윤리의 단계'라고도 한다. 심장은 양심과 도덕의 장기이다. 다음 예화는 이것을 잘 설명해준다. 어떤 신사가 어느 가난한 나라에서 길을 가고 있었다. 엄청나게 많은 아이들이 그 신사에게 몰려와서 귀찮게 구걸했다. 하지만 그 신사는 아이들이 그렇게 얻은 돈으로 마약이나 그 비슷한 것들을 산다는 것을 알고 있었다. 그래서 그는 돈을 주지 말아야 한다고 생각하고 있었다. 평소 생각대로 단호하게 '노'라고 하고 가던 길을 계속 걸어갔다. 그가 뒤를 돌아보았을 때, 애절한 눈빛으로 쳐다보는 아이와 눈이 마주쳤다. 갑자기 마음이 약해져서 길을 계속 걸어갈 수 없었다. 결국 그 어린 거지에게 돈을 주고 말았다. 그의 심장이 머리에게 말을 건네고 머리가 심장을 따르는 순간이었다.

이 단계에서는 세계를 더 잘 이해하게 되는데, 이때 우리에게 어떤 기회가 생기는가? 인식의 새로운 기관을 발전시키게 될까? 이 시기의 사람들은 개인의 운명에 대해서만이 아니라 인류 전체의 운명에 더 많은 관심을 쏟는다. 친절의 장기인 심장은 인류의 고통을 알아차리고 연민을 느끼게 한다.

실제로 있었던 구체적인 예를 하나 더 들어보겠다. 스무 살에 결혼한 한 젊은 남자가 있었는데, 그는 농약과 화학비료를 생산하는 회사의 산부였다. 그는 가속을 이루고 집도 사고 차도 사고 싶어 했다. 서른 살에 영업부를 포함한 부서 전체의 부장이 되었고, 부하직원들의 복지에 신경을 써서 직원들이 집과 차, 또 그 밖의 여러 생활복지를 잘 누리고 있는지 관심 있게 돌보았다. 이 남자가 50대 중반에 생태계에 대한 지식을 얻게 되었다. 이때 그는 브라질에서 제초제와 화학비료가 마구 뿌려

---

19) 1905~1992. 네덜란드의 정신과 의사이며 작가. 조직 발전 이론을 수립한 것으로 특히 유명하다. 네덜란드 교육 연구소를 설립했는데, 이 연구소는 조직과 개인들과 협력하여 그들의 경제적·사회적·문화적 목표를 실현하도록 돕고자 했다. 저서로 『문지방 위의 인간-내적 발달의 도전』, 『발달하는 유기체』 등 다수가 있다.

지고 있다는 것을 알고 큰 충격을 받았다. 이 문제에 관심을 기울이면 기울일수록 그런 생산품을 편안한 마음으로 팔 수 없었다. 그는 농장을 사서 최근 몇 년간 유기농법을 시도해 보았다. 이런 상황에 어떻게 적응하고 있을까? 결국 자신의 직업을 창밖으로 던져버리지는 못했어도 새로운 것을 시작할 수는 있었다. 그래서 그는 유기농 생산품과 천연 비료를 찾아 다른 제품과 같이 팔기 시작했다. 그리고 이것이 점점 가장 중요한 활동이 되었다. 그의 최종 목표는 화학비료를 사용하는 제품을 팔지 않는 것이다. 양심이 그 목소리에 귀 기울이게 한 것이다. 심장의 목소리에 귀 기울이는 것, 욕심으로 그것을 몰아내지 않게 하는 것이 중요하다. 그의 사례를 통해 양심의 목소리에 귀 기울이며 서서히 이루어지는 변화를 볼 수 있다.

인생에서 이 단계는 인정 있게 베푸는 태도가 중요하다. 달리 표현하면 '보편적 아버지', '보편적 어머니'가 되어야 하는 것이다. 다 자라서 집을 거의 떠난 자녀들은 우리에게 좀처럼 충고를 구하지 않으며, 그들의 친구들도 마찬가지다. 이 시기의 우리는 젊은 세대 전체를 포용하는 아버지와 어머니로서 자신의 존재를 경험한다. 그렇게 된다면 우리 집은 젊은이들이 행복하고 편안한 분위기에서 오가는 가정이 될 것이다. 지금은 민족과 국가, 인류를 위하여 정치적인 활동을 하기에 가장 적절한 나이이기도 하다.

50대 초반에서 중반까지의 단계는 조화로운 시기이지만 훨씬 더 힘겨운 전환기로 접어들며 끝난다. 56세는 새로운 인생을 위하여 새로운 단계로 진입할 뿐만 아니라 세 번째 달의 교점을 맞이하는 시기다. 이 시기에 어떤 일이 벌어질까? 이 또한 구체적인 예를 들어 설명할 수 있다.

50대 중반의 한 남자가 다국적기업에서 일하며 브라질 전역에 지점을 설립했다. 그는 회사를 위해 열심히 일했지만 아내와 다섯 자녀에게는 시간을 거의 투자하지 않았다. 50대 초반에 이르러서야 자신이 점점 더 외로워지고 있다는 것을 알아차리기 시작했다. 아내와 아이들은 더 이상 그를 이해하려 하지 않았고, 그도 그들을 이해하지 못했다. 이로 인해 자신이 가족을 얼마나 소홀하게 대해왔는지 알게 되었다. 지금까지 생략하고 지내왔던 것을 보충하고 싶었지만 거의 불가능했다. 그는 바닷가에 오각형 별 모양의 큰 집을 지어서 다섯 자녀 각자를 위한 공간을 꾸몄다. 그리고 집 중앙에는 널따란 공유 공간을 마련했다. 그러나 자녀들은 그 집에 결코 들어오려 하지 않았다. 결국 크리스마스 휴가와 자선 목적으로 집을 빌려주는 것 외에 다른 어떤 선택의 여지도 없이 그 집에 홀로 남겨지고 말았다. 스스로 회사를 그만두었지만 건강하게 자신의 삶을 전환하지 못했고, 더구나 심한 고혈압과 심장질환에 시달렸다. 그 후 그는 아마존 유역으로 가서 코코아 농장을 하기로 했다. 달리 말하면 새로운 도선 과제에 집중하려 한 것이다. 하지만 불행히도 그 후로는 그의 소식을 듣지 못했다. 심장과 순환기계 질환은 더 나빠졌을 것이다. 가족과의 관계도 개선되지 못했을 것이다.

이제 62세 여성의 라이프스토리를 살펴보자.

라이프스토리 7[20]

62세에 라이프스토리 강좌에 참여한 한 여성은 부모에게 언제나 미운 오리 새끼로 여겨졌다고 한다. 다른 형제자매들은 늘 총애를 받았다. 그녀는 14세에 일을 시작했다. 부모 집에서 살았지만 자립하여 돈을 벌어야 했다. 21세에 결혼했다. 남편은 그녀가 공부하도록 독려했지만 그녀는 그러고 싶지 않았다. 네 번째 7년 주기 동안 두 아이를 낳았다. 아이들을 키우면서 가족의 수입에 보탬이 되려고 레코드와 테이프 가게를 운영했다. 40세에 이르렀을 때 남편이 조울증을 앓게 되었다. 얼마 후 그녀도 갑상선암으로 쓰러졌다. 죽음이 그녀를 응시하고 있었지만, 방사선 치료 후 서서히 회복되었다. 병을 이겨낸 그녀는 42세에 대학에 진학해서 미술을 전공했다. 게다가 전시회를 열어 성공하고 상까지 받았다. 그러나 남편은 그녀의 성공을 달가워하지 않았고 그 때문에 한동안 활동을 포기해야 했다. 그 후 그녀는 직조기를 만들기 시작했다. 그리고 시골 아낙네들에게 직조법을 가르쳤다. 여성들이 짤 수 있는 패턴을 디자인해서 미나스 제라이스(Minas Gerais) 주 내륙의 세 곳에 아주 작은 직조업체를 시작했다. 직조 카펫을 주문받아서 아낙네들에게 넘기고 완성품을 모아서 팔았다.

그러나 그녀에게 운명의 시련은 끝나지 않았다. 아들이 열세 살 나이에 약물중독자가 되었다. 그리고 스무 살 때는 심한 차 사고로 마비 상태가 되었다. 다시 움직일 수 있게 되기까지 2년 넘게 아들을 돌보아야 했다. 몸이 회복된 후, 아들은 약물중독자인 여자와 동거를 시작했다. 그들은 아이를 낳고 결국 결혼했다. 아들은 조울증을 세 번 경험했는데, 세 번 다 자살을 시도했다. 그때마다 옆에서 위기를 극복하도록 도운 사람은 엄마인 그녀였다. 그녀의 딸도 이른 나이에 약물중독자와

---

20) 이 책에 실린 여느 라이프스토리와 달리 이 글은 1인칭 시점의 서술이 아니다.

관계를 맺었다. 딸은 아이가 둘 있었는데 자신의 일을 하기 위해 엄마에게 아이들을 맡기고 싶어 했다.

이렇게 우리의 환자는 다른 사람들의 운명에 계속 얽혀서 자기 일을 추구하기 어려웠다. 그녀가 막 62세가 되었을 때 방광에 암이 생겼다. 이제는 회복되었고, 실존 단계에 들어서서 67세인 남편과 함께 그녀 자신의 인생을 추구하기를 원한다. 앞서 그녀는 직조공장에서 창조성을 발휘할 수 있었다. 이 시기 동안 남편은 다시 조울증을 앓았고, 그러는 동안 공장에서 일하는 젊은 여성에게 빠져 모든 것을 탕진했다. 그는 부인을 어려움에 빠뜨렸다.

우리의 환자는 삶에 직면하는 비범한 용기가 있다. 그녀는 덜 공격적이 되었고, 남은 인생을 더 평화롭게 지낼 수 있으리라 믿는다. 개신교도 집안에서 자랐으며 성경을 간직하고 있지만 그것을 넘어서 더 포괄적인 정신적 차원의 이해를 향해 나아가고 있다.

이 라이프스토리는 한편으로 모든 사람이 밟아가는 일반적인 생애 발달의 원리와 개개인이 인생의 여러 단계에서 직면하는 위기를 보여준다. 다른 한편으로는 개별적인 특성을 지닌 한 사람의 고유한 운명을 구성하는 원리 또한 분명하게 보여준다. 이 여성의 7년 주기는 매우 강하게 도드라진다. 그녀는 14세에 일을 시작했고 21세에 결혼했으며 21세에서 28세 사이에 두 아이를 낳았다. 외부에서 그녀의 운명에 불어닥친 고난은 남편의 질병이나 자녀 문제로 일어났다. 그로 인해 심각한 영향을 받았기 때문에 갑상선암의 발병 원인이 되었을 것이다. 그녀는 거의 죽을 뻔했는데, 새로운 7년 주기가 시작되는 42세에 부활의 원리가 작동했다. 새로운 가치들이 생겨났고, 공부를 하기로 했다. 그녀는 성공했지만 또 다시 자신을 짓누르는 상황에 놓이게 되었다.

　42세에서 49세까지의 단계에서는 자신의 일에서 창조성을 발휘하여 아주 새로운 사업을 개발했다. 가혹한 운명이 계속되었지만 49세에서 56세 시기에 새로 찾아낸 사업을 이어오며 이제 63세가 되었다. 42세부터 그녀의 내면에 뿌려진 씨앗은 외부의 역경에도 불구하고 꽃을 피울 수 있었다.

　나의 삶에 대해 말하자면, 나는 42세부터 인간 심리에 점점 더 관심을 갖기 시작했다. 또한 어린 시절부터 있었던 정신병 환자에 대한 두려움을 극복했다. 40대 중반쯤에는 인지학적 의학 지식을 배우고 싶어 하는 많은 젊은 의사들과 의대생들이 나와 동료들을 찾아왔다. 전에는 가르치는 일에 대해 생각조차 해본 적이 없었지만, 우리 분야가 외부로 발전하면서 이 문제에 직면해야 했다. 그래서 의학 세미나를 조직하고 많은 외부 강의를 도와주기 시작했다. 점점 많은 젊은 의사들이 우리 의료센터에 와서 수련의로 일하고 싶어 했다. 이렇게 나의 일은 환자를 대상으로 하는 단순한 의료활동에서 가르치는 것으로 바뀌어 갔다.

　다른 새로운 요소들도 내 삶에 들어왔다. 라이프스토리 작업을 통해 인간의 발달 가능성에 대해 더 깊은 관심을 갖게 되었을 뿐 아니라 사회교육에 대해 배우고 그룹활동을 지도하는 기술을 습득할 수 있었다. 더 나아가 새로운 활동을 위해서는 새로운 틀이 필요했다. 그래서 결국 52세에 '아르테미시아(Artemisia)'라는 센터를 세워 문을 열었다. 그 센터에서 라이프스토리 세미나가 열렸다. 그 후로 나는 점점 더 이 분야에 집중했다.

괴테는 식물의 변형에 작용하는 법칙을 집중적으로 연구했다. 그의 발견은 더욱 세심하게 식물을 관찰하고 그것을 더 잘 이해하는 데 도움이 된다. 식물의 발달은 단절적인 것이 아니라 연속적인 과정이다. 식물들이 꽃송이와 열매를 맺기 위해 스스로를 파괴해야 한다고 상상하는 것은 어불성설이다. 그와는 반대로 자연스럽고 유기적인 과정을 볼 수 있다.

우리 자신의 인생에도 같은 원리를 적용할 수 있다. 자세히 들여다보면 인생에서도 변형 과정을 발견할 것이다. 이러한 점진적인 변형 과정이 중요하다. 소위 새로운 뭔가를 시작하기 위해 지금까지 배운 모든 것을 던져버릴 게 아니라, 쌓아온 능력을 기반으로 그것을 변화시키는 작업이 중요하다. 우리는 언제나 지금까지 구축해놓은 기반 위에 뭔가를 짓는다. 위로 계속 쌓아 올리려면 이런 발판들을 이용해야 한다.

49세에서 56세의 시기에 지혜가 무르익어 꽃처럼 만발한다. 우리는 이 시기를 영감으로 중만한 영혼이 발달하는 시기라고 부른다. 이 시기에는 주변에서 무슨 일이 일어나고 있는지 경청하는 태도를 배우는 것이 특히 중요하다. 외부 환경이 어떤 문제를 제기하는가? 하지만 인생의 이 시기에 무엇을 해야 할지 알지 못하는 사람들이 있다. 이 시기의 여성들은 자식들이 집을 떠나고 자신의 새로운 일거리를 찾는 경우가 많다. 하지만 자신의 활동과 욕구를 세상에 떠맡기려는 것은 그다지 이롭지 않다. 오히려 훨씬 더 위대한 무엇인가에 귀 기울이는 법을 배우는 것이 의미가 있다. 영감은 들숨과 관련이 있다. 숨을 들이쉬듯이 세계가 우리에게 말하고 있는 것이나 내면의 목소리가 드러내 주는 것을 받아들인

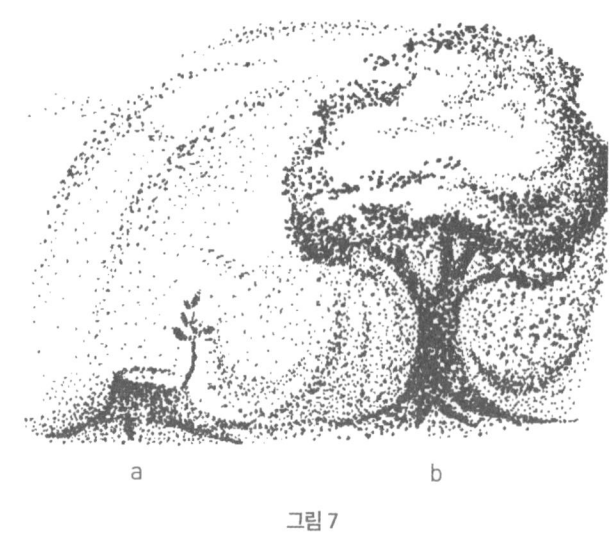

그림 7

다. 이러한 경청은 외부세계와 내면세계로 향하는 두 가지 양상을 지닌다. 이 시기 동안 육체로부터, 특히 호흡계로부터 분리된 힘을 활용하여 경청과 연관된 새로운 인식기관을 점점 더 많이 사용할 수 있게 된다. 우주와의 더 큰 조화, 특히 심장과 폐에 반영된 우주의 리듬과 조화를 이룬다. 말년에 청각을 잃었지만 내면의 음악 — 천체(天體)의 음악을 들을 수 있었던 베토벤을 생각해 보라.

다음에 소개하는 작업은 이 시기뿐만 아니라 앞으로 이어지는 인생의 두 단계에도 많은 도움이 된다. 의무와 일에 지나친 부담을 지고 있는 경우에는 특히 그렇다. 의무와 인간관계를 나뭇가지들로 상상해 보자. 그리고 나서 그 가지들을 잘라내야만 새롭게 성장할 수 있다고 하자. 이런 작업을 그림으로 해보면 위 그림에서처럼 재미있는 결과가 나온다.

이 그림은 라이프스토리 강좌에 참여한 52세의 참가자가 그린 것이다. 그는 썩은 나무 전체를 잘라냈지만, 밑동에서 싹튼 가지 하나는 건드리지 않았다.(a) 그 작업은 다음과 같은 질문으로 이어졌다. "이 나무가 새로운 방향으로 힘차게 자라나기 위해서는 무엇이 필요할까?" 그림의 다음 단계는 미래를 상상해서 그 나무를 묘사한 것이다.

이 그림을 그린 참가자는 힘든 어린 시절과 젊은 시절을 보냈다. 부모 없이 자라서 어린 나이에 일을 시작했다. 20대에 고된 인생을 살았다. 첫 번째 결혼은 30세에서 36세까지 지속되었고, 직업적으로 매우 성공했다. 42세에 재혼해서 가정을 이루었다. 비교적 어린 두 자녀를 둔 52세의 그는 물질적 성공과 직업에 만족하지 못했다. 어린 나뭇가지가 아름다운 나무로 자라난 것에서 볼 수 있듯이 새로운 비전이 그에게 펼쳐졌다.

다음 시는 같은 주제를 담고 있다.

> 서서히 당신은 느낍니다. '자아(Ich)'가 얼마나 강해지는지
> 듬직한 나무가 어떻게 여린 싹에서 펼쳐지는지
> 많은 나무 중의 한 나무를—
> 나는 잘 압니다—
> 성공을 얼마나 자랑스러워하고 얼마나 뿌듯해하는지
> 알아보고 존중합니다.
> 나는 나의 '자아(Ich)'를 찾았습니다.
> 자랑스럽고 확고하게 인생을 헤쳐나갑니다.

긴 여행에서 피로감을 좀 느끼게 될 어느 날까지.
나는 나무 아래 앉습니다.
그러나 비참하게도 더 이상 하늘을 보지 못합니다.
온통 잎과 나뭇가지로 가려져
태양도, 구름도, 푸른 하늘도,
달도, 별들도, 밤의 어둠도.
두려워 나는 벌떡 일어납니다. ─ 당신은 어디 있습니까?
멀리 내 위로 비친 창백한 달빛에 드리운
땅 위의 긴 그림자를 보고 나는 놀랐습니다.
저것이 나인가?

다음 날 아침 깨어났을 때
제일 먼저 하고 싶은 것은─
곡괭이와 도끼, 톱을 써서
나뭇가지를 잘라내는 것─
다시 숨 쉴 수 있고
다시 빛을 보고, 푸른 하늘과
별들의 평화로운 반짝임을 보는 것!─
아니, 저것은 살아있는 게 아니야!
내 짝은 어디 있을까요? 내 아이들은 어디 있을까요?
그러나 몹시 상처 입은 나무는 말합니다.
기다리지 못하나요?
익어가는 열매를 보지 못하나요?

곧 가을이 옵니다. 당신은 바보스럽군요.

잎사귀가 떨어지고 열매는 익어갑니다.

모두가 당신을 찬미하며 노래합니다.

위대한 '오(O)'여[21] —

당신의 과일은 달콤하고

당신은 사람들과 크고 작은 동물들을 먹여줍니다.

그것을 파괴하지 말아요. 그것을 버리지 말아요.

해와 달이 나뭇가지 사이로 다시 비칠 거예요.

당신은

은발을 하고,

태양처럼 빛나는 두 눈으로

생각에 깊이 잠겨 거기 서 있습니다.

당신이 볼 수 있든 아니든,

나뭇가지 사이로 보이는 별들은—

편안하고 나성하게 낭신에게 벌써 손을 흔듭니다.

나는 저기 앞쪽에서 왔습니다.

---

[21] 루돌프 슈타이너 전집 제294권, '발도르프 교육 방법론적 고찰'에 다음과 같은 언급이 있다.
"인간의 느낌 속에 언어가 근거한다 … 사물에 대한 공감 안에서 펼쳐지는, 내적인 영혼의 움직임을 모든 모음이 표현한다. 어떤 것을 무서워하는 것조차도 그 무서움이 어떤 비밀스러운 공감에 근거하기 때문이다. … '오'는 놀라움과 관련이 있고, '우'는 두려움과 공포, '아'는 경탄과 존경, '에'는 저항, '이'는 접근과 관련이 있다. '아오우'는 외경심과 관련이 있다."
이 시에서 위대한 '오', 심오한 '우'로 표현한 것은 슈타이너의 모음에 대한 아이디어에서 비롯된 것으로 보인다. 오이리트미에서는 이와 같은 시의 언어를 몸동작으로 아름답게 표현하는데, 예를 들면 '우'는 오이리트미에서 두 손을 높이 들었다가 뒷걸음질 치며 두 손을 천천히 내리며 몸을 숙이는 동작을 하는데, 크게 절을 하는 모양새다.

내가 갈 바로 그곳입니다.

심오한 '우(U)'로 나는 당신에게 절을 합니다.

그리고 또렷이 나는 봅니다:

나의 모습 그대로.

직관의 시기: 56세에서 63세

이제 우리는 56세에서 63세의 단계에 접어들었다. 이 단계는 내면으로 향하는 어려운 시기이다. 버나드 리브괴드는 이 시기를 '신비로운 단계'라고 불렀다. 그 시기에 어떤 사람들은 영적인 지도자가 될 기회를 얻는다. 그러나 자신의 지혜를 보여주려고 다른 사람들을 쫓아다니지 않고 사람들이 그들에게 올 때까지 기다린다.

나는 아홉 번째 7년 주기가 왜 신비로운 단계라고 하는지 이해하는 데 오래 걸렸다. 직관적인 영혼의 시기라고도 표현할 수 있는 이 시기는 첫 번째 7년 주기와 대칭점에 있다. 인생의 첫 번째 7년 주기에 세계는 감각을 통해 드러난다. 우리는 감각을 통해 외부세계와 접촉하면서 감각적 세계로 육화되었다.

이제는 외부세계로 향한 감각의 창문이 서서히 닫히는 지점에 이르렀다. 우리의 귀는 전처럼 잘 듣지 못한다. 안경이 필요하고 촉감도 무뎌진다. 수프가 예전과 같은 맛이 안 난다고 투덜대기도 한다. 한결같았던 미각 또한 예전만큼 예리하지 않다. 종종 꽃향기를 구분하지 못하거나 주변 사람들에게 무슨 일이 일어나고 있는지, 그들이 무엇을 표현하고 싶어 하는지 세밀하게 인지하지 못한다. 그래서 그런 감각들을 유지하고 계속 사용하기 위해서는 집중적으로 관리해야 한다. 노버트 글라스(Norbert Glass)가 쓴 두 책, 『감각의 위험과 치유』, 『노년기의 성취』에 이런 내용이 언급되어 있다. 감각을 매개로 세계와 계속 접촉하려면 감각을 위해 매우 의식적으로 뭔가를 해야 한다. 다른 한편으로 몸은 서서히 은둔자로 살아가는 동굴이 되어가고, 이런 의미에서 우리는 정신의 빛에 의존하게 된다. 정신적인 면이나, 어떤 사람들이 표현하는 것처럼, 내면의 신과 더 강하게 접촉한다. 이것을 직관이라고 부른다.

어린이의 존재는 세상에 빛을 발산한다. 아이의 인격이 그 아이의 몸보다 훨씬 크다는 인상을 받곤 한다. 중년기에 우리의 정신적 존재는 육체 안에 잠겨있다. 지상에 깊숙이 묶여 있기에 정신적 존재가 가려져 있다. 바로 그 때문에 우리가 육화하면서 가져온 정신적 요소들을 지상에 깊이 흐르게 할 수 있는 것이다. 노년기에 육체는 점점 더 투명해진다. 뼈는 점점 더 가벼워져서 골다공증으로 고통받기도 한다. 뼈에서 칼슘이 빠져나가는 반면, 존재가 내면에서 외부로 점점 더 빛을 발하기 시작한다. 예를 들면 어린이들은 왜 그토록 그들의 할머니 할아버지를 좋아할까? 어린이들은 노인들에게서 그 빛을 경험할 수 있기 때문이다. 만약 몸이 육중하게 쓰러지지 않고 계속 가볍게 움직일 수 있다면 이 빛은 눈에 보일 수도 있다. 그 빛이 눈에 보이지 않는다면 그것은 태양이 구름 뒤에 숨어있는 것과 같다. 태양 빛이 먹구름을 뚫고 빛날 수 없듯이, 물리적인 신체가 딱딱하게 굳어서 경화되어 빛이 투과될 수 없다는 것을 의미한다.

이 나이의 사람들에게 조기 경화가 진행되는 경향이 자주 나타난다. 이러한 경화는 주로 뇌혈관이 조기 석회화로 굳어지고 있다는 것을 의미한다. 이 때문에 사고가 경직되고 건망증과 아집이 나타난다.

첫 번째 7년 주기에 생명력이 충분히 보호받지 못하고 존중받지 못했다면, 예를 들어 너무 일찍 학교에 입학했거나 지적인 요구를 너무 많이 받았다면, 뇌는 지나치게 일찍 생기를 잃고 조기 경화의 소인(素因)을 얻는다. 아주 어린 시절부터 일어난 결과가 이 시기, 56세에서 63세의 시기에 명백히 나타나는 경우가 종종 있다. 하지만 예방치료를 받을 기회는 늘 있다. 모든 예술 치유, 사고훈련, 창조적 행위 등은 이런 의미에서 인간을 강하게 해준다.

아홉 번째 7년 주기는 질병에 대처해야 하는 시기이기도 하다. 남은 생애 동안 있을지 모를 질병에 대처하는 법을 배워야 한다. 당뇨병으로 고통받을 수도 있고 허리 통증 혹은 고혈압 등으로 고생할 수도 있다. 이런 병이 생기면 생활방식과 식습관을 바꿔야 한다. 이 단계에서는 포기하는 것을 배워야 하는데, 그런 질병들은 이 점에서 때로 도움이 된다.

종종 이 시기에 은퇴에 들어가기도 하는데, 취미활동을 배워두었어야 한다. 오랫동안 그런 활동을 고대해왔을 수도 있고, 이를 염두에 두고 준비해왔을 수도 있다. 그러나 여러 해 동안 준비해오지 않은 사람은 공허감을 느낄 것이다. 은퇴와 상관없는 직업들도 많다. 의사나 예술가, 변호사는 이 단계에서 그들의 능력을 십분 발휘할 수도 있다. 반면 최근의 기술발전에 뒤처진 기술 관련 직종의 많은 사람은 이 단계에서 내적 공허함과 마주하게 된다. 그들은 뭔가로 이 공허함을 채워야 한다. 그렇게 하지 않으면 우울증이나 알콜중독으로 빠져들 수도 있다.

이 시기는 사람들이 인생을 돌아보고 싶어 하는 단계다. 많은 사람이 그들의 라이프스토리를 쓴다. 하지만 63세 이후 라이프스토리 강좌에 오는 사람 중에는 자신의 라이프스토리에 흥미를 잃어버린 사람들도 있다. 우리는 작업 과정에서 그들이 어떻게 그렇게 되었는지 자주 보았다. 그들은 충분히 선명하게 자신의 인생을 바라볼 힘과 용기를 갖추지 못했다. 아홉 번째 7년 주기에 — 물론 그 이전에도 — 인생을 바라보며 무엇을 성취했는지, 어떤 능력을 발전시켜 왔는지, 미래에 어떤 것을 가져가고 싶은지 돌아보는 것은 매우 중요하다. 이것들은 모두 답을 요구하고 삶에서 의미 있게 앞으로 나아가도록 돕는 질문들이다.

내 삶에 대해 말하자면, — 그때가 56세였다 — 인생의 이 단계에서 새로운 원동력을 끌어내지 못한다면 영혼과 정신이 시들어 주름지게 될 것이고, 영혼과 정신이 쇠잔해지면서 육신도 쇠약해질 거라고 느꼈다. 이 7년 주기에 나의 과제가 무엇인지 분명해지기까지 약 2년이 걸렸다. 그 실마리를 재발견하는 순간부터 우리 인생은 다시 꾸준히 발전하기 시작할 것이다.

라이프스토리 1의 작가는 이 단계에 대해 다음과 같이 말했다. "내 인생은 삶에 대한 나의 철학이 되었다." 결국 우리 각자는 평범치 않은 파란만장한 삶을 살아왔다. 이런 경험을 삶에 대한 철학으로 승화시키려고 의식적으로 작업한다면 이 7년 주기의 과제가 무엇인지 분명히 알게 될 것이다.

이 시기는 물질적 가치가 더 이상 그렇게 중요하지 않은 때다. 이 단계의 사람들은 흔히 유언장을 만들고 재산을 나눈다. 하지만 자신의 안전한 노년을 보장할 만큼 충분한 경제력을 유지할 수 있도록 주의해야 한다. 그렇지 않으면 생활을 유지하기 위해 계속 고군분투하느라 이후의 삶이 무척 힘들어지기 때문이다. — 오늘날 브라질에서 이런 경우가 자주 있다. 어떤 사람들은 흔히 생각하는 것보다 이 단계에서 더 많은 도움이 필요하다. 우리가 늙어 갈 때 자녀들이 우리를 도와야 한다는 것은 자명하다. 그러나 그들은 여전히 자신의 인생에서 구축해야 하는 것을 해내느라 많은 신경을 쓰고 있고, 부모세대를 위해 쓸 시간은 부족하다. 그래서 인생의 이 단계에 있는 사람들에게 각별한 주의를 기울여야 한다.

여성들은 49세 이후 폐경기가 오고 남성들은 56세 이후 갱년기가 온다. 이때부터 남성과 여성의 심리적 차이가 다소 줄어든다. 49세는 여성에게 폐경기이다. 이것은 신체 기관에서 깊이 일어나는 변화의 신호이고 어떤 여성에게는 위기의 신호탄이다. 이제 그녀가 아이를 가질 수 있는 시기는 영원히 끝났다. 여성호르몬이 점차 줄어들기 때문에 상대적으로 남성호르몬이 증가한다. 생리학적으로는 목소리가 굵어지고 털이 많아진다. 영혼의 차원에서도 변화가 일어난다. 정서적으로 불안정한 짧은 시기가 지나고 나면 여성들은 일종의 자유로움을 경험한다. 그들은 남성적 특성을 더 많이 취하고 싶어 하고, 더 활동적이 되어 일찍이 남성의 영역이었던 일들을 떠맡는다. 마침내 자신의 본능을 추구해도 된다는 느낌과 외부활동을 하고자 하는 욕구로 인해 세상으로 나아간다. 중년 여성들에게서 이런 경향을 흔히 관찰할 수 있다.

소위 갱년기는 남성에게 좀 더 늦게 일어난다. 56세 즈음 남성들은 중요한 변화를 경험한다. 그러나 남성들에게는 여성의 경우만큼 그렇게 육체적으로 근본적인 변화가 일어나지는 않는다. 아무튼 남성들은 70세가 넘어서도 자식을 얻을 수 있다. 모든 변화가 영혼의 수준에서 광범위하게 일어나지만, 남성들은 특히 자신의 남성적 특성을 잃고 싶어 하지 않는다. 그들은 자신들이 예전과 똑같다는 것을 자주 과시하고 싶어 한다. 때로 신체 기관들이 남성의 힘을 드러내는 성적인 꿈을 일으키기도 한다. 남성들이 이런 성적인 꿈이 신체 기관의 차원에서 일어나는 것이라는 점을 안다면 여자친구를 찾을 필요가 있다는 환상에 사로잡히지는 않을 것이다. 영혼의 차원에서 말하자면, 남성에게 여성호르몬이 증가할수록 더욱 가정적으로 된다.

지금까지 두 부부가 서로에 대한 이해와 신뢰를 쌓아왔다면 남편은 그의 아내가 폐경기를 극복할 수 있게 도울 것이고, 그 아내는 남편이 갱년기를 극복할 수 있게 도와줄 것이다. 이를 위해서는 두 사람 사이에 어떤 문제든지 의논할 수 있는 친밀함이 필요하다. 그들의 관계는 새로운 방향으로 발전해야 한다. 그들에게 자녀가 있다면 집을 떠났을 것이고, 다시 둘만 남았을 것이다. 이런 상황이 두 사람의 관계에 새로운 깊이를 더할 수 있을 것인가? 아니면 서로를 힘들게 하고 못마땅하게 여기며 으르렁거리게만 할 것인가? 나이가 들어갈수록 각자의 개별적인 습성이 강하게 드러난다. 이때, 두 부부가 침실을 따로 쓰고 상대의 특성을 존중해 준다면 많은 불필요한 고통과 감정의 상처를 종종 피할 수 있다.

라이프스토리 8: 동화로 들려주는 인생 이야기

라이프스토리 과정 참가자들은 종종 그들의 인생 이야기를 동화로 표현해보라는 권유를 받는다.

우리는 인생 여정을 돌아볼 때 가끔 심리적으로 복잡한 상황에 놓이는데, 이 작업은 그런 복잡한 심정으로부터 거리를 유지하게 해준다.

한 사람의 인생을 동화 형식으로 이야기하는 것은 자신을 그것으로부터 떨어뜨려 놓고 이미지를 통해 인생 전체를 더 쉽게 바라볼 수 있게 해준다.

한 여성이 54세에 쓴 라이프스토리를 함께 살펴보자. 그 환자는 1930년 10월 28일, 브라질 미나스 제라이스(Minas Gerais)에서 태어나 형제가 많은 집안에서 자랐다. 여러 해 동안 교사로 일했고, 결혼하면서 일을 그만두었다. 그녀는 가족에게 전적으로 헌신했으며 그들을 위해 많은 것을 희생했다. 그녀의 남편은 모든 것을 결정하는 가부장적인 존재였다. 50세 이후부터 한 여자친구와 우정을 가꿔왔는데, 가족에게는 죽기 직전까지 그것을 비밀로 했다. 그 환자는 1991년 12월 17일 위암으로 죽었다.

장미 넝쿨 이야기

옛날 옛날에 아름다운 정원이 있었습니다. 그곳에는 많은 꽃들이 조화롭게 살고 있었어요. 여러 가지 모양과 색깔의 덩굴과 관엽식물뿐 아니라 마가렛과 베고니아, 물망초, 페투니아, 팬지 같은 꽃들이 있었어요.

겨울의 막바지 어느 날이었어요. 모든 식물이 잠에서 깨어나 꽃을 피우려 준비하고 있을 때, 새로운 식물이 태어났어요. 그것은 아주 어린 장미 넝쿨이었어요. 너무 어려서 장미가 어떻게 생겼는지조차 알지 못했답니다. 더 작은 꽃들이 조금 두려워하면서 그들의 새로운 친구를 가만히 쳐다보았어요. 장미 넝쿨은 튼튼한 줄기 외에 가시도 있었어요! 장미 넝쿨이 부드러운 말투로 말하자 꽃들은 곧바로 그를 신뢰했어요.

그 정원은 형형색색으로 아름다웠기에 장미 넝쿨도 자신의 가장 좋은 모습을 보여주고 싶었지요. 아침노을처럼 아름다운 장미꽃으로 피어날 첫 번째 꽃봉오리를 만들어 낼 때까지 열심히 노력했지요.

어느 날, 장미 넝쿨이 마지막 아침 이슬방울을 햇볕에 말리고 있을 때, 파란 나비 한 마리가 나타났어요. 나비는 "오! 아름답고 향기로운 장미여!"라며 감탄했어요.

"나도 그런 향기를 지니고 싶지만 난 꽃이 아니라 나비야. 하지만 나는 날 수 있어. 여기서 멀리 떨어진 다른 정원에도 가볼 수 있지. 너 같은 장미는 결코 그것을 볼 수 없을 거야."

이렇게 말하고는 푸른 날개로 부드러운 미풍을 일으키며 멀리 날아가 버렸어요. 장미 넝쿨은 깊은 생각에 잠겨 그를 쳐다보았어요.

'날개가 있어서 날 수 있다면 얼마나 멋질까? 나도 나비처럼 자유로울 거야. 하지만 깊은 뿌리가 나를 땅에 묶어놓고 있지. 바람도 폭풍우도 여기서 나를 떼어놓을 수는 없어.'

이날 장미 넝쿨은 날개 대신 뿌리만 있는 것을 슬퍼했어요.

벌 한 마리가 장미 주변으로 날아왔을 때도 장미 넝쿨은 깊은 생각에 잠겨있었어요. 장미 넝쿨은 '재미있는 동물이네.'라고 생각하며 "넌 내게 무얼 원하니?"라고 물었어요.

"내 장미꽃들을 감상하렴. 아니면 내 향기를 맡아볼래?"

"아무도 그걸 좋아하지 않아." 벌이 대답했어요.

"난 일하느라 바빠. 그따위 것들로 시간을 낭비할 수 없다는 걸 넌 알아야 해. 나는 꽃 속에 있는 꽃즙을 원할 뿐이야. 우리 벌들은 벌집 전체에 음식을 주기 위해 꿀을 만들어."

그렇게 말하고 꽃을 파고들어 꽃즙을 모아 멀리 날아가 버렸어요.

며칠 후 개똥지빠귀가 공중으로 날아와 장미 넝쿨 옆에 내려앉았어요.

"너는 매혹적이구나. 지금처럼 남아서 너의 가지와 장미꽃, 너의 향기를 지키렴. 한마디로 하면, 그냥 장미 넝쿨로 있으렴." 하고 그가 말했어요.

"하지만 가시는 어떻니? 난 그것들을 좋아하지 않아. 그리고 나는 나비 같은 날개도 없어. 나를 땅에 묶어놓은 뿌리만 있을 뿐이야."

"가시는 너의 장미꽃을 빼앗아가려는 것들에게서 너를 지키는 무기야."라고 개똥지빠귀가 말했어요.

"그 가시들을 조심스럽게 지키렴. 그것들은 네가 필요할 때 네게 도움이 되어 줄 거야. 너는 나비들을 부러워할 필요가 없어. 그들은 꽃의 배달부들이야. 그래서 그들은 날개가 있어야 하는 거야. 그리고 너의 뿌리에게 감사해야 해. 햇볕이 너무 강해서 약한 꽃들이 타들어 갈 때 뿌리들이 땅속 깊은 곳으로부터 신선한 물을 너에게 가져다주기 때문이지. 너의 뿌리는 서리로부터 너를 강하게 지켜내고, 바로 서 있을 수 있게 지탱해주지. 파수꾼처럼, 등대처럼, 너의 장소에서 확고하게 언제나 준비된 상태로 있는 것이 너의 운명이야."

"하지만 여기서 멀리 떠나 세상을 알고 싶고 지혜로워지고 싶어."

"너의 지혜는 이곳에 있어. 새들이 땅의 비밀에 대해 뭘 알겠니? 하지만 너는 그 비밀을 알아. 너의 뿌리가 땅속 깊은 곳에 닿아 액체를 빨아들이지. 너의 줄기가 그 액체를 생명의 길을 따라 가지로 잎으로 꽃으로 전해주지. 장미 넝쿨 외에 어떤 것도 되려 하지 말아. 그래야 네가 주인이 될 거야!"

그 새는 그렇게 말하고 멀리 날아갔어요. 장미 넝쿨은 다시 깊은 생각에 잠겼어요. 그때, 커다랗고 날카로운 소리가 들려 겁에 질렸어요. 그것은 황조롱이가 그를 부르는 소리였어요.

"너는 모든 장미 넝쿨처럼 꿈을 꾸고 있구나. 저 새가 너에게 말한 것을 그렇게 심각하게 받아들이지 마. 그는 자기 노래에 대해서만 생각하는 가벼운 녀석이야. 그가 말한 것은 중요한 게 아무것도 없어. 결국 누가 장미꽃과 향기로 살아갈 수 있겠니? 야생 뽕나무가 우리에게 훨씬 많은 것을 주지. 그는 우리의 굶주림을 채워주거든. 잎이 무성한 수풀도 훨씬 이롭지. 더운 날 그늘을 드리워주거든. 아름다움과 향기, 순전한 허영심! 중요한 것은 이로움이야. 이보게, 젊은이! 언젠가 평화를 얻기 위해 필요하다면 눈물이 날 때까지 고통을 감내하고 투쟁해! 현재의 삶을 버리고 네 장미꽃의 외양에 너무 신경 쓰지 마. 그리고 섬기는 것을 배워."

그날 밤, 장미 넝쿨은 제대로 잠을 자지 못했어요. 그가 들은 말에 대해 생각하느라 계속 뒤척였어요. 아침이 왔을 때 그는 자신이 헛되고 쓸모없는 장미 넝쿨이라고 정말로 믿게 되었어요. 그는 주변을 둘러보고 자신이 이기적이라는 것을 알았어요. 왜냐하면 그때까지는 주변의 땅에서 자라고 있는 작고 연약한 식물들이 보잘것없는 줄기와 잎과 꽃송이로 안간힘을 쓰고 있다는 것을 알아차리지 못했거든요. 그는 스승이 되기로 결심했어요. 마가렛과 팬지, 물망초에게 어떻게 하면 잎들을 퍼뜨리고 봉오리를 만들고 꽃잎을 펼치는지 수없이 여러 번 가르쳐 주었어요. 향기에 대해, 그리고 그 향기를 어떻게 부드럽게 퍼뜨리는지에 대해서도 말해주었어요. 작은 식물들을 질식시켜서 숨을 못 쉬게 하는 잡초들에 대해서도 알려주었지요. 그는 스스로 매우 확신에 차서 그가 이 정원의 주인이라고 은근히 생각했어요. 그리고 모든 것이 질서정연하기를 바랐어요. 적당한 장소에서 적절한 시기에 일어나서 균형 잡힌 상태가 흐트러지지 않기를 원했어요. 지혜로움과 정의로움에 대해 알고 있다고 느끼며 행복해했지요.

그러나 근처를 날아다니던 황조롱이가 그를 놀려대며 말했어요.

"자네가 선택한 일이 얼마나 편한 일인가! 식물들에게 충고하기. 자네는 허영심의 꼭대기에서 스스로 왕이라고 생각하고 있지. 젊은이여, 이로워진다는 것은 스스로를 완전히 버리고 다른 사람에게 전적으로 헌신하는 것을 의미한다네. 내가 자네를 어떻게 보는지 아는가? 자기 장미꽃을 자랑스럽게 여기는, 여전히 허영심 많은 장미 넝쿨이지. 저기, 겸손함의 아름다운 본보기를 봐. 저기 있는 저 새는 어린 새를 키워내고 이제는 버려진 알에서 깨어난 뻐꾸기를 돌보고 있지."

엄마 찌르레기가 책임져야 할 자기보다 더 크고 강한 새와 함께 장미 넝쿨에게 왔어요.

"안녕하세요?" 장미 넝쿨이 물었어요.

"그것에 대해 생각할 겨를이 없어. 할 일이 너무 많거든. 누군가가 얹어준 책임 때문에 사는 게 힘들어. 난 너무 지쳤어. 땅을 긁느라 발톱이 아프고, 너무 많이 날아다녀야 해서 날개가 무거워. 내 눈은 깨끗한 물과 달콤한 열매, 그늘진 나무를 찾느라 더 이상 잘 볼 수가 없어. 많은 새끼들을 키웠고 그들은 모두 '나는 법과 먹이 찾는 법'을 빨리 배웠지. 이제 그들은 숲에서 행복하게 살고 있어. 그러나 여기 이 아들은 나에게 너무 많은 일거리를 만들어! 얘는 스스로 먹이를 찾지 못하고 늘 내 발 아래서 먹이를 달라고 소리 지르며 도움을 청하지. 그것이 내 운명이야. 늙고 지쳤지만 여전히 계속 일해야 해!"

이렇게 말하고는 엄마와 아들은 떠나갔어요. 시간이 흐를수록 장미 넝쿨은 점점 더 불행하게 느꼈어요. 해마다 봄이면 황조롱이가 나타나서는 그가 해야 할 일을 생각나게 했어요.

"요즘 어때? 여전히 쓸데없이 뽐내기만 하는 거야?"

그렇지만 모든 것이 신통치 않았어요. 자연의 모든 힘이 그에게 최선을 다하기를 바라는 것 같았어요. 뿌리는 땅속으로 더 깊게 파고 들어가 거기서 양분을 모아 관을 통해 줄기로 보냈어요. 단단해 보이는 줄기는 식물 내부 기관의 모든 것을 잘 돌아가게 하고, 영양을 주고 가지를 튼튼하게 해주었지요. 햇볕과 바람도 바깥에서 아낌없이 도와주었어요. 새싹들이 모든 기회를 놓치지 않고 싹을 틔우고 봉오리가 되어 꽃을 피웠어요. 그것이 그가 한 일이에요! 노력한 만큼 꽃이 피었어요. 이번에는 그의 잎에 또 다른 식물이 있다는 것을 알아차렸어요. 그 식물은 너무 연약해서 이파리가 장난감처럼 보였어요. 그 이파리들은 곧게 뻗다가 주변의 가장 가까운 줄기를 휘감으며 가만히 자라기 시작했어요. 그러다 마침내 장미 줄기에 닿았어요. 거기서 단단히 잡을 것을 발견한 담쟁이는 빠르게 위로 자라났어요. 가지 주변을 휘감으며 새로운 덩굴손들이 뻗어나 위로 올라가려고 안간힘을 쓰고 있었어요. 장미 넝쿨은 불편했어요. 하지만 그 담쟁이는 주변을 가득 채우고 집요하게 달라붙었어요. 장미 넝쿨은 그렇게 완전히 감싸여 있는 것이 낯설었어요.

"당신은 사랑과 보호가 필요해요." 담쟁이가 말했어요.

"당신은 너무 순진하고 무방비에요. 주변은 너무 사악해요. 이제부터 내가 당신을 지켜줄 거예요. 당신에게 어떤 해로움도 용납하지 않을 거예요."

'담쟁이가 옳아.' 장미 넝쿨은 생각했어요.

'정원은 위험으로 가득 차 있어!'

어느 봄날, 꽃을 피우려고 무던히 노력하던 것을 그는 또렷이 기억하고 있었어요. 새 가지를 틔우기 시작할 때마다 참새가 와서 새순을, 엄청난 노력을 들인 그 소중한 새순을 허망하게도 먹어버렸지요. 얼마 후에는 말벌들이 와서 아직 벌어지지도 않은 새순을 모두 먹어치웠죠. 하지만 이제 그는 더 이상 어떤 것도 두려워할 필요가 없었어요. 거기 있던 담쟁이가 그의 새 가지를 돌보아주었거든요. 담쟁이는 새 가지를 덮어주었고 세상의 혹독함으로부터 지켜주었어요. 사실 장미꽃이 더 이상 피어 있지 않았지만 중요하지 않았어요. 올봄 동안 담쟁이는 꽃 피우기를 멈추지 않았고, 별처럼 작은 꽃들을 피워냈어요. 촘촘하게 꽃으로 장식된 아름다운 왕관 같은 담쟁이 꽃무리가 그늘을 드리워주었어요. 장미 넝쿨은 만족스러웠어요. 마침내 그는 이롭게 되었어요. 그 장미 넝쿨 덕분에 담쟁이는 자랄 수 있었고 매혹적으로 보였어요. 담쟁이를 보는 누구나 그를 찬미하느라 장미 넝쿨이 한때 거기 서 있었다는 것을 더 이상 기억하지 않았어요.

어느 화창한 날, 낯선 새 한 마리가 붉은 히비스커스 가지에 내려앉았어요. 장미 넝쿨은 무성한 담쟁이로 덮여 있어서 그 새를 보지 못했어요. 하지만 그 새는 호기심에 차서 이 가지 저 가지로 뛰어다니다 마침내 장미 넝쿨을 발견했어요. 그 새는 생각에 잠겨 가만히 살펴보았죠.

그러고 나서 물었어요.

"언제 꽃을 피울 거죠? 지금은 봄이에요. 모든 장미 넝쿨이 빛깔과 향기를 뽐낼 때라고요. 아직 새순도 틔우질 않았군요!"

"그런 건 중요하지 않아, 중요한 건 자기를 떠나 다른 것들에게 자신을 내어주는 거야. 그 때문에 나는 평화를 얻는 방법을 배웠지. 지금 내가 그렇게 하고 있지. 나는 담쟁이에게 내 가지를 주었어. 보렴, 그가 스스로 아름답게 만드는 법을 얼마나 잘 아는지! 담쟁이를 빛나게 하는 게 나의 인생이야."

그러나 그 새는 대답했어요.

"중요한 건, 당신 스스로 온전해지는 거예요. 주위를 둘러보세요. 얼마나 보잘것없는 꽃들과 덤불들이 있는지. 오직 당신만이 장미 넝쿨이에요. 자연이 부여한 과업을 포기한 장미 넝쿨! 그 때문에 이 정원은 완전하지 못해요. 이곳의 조화가 회복되어야 해요."

"그럼, 내가 뭘 할 수 있을까?" 장미 넝쿨이 나직한 목소리로 물었이요.

"싸워요! 당신이 살 공간을 되찾아요. 자신감을 가져요!"

작은 새는 그렇게 말하고 멀리 날아갔어요. 장미 넝쿨은 깊은 생각에 잠겼어요.

'내가 다시 꽃을 피울 수 있다면 얼마나 어여쁠까! 그게 내가 행복해질 수 있는 유일한 방법이야!'

하지만 담쟁이에게 기생하지 말고 스스로 살라고 요구할 용기가 부족했어요.

'오! 담쟁이가 이걸 이해해준다면! 그래서 마침내 여길 떠나기로 한

다면!'

시간이 흐를수록 무성하고 자신감 넘치는 담쟁이는 점점 더 강해졌어요. 그리고 몹시 피곤하고 이지러진 장미 넝쿨의 새 가지에 상처를 입혔어요.

'싸우기엔 너무 늦었어.'

장미 넝쿨은 생각했어요. 살고 싶은 의지를 차츰 잃어갔어요. 그의 고통스런 한숨 소리가 너무 약해서 아무도 듣지 못했어요.

어느 여름날 오후, 폭풍이 한 무리의 제비를 몰고 왔어요. 보호해 줄 나무들이 없었기에 활짝 피어난 담쟁이덩굴 안에 은신처를 찾아냈어요. 그 제비들은 최선을 다해서 젖은 날개를 말리려고 했어요. 그들이 그렇게 하는 동안 희미한 탄식이 들려왔어요.

"누군가 나를 도와줄 수만 있다면!"

제비들은 깜짝 놀랐어요.

"뭐? 이렇게 건강한 덩굴이 도움을 청하다니!"

제비들은 강하고 구부러진 가시를 발견했어요. 그 가시들은 장미 넝쿨 것이었어요.

"대체 무슨 일이 일어난 거니? 왜 그렇게 슬퍼해?" 하고 물었어요.

"나는 꽃을 피우고 싶어, 하지만 더 이상 그렇게 할 힘이 없어."

"우리가 도와줄게." 제비들은 곧바로 대답했어요.

"그럼 담쟁이에게는 무슨 일이 벌어질까?"

"담쟁이는 자기 자신의 힘을 사용하는 법을 배워야 해."

그러고 나서 제비들은 장미 넝쿨의 가지를 하나씩 하나씩 인내심 있게 풀어주기 시작했어요. 장미 넝쿨은 깊이 한숨을 쉬며 잠들었어요.

몹시 피곤했거든요.

일단 장미 넝쿨에서 떨어지자 담쟁이가 자기 운명을 한탄했어요. 엉클어진 자기 가지를 풀려고 애를 썼어요.

"너도 도움이 필요하니?" 제비가 물었어요.

"아니, 필요없어!" 담쟁이가 대답했어요. 그는 자기 힘에 대해 자부심이 아주 강했거든요. 그래서 제비는 떠나갔어요.

장미 넝쿨은 가을 동안 잠을 잤어요. 그는 햇볕과 꽃, 나비, 개똥지빠귀로 가득 찬 새봄을 꿈꾸었어요. 그리고 꿈속에서 담쟁이가 자신의 소중한 나뭇가지를 기어오르고 모든 방향에서 별처럼 작은 꽃들이 가지를 뒤덮는 것을 보았어요. 기운을 되찾은 장미 넝쿨은 눈을 뜨고 자신의 삶을 마주 바라보았어요. 공기 중에서 겨울이 끝나고 있음을 느낄수 있었어요. 이제 꽃 피울 준비를 해야 할 때였어요.

모든 것이 충만하고 질서정연해질 것입니다.
그러나 여러 해에 걸쳐 도랑 속에서
행복이 자유롭게 자라도록
인내심을 가질 필요가 있습니다.

그 후 어느 날 당신은 이삭이
다 익었다는 것을 알게 될 것입니다.
그리고 당신은 수확을 시작하여
가장 깊은 창고를 가득 채울 것입니다.

_크리스티안 모르겐스턴Christian Morgenstern

인생의 마지막 단계

63세 이후, 운명의 그물로부터 자유로워지기 시작한다. 그리고 이 순간을 재탄생으로 경험한다. 많은 소소한 육체적 질병들이 사라지고 전반적인 건강 또한 개선된다. 물론 남은 생의 과정은 지금까지 어떻게 살아왔는지, 주로 42세부터 이루어온 발달과 연결되어 있다. 42세에서 49세까지 용기와 창조성을 보여줬는지, 49세에서 56세 사이에 새로운 리듬과 지혜를 발견했는지, 그리고 그 이후 지금까지 내면성과 인내심을 키워왔는지 등. 7년 주기는 이제 차례차례 이어지고 각 단계의 절연은 분명하지 않다. 앞으로의 7년 주기는 각 개인의 개별적인 운명에 더 크게 좌우된다.

노년은 오늘날 우리 사회에서 점점 큰 문제가 되고 있다. 가정생활 전체가 불안정하고 대가족의 유대감은 없어졌다. 노인들을 위한 장소가 있긴 하다. 그렇지만 그곳이 서로 비난하고 자신들의 질병에 대해 불평을 늘어놓는 곳이 아니라 정신적 발전의 가능성이 존재하는, 그런 곳이 되어야 한다.

신체의 힘은 계속 쇠약해지고 정신과 영혼은 신체로부터 점차 분리된다. 그것은 한편으로 우리가 육체적 질병을 극복할 수 있게 해준다.

자유로워졌다고 느끼고 우주적 존재에 주의를 기울일 시점에 와있다고 생각한다. 이로 인해 의식이 무한대로 확장되고 새로운 통찰을 얻는다. 다른 한편으로는 겸손하고 사심 없는 태도를 발전시킬 수 있다. 더 나아가 자선사업이나 사회적 과업에 더 많은 관심을 기울일 수 있다. 사람들은 저마다 노력을 기울일 자신만의 분야를 발견해야 한다. 어떤 사람들은 자선사업에 너무 많은 노력을 기울여 정신적이고 창조적인 일을 하는 데 충분한 시간을 갖지 못한다.

많은 사람이 이 시기에 그림 그리기 같은 예술활동을 시작한다. 예를 들어 미국에는 70세 이상의 노인들이 다닐 수 있는 그림 학교가 그랜드 캐니언에 있다. 노인들의 예술성을 촉진하는, 그런 조직이 전 세계 곳곳에 있다.

지금까지 한 사람의 일생을 7년 주기로 나누었다. 다음 세 번의 7년 주기는 공통적인 특징이 있다. 이 시기 동안 생애 첫 번째 7년 주기에 정해졌던 품성들이 드러날 수도 있다.

63세에서 70세까지의 시기에 어린이처럼 경이롭게 여기는 품성이 다시 나타나기도 한다. 자연과 주위 환경, 그리고 개성이 점점 뚜렷해지는 손주들에게 경이로움을 느끼는 새로운 태도. 이 시기에 어린 시절을 돌아본다면 감사의 마음이 솟아날 것이다. 그리고 우리 안에서 다시 한 번 아이가 자라나게 할 수 있다. 인내와 자기 훈련은 심각한 장애를 극복할 수 있게 도와준다. 그들에게서는 진정한 자비심이 빛을 발한다. 종종 어떤 노인들은 외모보다 행동에서 왠지 모르게 유난히 젊은 인상을 준다.

70세에서 77세의 시기

두 번째 7년 주기를 다시 돌아보자. 그때 교육을 통해 습득했던 품성이 이제는 자기 자신의 것으로 된다. 어릴 때 무릎 꿇고 기도하는 사람은 튼튼한 다리를 얻게 된다는 말이 있다. 어린 시절의 이러한 영향은 특히 노년기에 두드러진다. 베르덴 조슬린(Beredene Jocelyn)[22]의 책 『우주 시민』에서 어린아이로서 누군가를 우러러 두 손 모아 기도해 본 사람은 노년에 축복받을 것이라는 점을 지적했다. 이제 우리는 아주 새로운 방식으로 세상의 아름다움을 경험할 것이다.

인간의 평균 수명은 약 72세다.[23] 이는 태양의 리듬과 연결되어 있다. 태양은 72년에 1도씩 정확하게 움직인다. 이것은 우리의 탄생별이 더 이상 태양과 정렬이 완전히 맞아떨어지지는 않는다는 것을 의미한다. 루돌프 슈타이너는 카르마에 대한 어떤 강연에서 태양과 한 사람의 탄생별이 어긋나기 시작하면 그 별은 그 사람에게 불리하게 작용한다고 했다. 우리가 이 시기 이후 여전히 지상에 살고 있다면 그것은 진정한 축복이다. 우리의 맥박수는 1분에 약 72박으로, 태양의 리듬을 표현한다.

그 나이를 넘긴 노인은 이제 평화로움을 발산하며 다른 사람들에게 축복을 주고 동정심을 베푸는 진정한 능력을 지니게 된다. 이 연령의 한 환자가 "독수리처럼 땅 위를 높이 날다가 나를 필요로 하는 곳에 내려

---

[22] 베르덴 조슬린은 황도십이궁에 관한 점성학 관련 저자인 존 조슬린과 결혼했다. 베르덴은 뉴욕의 여러 인지학 연구 그룹의 리더였으며, 인지학을 세상에 알리기 위해 평생 노력했다. 여러 권의 책을 썼고, 월간 뉴스레터를 편집해서 수천 명의 독자에게 보냈다.

[23] 2020년엔 평균 수명이 30년 전에 비해 급격히 높아졌다. 지금은 대략 83세라고 하니, 1990년대보다 10년이나 더 오래 산다고 할 수 있다.

앉는다."라고 말한 적이 있다.(그녀는 다섯 명의 자녀와 많은 손주가 있다.) 이런 태도는 관심을 충분히 받지 못해서 무시당하거나 외롭다고 느끼는 것보다는 건설적이다.

77세에서 84세의 단계

이 시기에 우리 안에서는 젊음이 다시 솟아나고 진리를 위해 새롭게 노력한다. 죽음이 다가오고 있지만 나쁜 습관을 없애려고 해야 한다. 진실하고 정의롭게 자기 자신과 마주하며 의식을 맑게 하고 다른 사람들과 평화롭게 지내야 한다.

우리는 이 세 단계, 세 번의 7년 주기를 산악지대처럼 경험할지도 모른다. 앞에 놓인 산맥을 보고 그곳을 향해 걸어간다. 그곳에 올랐을 때 저 너머에 또 다른 산을 발견한다. 그리고 그 너머로 하나씩 하나씩 정상이 눈에 들어온다. 그래서 힘과 용기를 가지고 더 먼 곳으로 성큼성큼 걸어간다.

물론 각자의 수명은 매우 다르다. 얼마나 오래 사느냐는 개개인의 운명에 달려있다. 어떤 사람은 짧은 생을 살았지만, 예를 들어 모차르트 같은 천재들은 세상에 지극히 중요한 영향을 끼쳤다. 반면 어떤 사람은 오래 살았지만 노년에 하는 일 없이 살다가 아무것도 남기지 않을 수도 있다. 살아있는 한 새로운 뭔가를 배우려는 것은 가치 있는 삶을 위해 특히 중요하다. 예를 들어 여러 해 동안 휠체어에 묶여 지내더라도 그것을 통해 뭔가 배울 수 있다면 아주 특별한 의미가 있다. 인내하는 것을 배우지 못한 어떤 사람에게 그런 운명이 덮쳐올 수도 있다. 혹은 다른 사람에게 도움받는 것을 결코 용납해 본 적이 없는 사람일지도 모른다. 그런 운명을 통해 아주 새로운 능력을 습득할 수도 있다. 물리적인 육체만 고려한다면 그런 사람은 죽는 게 낫다고 생각할지도 모른다. 그러나 영혼과 정신의 차원에서 생각한다면 인생에서 벌어지는 모든 미묘한 변화에 새로운 의미를 부여할 수 있을 것이다.

죽음의 문턱에 이미 도달한 순간 지금까지 살아온 인생의 파노라마가 영화처럼 스쳐 간 사람들은 인생에서 완전히 새로운 기회를 만난다. 일단 살아 돌아왔을 때 그들의 삶은 아주 새로운 방향으로 전개된다.

일생을 돌아보면 삶에서 살아갈 용기를 다시 불어넣어 주었던 긍정적인 점을 인지할 수 있다. 무엇을 더 잘할 수 있을까? 개인적인 인간관계를 어렵게 하는 갈등은 어디서 비롯할까? 남은 생애 동안 그것을 바로잡을 기회가 여전히 있을까? 자신의 라이프스토리 작업을 통해 삶의 여정에 더 큰 빛을 비춘다면 죽음의 통로를 지날 때 짐이 가벼워질 것이고, 더 의식적으로 운명에 작용할 수 있을 것이다.

발걸음

모든 꽃이 시들어가고, 젊음이 모두
늙어갈 때, 삶의 모든 단계마다 꽃이 피어나네.
지혜와 미덕의 꽃이 피어난다네.
그 시간 속에 영원히 머무를 수는 없네.
마음은 작별을 준비해야 하고
삶이 부를 때 새로이 시작해야 한다네,
슬퍼하지 말고 용기를 내어
새로운 임무에 착수하기 위하여.
모든 출발엔 마법이 있어,

우리를 보호해주고 살아갈 수 있게 도와준다네.
기운차게 방에서 방으로 성큼성큼 걸어가야 하네,
마치 우리 집인 듯 아무것에도 집착하지 않고.
세계의 정령은 우리를 묶어두고
제한하고 싶어 하지 않는다네.
조금씩 조금씩 우리를 고양시키고 넓혀주지만
주변에 익숙해지고
편안하게 정착하자마자 느긋해진다네.
여행을 떠날 준비를 하는 자만이
굳어버린 습성을 자유롭게 깨버릴 수 있다네.

죽음의 순간
어린아이가 되어 새로운 영토로 보내질지 몰라.
생명의 부름은 결코 끝나지 않아⋯
그래, 그럼, 나의 마음이여, 작별을 고하고 안녕하라!

_헤르만 헤세

생애 발달에서의 리듬과 거울 이미지

　　바다를 바라보고 있으면 파도가 점점 다가오는 것을 관찰할 수 있다. 마침내 부서질 때까지 파도가 계속 커진다. 커다란 물보라가 생겼다가 잦아든 후에도 물이 계속 몰려온다. 우리네 인생도 비슷하다. 발달이 계속 상승하는 시기도 있고, 클라이맥스와 변화를 경험하기도 하며, 더 길고 완만한 발달단계를 지나기도 한다. 우리는 이 장에서 인간 생애의 다양한 단계와 리듬을 따라가 볼 것이다. 그리고 앞 장에서 다룬 회고록들을 참고하여 중요한 발달의 개괄적인 내용을 제공할 것이다.

　　우리 대부분은 열 살, 스무 살, 서른 살, 쉰 살 생일 등을 특별히 기념한다. 많은 부부들은 결혼 25주년에 은혼식을, 50주년에는 금혼식을 한다. 이것들은 외적인 차원에서 특별히 인상 깊은 시기들이다. 이 기념일들은 일정하게 반복되는 숫자가 있어서 인생의 어떤 단계들이 순환하고 있다는 느낌을 받는다.

　　그러나 인생의 단계들을 개괄적으로 그려볼 때 생애 주기는 크게 세 단계 — 신체, 영혼, 정신의 발달단계 — 로 나누어볼 수 있다. 또한 각 단계는 더 작은 세 개의 단계로 다시 나눌 수 있는데, 각 단계는 7년 주기로 이루어진다. 때로는 이러한 리듬으로 인하여 인생의 위기가 찾아오는 주요한 변화를 겪는다. 7년 주기마다 인생의 더 높은 단계에 이르고, 혹은 흔히 말하듯이, 우리의 외피를 바꾼다고 할 수 있다. 그것은 우리의 내면이 더 이상 외피에 걸맞지 않을 만큼 자라서 나중에는 그것을 부정하고 변형시켜야 한다는 것을 의미한다.

7년 주기 리듬은 우주의 법칙에서 비롯했다. 7일로 구성된 한 주의 리듬처럼 7년 주기 리듬은 나름의 역동성이 있다. 모든 사람은 토요일이 월요일과는 다르다는 것을 안다. 한 주의 시작은 한 주의 끝과는 다른 특징이 있는 것이다. 어떤 언어에서는 이 날들을 다양한 행성과 연관 짓는다. 영어에서 토요일은 토성, 일요일은 태양, 월요일은 달과 연관되어있는 것처럼 프랑스어에서는 화요일(Mardi)은 화성(Mars), 수요일(Mercredi)은 수성(Mercury), 목요일(Jeudi)은 목성(Jupiter), 금요일(Vendredi)은 금성(Venus)과 연관되어있다. 행성의 기운은 인간존재에 영향을 미친다. 그 행성들은 한 사람의 생애에서 여러 특정한 7년 주기에 특정하게 작용한다. 행성들은 밤 동안 인간에 작용하여 기운을 형성하고 새롭게 한다. 그때, 영혼과 정신은 더 고차원적인 세계로 오르기 위해 생물학적 육체와 분리된다. ─이것은 죽음과 탄생 사이를 왔다 갔다 하는 과정과 비슷하다. 죽음과 탄생 사이의 기간 동안 운명과 관련이 있는 어떤 특별한 기운을 흡수하기 위하여 정신적 존재인 우리는 '신의 다양한 방'에 머문다.

잉태부터 탄생까지는 달의 기운에 영향을 받는데, 이것은 우리의 모습과 기질을 결정짓는 중요한 역할을 한다. 7세부터 14세까지, 즉 학령기에는 수성의 기운이 활성화되어 건강과 조화로움에 영향을 끼친다. 사춘기와 그 뒤로 이어지는 7년 주기에는 주로 금성의 기운이 작용한다. 금성의 기운은 에로틱한 영역과 세 번째 7년 주기에 갖게 되는 이념과 이상에 강력한 영향을 끼친다. 21세에서 42세까지는 태양의 영향 아래 놓이게 된다. 태양의 기운은 특히 우리 영혼을 발달시켜 준다. 태양의 영역은 인간의 정신적 핵심, 혹은 정신적 개인, 또는 괴테가 묘사한 영원불멸의 엔텔레키[24]가 죽음 이후 머무는 곳이다. 이 때문에 이 시기가 인간의 생애에서 가장 긴 시기에 해당한다. 21세까지 경험한 사건들을 받아들여 계속 발전시킬 힘을 이 태양의 영역에서 얻는다. 이 시기부터, 자신이 설정한 인생의 목표를 실현하기 위해 과거에서 벗어나 자유롭게 미래로 나아간다. 42세에서 49세까지는 화성의 영향을 점점 더 많이 받는다. 화성은 인생에 목표를 성취할 힘을 준다. 49세에서 56세까지는 목성의 기운이 특히 활성화된다. 우리는 그 에너지로 점점 더 지혜롭게 인생 경로를 스스로 만들어간다.

56세에서 63세에는 마침내 토성의 기운이 활기를 띤다. 그 기운은 우리가 인생을 돌아볼 수 있게 해준다. 그리고 인생의 반복되는 주제(leitmotif)인 삶의 목적을 실현했는가 하는 물음에까지 이르게 해준다.

---

[24] 엔텔레키란 원래 아리스토텔레스의 용어인데, 라이프니츠는 이를 헤르몰라우스 바바루스(Hermolaus Barbarus)의 라틴어 번역을 따라 'perfectihabia'(완전성의 포함자)로 이해한다. 라이프니츠는 변화의 목표를 완전성으로서 자신 안에 가지고 있으면서 능동적으로 작용하는 원리라는 의미에서 자신의 실체를 엔텔레키라고 부른다. 즉 그는 지속적이고 능동적인 변화 또는 활동의 내적 원리라는 의미에서 '실체적 형상'을 엔텔레키와 같은 것으로 보는 것이다.
우리는 모든 단순한 실체들 또는 창조된 모나드(단자)들에게 엔텔레키라는 이름을 부여할 수 있을 것이다. 그들은 모두 자신 안에 어떤 완전성이 있기 때문이다(ἔχουσι τὸ ἐντελές). 그들은 자신을 자신의 내적 활동성의 근원으로 그리고 소위 비물질적인 자동 기계로 만드는 일종의 자족성(αὐτάρκεια)을 지닌 것이다.(〈네이버 지식백과〉 "엔텔레키" (라이프니츠, 윤선구 역, 『단자론』 해제))

인간의 7년 주기에는 내적 역동성이 있다. 초기 약 2년이 지나서야 7년 주기의 법칙이 실제로 작용하고 있다는 것이 감지된다. 그 후 3년 안에 우리는 7년 주기와 그 법칙의 한가운데 놓이게 된다. 7년 주기의 마지막 2년에는 그동안 무엇을 경험했는지 그리고 이미 느끼고 있는 미래의 다음 단계를 위해 무엇을 준비해야 하는지 검토하며 그 시기를 보낸다. 과거와 현재, 미래가 연이어 작용하는 것이다.

한편, 행성이 미치는 영향을 염두에 두고 7년 주기의 일년 일년을 검토해볼 수도 있다. 7년 동안 달과 수성, 금성, 태양, 화성, 목성, 토성의 순서대로 행성의 영향권을 통과한다. 태양의 해에는 그 7년 주기에 언제나 새로운 요소를 가져온다. 또 한편으로 베레딘 조슬린(Beredine Jocelyn)은 63세 이후의 시기에 천왕성, 해왕성, 명왕성의 기운에 영향을 받는다고 했다. 이 행성들의 기운 또한 느슨하고 미미하지만 인간에게 영향을 미친다.

인생의 세 단계를 다시 7년 주기 셋으로 나누어 바라볼 때, 각 단계의 주요한 고비는 무엇인가? 7세에는 취학을 하고, 14세에는 사춘기를 겪고, 21세에는 성인기가 도래한다. 우리의 신체는 유전적인 특성을 지니고 태어나 세 번의 큰 단계를 거치며 성숙한다. 중추신경계(뇌와 척수)가 첫 번째 7년 주기에, 그리고 호흡과 순환계는 두 번째 7년 주기에 성숙한다. 세 번째 7년 주기에는 팔다리(성장, 뼈와 근육 및 힘줄의 강화)와 신진대사계(모든 내분비계와 소화기계)가 충분히 활성화되고, 생식기도 성숙한다. 이미 앞에서 자세하게 설명했듯이 성숙의 과정이란 신체기관이 충분히 발달하여 영혼과 정신의 발달을 위한 도구로 사용될 수 있다는 것을 의미한다.

영혼은 신체를 악기처럼 연주할 수 있다. 말하자면 신체기관이 일단 성숙하고 나면 생각하기와 느끼기, 의지하기를 위해 사용된다.

인격은 본래 정신적인 것인데, 태어나면서부터 물리적 신체에 점점 더 깊이 깊이 스며든다. 이런 맥락에서 '자아(Ich)'가 세 번의 작은 단계를 거쳐 탄생한다고 할 수 있다. 첫 번째 7년 주기의 중간에 신경감각계가 완전히 발달해서 어린이가 스스로를 '나'라고 부르는 그때를 자아의식이 깨어나는 순간이라고 할 수 있다. 그 어린이는 처음으로 세계와 내가 하나가 아니라고 느낀다. 그 후 그 아이는 더 강하게 자신을 주장하는 힘든 시기를 겪는다. 두 번째 7년 주기 중, 아홉 살에서 열 살 즈음 리듬체계인 심장과 폐가 성숙한다. 이 시기에 아이들은 다소 내성적이 되기도 하고 꿈꾸는 듯한 상태에 머물기도 하지만, 부모나 교사에게 적대감을 보이기도 한다. 이것을 자아감정이라고 설명하기도 한다. 세 번째 7년 주기의 중간인 18세 반쯤 '자아'는 팔다리와 신진대사계에 더욱 깊이 스며들고, 젊은이들은 자신이 세상 안에서 역할을 해낼 수 있다는 것을 경험한다. 이것은 그들이 확고하게 지상에 발을 딛고 서게 되었다는 것을 의미한다. 직업을 고려하며, 자신의 재능에 대한 통찰을 얻게 되는 시기이기도 하다. 이 과정은 '지상의 사회적 관계 속에서 "자아"가 깨어나는' 과정이다. 교육자의 과제는 첫 번째 세 번의 7년 주기 동안 젊은이들이 신체적으로 건강하고 확고한 발판을 마련할 수 있도록 도와주는 것이다. 건강한 신체에 건강한 정신! 만일 그 교육이 성공적이었다면 그 젊은이에 대해 '잘 육화되었다' 혹은 '자신의 몸에 단단히 엮여있다'라고 할 수 있다. 젊은이들은 21세가 되어서야 완전히 육화된다. 이때가 되어서야 그들은 신체의 모든 각 부분을 자유자재로 사용할 수 있다. '자아'가 몸을 만드느라 몰두하는 데서 벗어나 자유로워진다. — 그 젊은이가 드디어 성인이 되는 것이다!

바야흐로 각각의 신체 기관계의 역동성이 영혼의 차원에 집중적으로 반영된다.

첫 번째 7년 주기에는 외부 세계를 온전히 받아들인다. 이때, 모든 영향은 외부에서 온다. 두 번째 7년 주기에는 심폐계의 역동성을 느낀다. 들이쉬고 내쉬고, 수축과 팽창이 끊임없이 일어난다. 안과 밖, 밖과 안 사이에서 생동감 있는 상호 변화과정이 일어난다. 세 번째 7년 주기에는 의지의 역동성이 안에서 밖으로 향한다. 우리는 내면에서부터 능동적이 되어 인간의 환경을 형성하는 데 기여한다. 이들 역동성은 인생의 중간 단계에서 반복해서 작용한다. 그 역동성은 물질의 전달과 변형뿐만 아니라 본질적으로 흡수, 동화, 교환으로 구성된다.

이 지점에서, 인생의 중간 단계를 뛰어넘어 정신발달의 세 7년 주기인 42세에서 63세까지의 시기에 일어나는 리듬과 반영을 먼저 살펴보자. 첫 번째 세 7년 주기의 반영을 여기서 보게 될 것이기 때문이다. 이제 인격이 신체에서 점차 분리되기 시작하는 단계이다. 이것을 '탈육화' 과정이라고 한다. 179쪽의 그림 8은 이것을 상승하는 곡선으로 보여준다. 탈육화 과정은 육화 과정처럼 머리에서 발로 진행되는 것이 아니라 발에서 머리로, 반대 순서로 일어난다. 42세에서 49세까지는 신진대사와 팔다리의 기운이 줄어들기 시작한다. 이것을 어떻게 관찰할 수 있을까? 근육이 약해지고 여성들은 이 단계의 끝 무렵 월경이 끊어진다. 이 과정이 너무 일찍 일어나거나 어린 시절 복부의 육화 과정이 제대로 이루어지지 않으면 이 신체의 변형이 거칠게 진행되기 시작한다. 다른 한편으로 장기의 기운은 위축되지만 오히려 새로운 창조성이 발현된다. 이 단계에서, 14~21세의 단계가 내장기관의 수준에서 거울에 비춰 보이듯이 반영된다. 리듬계인 폐와 심장의 기운은 49~56세 사이에 위축되기 시작한다. 이제 신체의 퇴화를 고려해서 새롭고 더 느린 생활 리듬을 찾아내야 한다. 어린 시절에 천식을 앓았다면 다시 나타날 수도 있고 심장병으로 고통받을 수도 있다. 이 단계는 7~14세 단계를 반영한다.

이런 기운이 물러남으로 영혼과 정신의 영역에서 어떤 새로운 능력을 발휘할 수 있을까? 도덕과 윤리에 대한 새로운 감성이 발달하고 인류의 요구에 민감해진다. 이러한 정신 속에서 영혼을 발달시킬 수 있다면 심폐기관에 이롭고 건강한 효과가 생긴다. 물론 더 젊은 나이에 그런 힘을 발달시킬 수 없다는 의미는 아니다. 다만 이 시기에 생리학적으로 그런 발달이 무르익을 뿐이다. 56세에서 63세에는 감각 신경계의 기운이 쇠퇴한다. 이미 언급했듯이 우리의 감각기관은 더 이상 날카롭지 않다. 인생의 이 단계는 신경감각계가 발달했던 첫 번째 7년 주기를 거울에 비추듯 반영한다. 너무 일찍 공부를 시작하여 지적인 일에 너무 많은 생명력이 사용되었다면, 예방적 수단을 강구하지 않을 경우 동맥경화증의 위험이 높아진다.

영혼은 이 시기에 어떤 인식기관을 얻을 수 있을까? 우주의 정신적 본성을 비추는 거울로서의 '자아'를 정신적 실재로 점차 인식할 수 있게 된다. 이 시기에 사람들은 대부분 내면을 향해 돌아선다.

유전적으로 혹은 교육이나 운명이 원인이 되어 일어날 수 있겠으나 어쨌든 첫 번째 세 번의 7년 주기 동안 육화의 기운이 신체 기관을 조화롭게 발달시키지 못했다면 탈육화 과정에서도 그 기운이 신체로부터 완전히 물러나는 데 어려움을 겪는다. 이는 마치 철조망을 넘을 때 옷이 철조망 가시에 걸리는 것과 같다. 이 시기에 기운이 조화롭게 풀려날 수 있도록 자주 의사의 도움을 받아야 한다. 때로 의학적인 처치가 필요할 때도 있다.

첫 번째 7년 주기에 '세상은 선하다', 두 번째 7년 주기에 '세상은 아름답다' 그리고 세 번째 7년 주기에 '세상은 진실하다'는 경험이 진·선·미의 강렬한 경험으로 돌아온다. 인생의 한가운데에 해당하는 세 번의 7년 주기(21~42세)로 다시 관심을 돌려보자. 이 시기는 영혼이 발달하는 시기이다. 이 시기에는 '자아'가 자유로워지며 21세까지 배우고 간직해온 것들을 변형시키기 시작한다.

자아는 첫 번째 세 번의 7년 주기로 다시 돌아가 그것들을 변형시킨다. 그래서 21세의 인간은 그 사람의 생애를 반영한 이미지 그 이상이 된다. 또한 14세에 시작된 감정의 충동을 더욱 잘 조절하고 정화시키고 제어한다. 감각혼의 단계인 21세에서 28세는 앞 단계에 의해 강하게 규정된다. 대부분의 젊은이는 16~18세에 직업훈련을 시작해서 24~26세에 마친다. 그 후 그들은 직장에 들어간다. 28세에서 35세는 인생의 중반기다. 이 시기의 중간, 정확히 31세 반에 신체에 가장 깊은 육화 과정이 이루어진다. 그리고 그 이후 점차 분리되기 시작한다. 다섯 번째 7년 주기는 가장 이기적인 시기이다. 그리고 사고와 감정이 처음으로 하나로 통합된다. ─ 루돌프 슈타이너는 이 시기를 '감성혼(mind soul)과 지성혼(intellctual soul)의 시기'라고 불렀다.

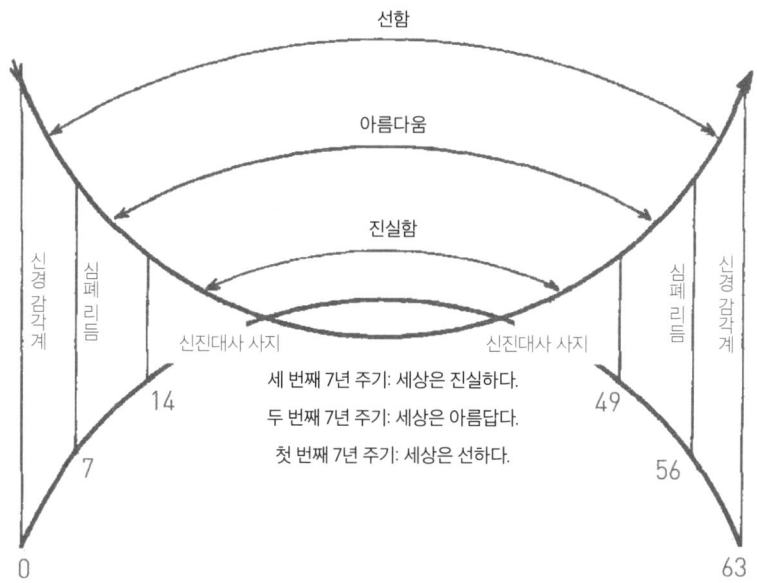

그림 8 정신과 육체의 거울 반영(mirroring)

우리는 이제 두 번째 7년 주기와 비슷한 역동성을 경험한다. 우리를 묶어두었던 시기에서 비롯된 규범과 관습에서 벗어나 '자아'가 자유롭게 발달할 수 있게 해야 한다. 그리고 자신의 습관도 바꾸도록 해야 한다.

대부분의 경우, 우리는 삶의 중간 단계에서 결혼한다. 21세에서 28세 사이에 어떤 의미로든 자신을 보완해줄 파트너를 찾는다. 두 개의 퓨즈를 연결하듯이 서로를 보완한다. 이렇게 짝을 찾는 것은 인생의 특정한 단계에서는 그럴 만하다고 여겨진다. 하지만 28세 이후에는 개인 자아를 유지하면서 하나의 전체를 이루어야 하고, 이런 유형의 결합을 기초로 해서 서로 사랑하고 존중하는 것을 배워야 한다. 그래서 초기에 요구와 기대로 가득 찼던 관계에서 상대에 대한 대가 없는 헌신으로 전환하여 점차 진정한 동반자 관계로 발전할 수 있다.

35세에서 42세까지는 의식혼(the consciousness soul) 단계이다. 이때, 신체에서 자유로워진 힘이 더 높은 의식에 도달할 수 있는 시기로 다가간다. 그러한 총체적인 발달은 첫 번째 7년 주기에서 건강한 육체를 발달시켰을 때만 가능하다. 성배(聖杯) 기사 파르지팔(Parzival)의 전설을 아는 사람은 그 이야기에 등장하는 개별 인물의 삶을 보고 거기에 자신의 영혼의 과정이 이미지 형태로 표현되어있는 것을 발견하고 놀랄 것이다.

파르지팔[25]은 어떤 시점부터 그가 전에 만났던 사람들을 다시 만나기 시작한다. 그는 다른 형태로 많은 것을 되풀이해야 했다. 그래서 과거에 일어난 많은 것을 만회하고 보상해야 했다. 21세에서 42세의 시기에 이와 같은 일이 일어난 후에야 마침내 충분히 성숙한다. 삶에서 계속 반복되는 사건들을 반드시 다루어야 하는 것은 아닐지도 모른다. 하지만 변형되거나 아니면 다른 차원, 즉 영혼 차원에서 또다시 반복되는 상황과 마주하게 될 것이다. 인간의 생애에서 또 한 번의 거울 이미지는 42세 즈음 일어난다. 그것은 202쪽에서 논할 것이다.

---

[25] 볼프람 폰 에셴바흐가 중세 독일어로 쓴 운문체 장편소설. 궁정문학에 속하며, 13세기 초에 지어진 것으로 보인다. 운율을 맞춘 시행 25,000쌍으로 이루어졌고, 현대판으로는 책 16권으로 나뉘었다.
　이중 소설 구조로 정교히 짜인 줄거리에는 중세 기사의 이중으로 된 모험의 운명이 펼쳐진다. 한 이야기에서는 이름이 작품 제목과 같은 주인공 파르지팔이 어리석고 물정에 어두웠던 사람에서 성배(聖杯)의 왕이 되기까지의 과정을 담고, 다른 이야기에서는 아서왕의 기사가 되려는 위험하고 엄격한 자격시험을 치르는 사람인 가반(Gawan)이 서술된다.
　소재가 매우 복잡하고 주제가 다양한 이 작품에서 다룬 주제는 물질의 원리에 기초한 가치와 정신에 관계되는 가치의 관계, 남성의 세계관과 여성의 세계관의 대립, 궁정 상류사회와 성배를 수호하는 사람들의 정신에 관계된 공동체의 모습, 다양하고 실존하는 욕망(물욕, 성욕, 종교에 딸린 구원, 천국을 향한 환상)과 관련된 원죄 등이다. 파르치팔은 성배 신화에서 구원의 역할을 하는 인물로 그려진다.

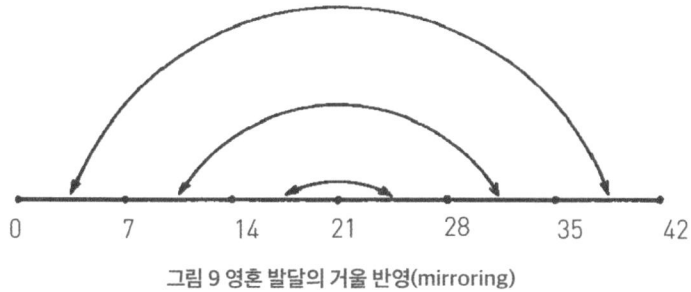

그림 9 영혼 발달의 거울 반영(mirroring)

거울 반영이 인생의 어디서 일어나는지 알아내려고 한다면 그것은 앞으로 올 새로운 거울 이미지(미래에 벌어질 일)를 미리 걱정하며 기다리는 위험을 무릅쓰는 것이다. 인생은 끊임없는 변형과 변화의 과정에 의해 정해지기 때문이다. 그래서 두 번째에는 어떤 요소들을 완전히 다른 형태로 만나게 될지도 모른다.

거울 이미지나 7년 주기 리듬과는 별도로 그 외에 다른 리듬이 인생에서 중요한 역할을 할 수도 있다. 이미 여러 번 언급한 중요한 리듬은 소위 달의 교점이다. 그것은 18년 7개월마다 반복된다. 달의 궤도와 태양의 궤도가 교차하는 지점이 18년 7개월 동안 황도12궁을 횡단한다. 바로 이 기간이 지나면 태양과 달의 궤도의 교차점이 한 사람이 태어났을 때 출발했던 지점으로 돌아온다.

인간의 생애와 자연은 달에게서 강하게 영향을 받는다. 달은 과거의 기운을 현재의 삶에 가져온다. 첫 번째 7년 주기에 특히 강하게 영향을 주지만 신체 발달이 충분히 이루어지는 19세까지 그 영향은 지속된다. 달의 교점들이 인간의 영혼에 어떤 작용을 하는가? 달의 교점마다 우리에게 달라붙어 있던 과거가 벗겨지고 '자아(Ich)'가 지닌 태양의 힘을 통해 다시 태어난다. 물론 인생에서 달의 교점이 일어나는 때를 점성학적으로 정확히 계산한다 해도 날짜를 특정할 수는 없다. 그러나 대략적인 시기는 적용해볼 수 있다. 그 시기 동안 우리는 이 세계에서의 과제를 통해 자연 속의 태양과 같은 정신적인 인격을 더 크게 느낀다. 이것을 꿈속에서 경험하기도 하고, 내면에서뿐만 아니라 외면에서의 변화로 경험한다. 이 시기는 사람들이 완전히 새로운 목표를 세우는 시기이기도 하다.

첫 번째 달의 교점기인 18세 반에 도달할 때, 자신만의 개성이 더욱 드러난다. 독립적으로 생각하기 시작하고, 어떤 전문성을 추구하고 싶은지, 어떤 직업을 선택해야 하는지 자주 생각하기 시작한다.

두 번째 달의 교점은 37세 즈음 일어나는데, 이때 사람들은 자기 일에 대해 새삼스럽게 돌아보며 스스로에게 묻는다. '어떻게 미래로 나아갈 것인가?'

첫 번째 달의 교점기와 마찬가지로 이때 다시 한 번 과거의 잔재가 벗겨진다. 달의 교점기에 천국의 문이 한 번 더 열려서, 태어나면서부터 지니고 온 삶의 목적을 다시금 깨닫는다고 할 수 있다. 그때까지 우리 삶의 모든 것이 준비해온 것이라면 이제는 자신의 소명이 무엇인지 강하게 느끼고 그것을 통해 자기 삶의 목적을 실현하려는 원숙함을 갖게 된다. 그렇기 때문에 이 시점에서 지상에서 자신의 진정한 과제가 무엇인지 깨닫고 직업을 바꾸는 일이 종종 있다.

세 번째 교점은 55세 반쯤 지나가는데, 다음과 같은 질문에 직면한다.

'어떻게 개별적인 자아로서 세상에 흔적(족적)을 만들 것인가?'

'인간애와 관련된 어떤 새로운 과업을 시작하고 싶은가?'

'체력이 예전만큼 쉽게 기운을 회복할 정도로 강하지 못하다면 어떤 힘이 남아있는가?'

대부분의 라이프스토리 작업에서 사람들이 18세 반이었을 때를 기억해내는 것은 확실히 어렵다. 하지만 외적인 변화가 이 나이에 종종 일어난다. 대학에 입학하고, 여행을 떠나는 등. 이러한 외적인 변화는 한 사람의 인생에 상당한 영향을 끼친다. 두 번째 달의 교점인 37세는 모든 사람에게 뚜렷하다. 특히 내면적 가치 면에서 눈에 띄는 변화를 경험한다. 세 번째 달의 교점인 56세는 7년 주기 사이의 전환과 동시에 일어난다. 여기서 우리는 다음과 같은 질문을 한다. '나는 무엇을 성취했나?', '새로운 과제와 새로운 기회로 무엇이 올 것인가?'

덧붙여 말하자면 달의 교점기의 절반인 약 9년도 어떤 리듬을 형성한다는 것을 몇몇 라이프스토리에서 관찰할 수 있다.

인생에서 또 다른 중요한 리듬은 토성의 리듬이다. 토성의 리듬은 29년 반마다 반복된다. 29년 6개월이라는 시간은 태어났을 때의 별자리로 돌아오는 때이다. 토성은 달의 반대 극점에 있고 우리의 '자아'를 형성하는 정신과 연결되어 있다. 토성은 인생에서 정신의 안내자이다. 나는 56세보다는 59세와 60세 사이에 아주 커다란 변화를 경험했다. 이처럼 사람마다 조금씩 다를 수 있다. 우리는 토성의 리듬에서 세 번의 커다란 단계에 대해서도 말할 수 있다. 대략 30세까지는 준비기이고, 30세에서 60세까지는 인생의 반복되는 주제(leitmotif)나 의도를 깨닫는다. 60세부터는 인생을 돌아보고 미래를 준비한다.

목성의 리듬처럼 사람의 인생에서 발견할 수 있는 다른 리듬들도 존재한다. 목성은 12년마다 탄생 별자리로 돌아온다. 그래서 12, 24, 36 등으로 많은 사람에게 반복되는 리듬이 있다. 어떤 사람에게는 목성의 12년 주기의 반인 6년의 리듬 또한 중요하다. 목성은 우리 생에 지혜와 조화, 질서를 가져온다. 예수는 12세에 예루살렘의 성전에서 사라졌다 나타났다. 그리고 그의 부모가 그를 찾아낸 곳에서 위대한 변화가 그에게 일어났다.[26] 그것은 새로운 '자아'의 영향이 뚜렷해졌다는 의미이다.

12세의 많은 어린이에게서 그들이 종사하고 싶은 직업의 종류가 뚜렷해진다. 정말, 어떤 아이들은 그 나이에 일을 시작해야 하기도 한다. 직업훈련은 24세에 대체로 결론이 난다. 36세에는 자신의 운명을 깨닫고 지상에서의 과업을 완수할 수 있는 위치에 서게 된다. 토성과 목성의 리듬은 60세에 동시에 일어난다. 그래서 60은 매우 특별한 나이다!

33년 주기는 완전히 새로운 리듬이다. 그것은 죽음과 부활의 기운, 그리고 그리스도가 십자가에 못 박혀 돌아가시고 부활하신 사건과 연결되어 있다. 앞에서도 이에 대해 언급했듯이, 골고다 언덕의 신비 이후 지상에 파고든 그리스도의 힘이 우리의 자아(Ich)에 강하게 작용하고 있다. 우리의 자아는 그리스도와 같은 정신적 본성을 지니고 있다. 인생에서 3세, 9세, 19세, 그리고 30~33세는 이러한 그리스도의 힘과 특히 관

---

[26] 루카복음 2장 41-51절 참조. 사흘을 애타게 찾다가 성전에서 예수를 찾은 마리아에게 예수가 "왜 저를 찾으셨습니까? 저는 제 아버지 집에 있어야 하는 줄 모르셨습니까?"라고 하였다. 이것은 자신이 속한 공동체, 부모와의 일체감에서 벗어나 자신의 본래 정체성을 발견하는 사건으로 해석할 수 있다.

련이 있다. 33세 이후부터는 부활의 힘이 우리 안에서 활성화된다. 그것은 새로운 내면의 힘으로 자신의 삶을 이해할 수 있다는 것을 의미한다. 흔히 역사적 사건들이 33년의 리듬을 보여준다. 그러한 역사적 사건들은 인간의 진화에서 결정적이었다.

더구나 개인의 삶에서 의식의 발달은 인류의 역사(lifestory)를 반복한다. 개인의 발달과 인류의 역사적 발달에서의 이정표를 비교해 보면, 인류의 역사는 현재 35~42세의 단계, 즉 의식혼이 발달하는 단계에 있다. 의식혼을 발달시키려면 자기 자신에 대해 작업해야 한다. 그런 작업을 하지 않으면 28세까지의 감각혼 단계에 머물 뿐이다. 영혼의 발달에서 21~28세의 단계를 결코 넘어서지 못하는 사람들을 흔히 볼 수 있다. 그들은 자신의 환경과 다른 사람들의 의견에 완전히 의존한 채 정서적으로 불안정한 상태에 머물러 있다. 삶의 후반부인 42세부터는 외로운 사람이 될지도 모른다. ― 전체적으로 인류의 발달은 아직 그 단계에 이르지 못했다 ― 우리가 이 시기에 발달할 수 있는 수준은 인류의 발달보다 훨씬 앞서있다. 그래서 이 시기에 그렇게도 자주 외로움을 경험한다. 그러나 중요한 것은 인류의 미래 발전을 위한 씨앗이 한 사람의 개인적인 발전 속에 놓여있다는 점이다.

2부

라이프스토리 작업하기

방법론

　인생의 발달과정에 대한 통찰을 얻었다면 자신의 라이프스토리 작업을 할 준비가 된 것이다. 라이프스토리 작업을 하는 방법은 개인의 기질에 따라 다양하다. 자신의 삶에서 일어난 사건들을 순서대로 이야기하듯이 쓸 수도 있다. 7년 주기별로 한 장씩 쓰거나, 가능하다면 가장 중요한 사건부터 날짜를 기록하여 더 체계적으로 진행할 수도 있다. 종이를 길쭉하게 반으로 접어 한쪽에는 외부의 사건을, 다른 한쪽에는 감정을 적는다. 무엇이 외부의 사건인가? 남동생이나 여동생의 탄생, 할머니의 죽음, 이사나 이민, 처음으로 학교에 간 일, 첫 번째 기억 등이 그 예다. 종이의 오른쪽에는 그에 따른 감정을 적는다. 어머니, 아버지와의 관계는 어떠했나? 혹은 여동생이 태어났을 때 나는 무엇을 느꼈나? 등등. 7년 주기마다 이렇게 한다.

　또는 큰 종이를 가로세로 3등분으로 접어 9부분으로 나누어 사건을 적는다. 그리고 다음과 같이 진행한다.

　1세부터 21세까지의 사건들을 왼쪽 세 공간에 위에서 아래로 쓴다. 21세에 이르렀을 때 가운데 공간에서 다시 위로 올라가면서 아래에서 위로 쓴다. 이렇게 하면 거울 이미지를 얻을 수 있다. —이것을 영혼의 거울 이미지라고 한다.— 첫 번째 7년 주기는 여섯 번째와 마주 보고, 두 번째 7년 주기는 다섯 번째, 세 번째 7년 주기는 네 번째와 마주 보게 된다. 이런 방법으로 무엇을 발견하게 될까? 33세 즈음 겪은, 설명할 수 없는 심한 우울감은 9세 때 할머니나 어머니의 상실과 연결되어 있다는 것을 발견한다. 혹은, 예를 들어 그림 그리기에 아주 재능이 있었지만 14세에 그림을 그만두었다가 28세에 갑자기 다시 하고 싶다는 충동을 느낀다.

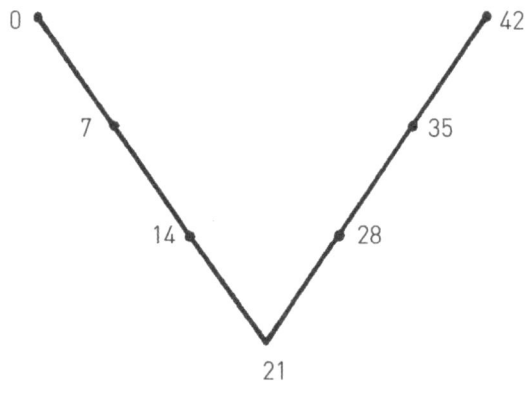

그림 10 영혼의 거울 이미지

만약 42세가 넘었다면 42~63세에 해당하는 오른쪽의 세 번째 세로줄을 이용하는데, 아래 칸에서 위 칸으로 써 올라간다.(그림 11)

인생에서 사건을 기록하는 것은 그 자체로 치유행위다. 그것은 생각을 정리하는 데 도움을 준다. 몇 년 전에 쓴 일기를 우연히 보면 '내가 이랬던가' 하며 종종 놀랄 것이다. 거리를 두고 사건을 볼 때에야 비로소 보이는 것들이 많다. 그래서 모든 사람에게 자신의 라이프스토리를 써보라고 충고한다. 일기 형식이든, 시간 순서대로 종이에 쓰든 여러 가지 방식이 가능하다. 인생에서 중요한 사건들은 쉽게 이 틀에 넣을 수 있다.

인생의 외부 사건들을 늘어놓고 그 옆에 감정을 적어 보면 0~21세와 42~63세 시기가 거울처럼 반영되어 있다는 것을 볼 수 있다. 때로 이상하게 낯선 사건들을 경험할 수도 있다. 예를 들어 나는 47세에 수영장을 짓고 싶다는 강한 충동이 일었는데, 그것은 어디서 온 것일까? 정말 설명할 수 없었다. 그러나 16세 무렵까지 돌아봤을 때, 당시 열심히 수영을 했고 훈련도 많이 받은 기억이 떠올랐다. 또 다른 예가 있다. 54세에 천식이 재발했는데 9세 이후 한 번도 걸려본 적이 없었다는 것을 불현듯 깨달은 것이다.

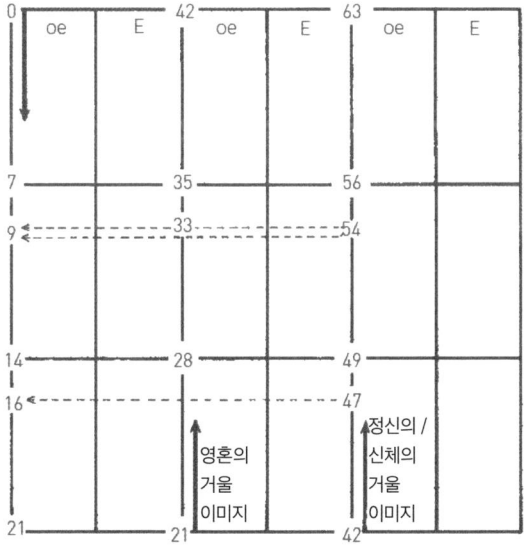

그림 11. 라이프스토리 시트. oe: 외부의 사건 E: 감정

감정적인 차원에서 작업할 수도 있다. 각각의 7년 주기를 각기 다른 색깔로 칠한다. 아주 행복했던 때는 노란색으로, 심각하게 침울한 상태는 어두운 푸른색으로 표현하는 등. 그렇게 하면 어떤 색깔이 거울 이미지로 대응하는지가 보인다. 여기서 각자 창의력을 발휘할 수도 있고, 진행 방법을 스스로 정할 수도 있다. 이런 라이프스토리 시트를 통해 사건들이 다른 형태로 반복되고 있다는 것을 발견할 것이다. 예를 들어 한 남성은 9년마다 직업을 바꿨다는 것을 라이프스토리 작업을 통해 알게 되었다. 그는 지금 세 번째 9년 주기에 있고, 일터에서 점점 더 어려워지고 있다는 것을 알아차렸다.

그러나 그는 이미 두 번 직업을 바꾸었기에 스스로에게 말했다.

'내가 9년마다 직업을 바꾸는 경향이 있네. 하지만 이제는 이전 상황을 반복하고 싶지 않아.'

그래서 그는 직장에서 일어나는 어려운 문제들이 걸림돌이 되지 않도록 노력했다. 그는 얼마 후 자신의 노력이 성공하고 있음을 알았다.

또 다른 예를 들어보자. 나는 재혼했는데 이전의 결혼생활에서 겪었던 같은 문제가 지금의 결혼생활에서도 반복되고 있다는 것을 깨달았다. 그래서 그런 문제들을 의식적으로 알아차림으로써 해결하려고 한다. 이번에는 이혼을 피할 수 있을 것이다. 내면에서 일어나는 문제들을 내 안에서 해결하여 걸림돌이 되지 않도록 노력하기 때문이다.

한 젊은 여성은 계속 사랑에 빠지고 남자들은 그녀를 거부하지 못한다. 그것은 그 여성 때문인가? 그녀와 사랑에 빠지는 남성들 때문인가? 그녀는 스스로에게 질문해야 한다.

'상황을 변화시키기를 원하는가? 아니면 이것을 계속 반복하고 싶

은가?'

　나는 아버지가 나와 형제자매들을 대하던 것과 똑같은 방식으로 자녀들을 대하고 있다는 것을 불현듯 깨달았다. 그러나 아버지가 나에게 가한 고통과 해악을 지금도 강렬하게 느끼고 있다. 아버지를 계속 롤모델로 삼을 것인가? 아니면 아이들과 함께 살아가는 방법과 관계를 새롭게 만들어갈 것인가? 라이프스토리 작업에서 과거를 돌아보던 한 남성은 자기가 이른 나이에 일을 시작했고 많은 책임을 져야 했기에 자신에게 어린 시절이 없었다는 것을 깨달았다. 그는 결혼도 아주 일찍 했다. 이제 갓 40이 넘었을 뿐인데 큰아들이 벌써 10대 청소년이다. 그 아들은 여자 친구가 많고 자기 오토바이도 있다. 즐기면서 행복하게 산다. 그러나 그 아버지는 잃어버린 청춘 시절의 기억이 떠올라서 아들에게 질투심을 느꼈다. 그도 아들처럼 자유롭고 싶고, 많은 여자 친구를 태우고 드라이브를 하고 싶었다. 집을 떠나 자유를 느끼며 청춘을 다시 경험하고 싶었다. 이런 감정을 어떻게 현실적으로 다룰 수 있을까? 아무 제약 없이 우리 자신을 흘러가는 대로 내버려 두어야 할까? 질투심을 바꿔서 그 아들과 그의 세대를 더 잘 이해하도록 노력해야 할까?

　아버지가 10대에 누리지 못한 경험을 아들이 하는 것을 기쁘게 바라보는 것이 낫지 않을까? 많은 사람은 인생에서 놓쳐버린 것을 아쉬워한다. 그러나 기본적으로 어떤 것도 놓치거나 잃지 않았다. 공부하거나 일하는 동안 놓쳐버렸다고 생각하는 것들 대신 공부하거나 일을 한 것이기 때문이다. 우리는 미국이나 유럽 두 장소에 동시에 있을 수 없다. 유럽에 살았다고 나중에 미국을 '놓쳤다'고 느낄 필요는 없다. 미국에서는 배우지 못했을 많은 것을 유럽에서 배웠기 때문이다.

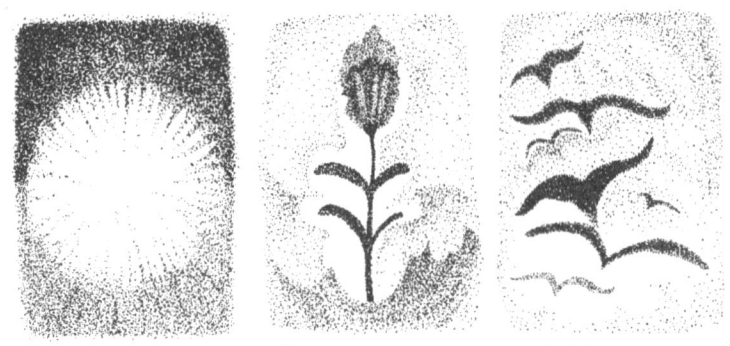

| a 첫 번째 7년 주기 | b 두 번째 7년 주기 | c 세 번째 7년 주기 |

그림 12. 첫 번째 세 번의 7년 주기에 대한 즉흥적이고 상징적인 이미지들

인생에서 주어진 기회에 관심을 기울이고 적절히 그것을 활용했는지, 그 결과물에 만족하는지 묻는 태도를 길러야 한다. 많은 사람은 자신이 처한 상황을 생각할 때, 자신이 잘못된 곳에 와있다고 느끼며 끊임없이 스스로를 불행하게 여긴다. '다른 곳에 있었다면 어땠을까?' 하고 꿈꾸곤 한다. 이것은 불만족스러운 감정을 일으킨다. 그런 사람들은 뭔가를 따라잡아야 한다고 생각한다. 우리가 정말 따라잡아야 하는 것이 있긴 하다. ―그것은 바로 문제를 다루는 방식이다. 42세의 남자가 18세 된 아들처럼 행동하는 것이 적절할까? 그가 잃어버렸다고 생각하는 것을 그 나이에 적절하게 보완할 수 있는 다른 방법이 있을까? 변형된 다른 방법으로 보충할 수 있을까?

인생을 넓은 시각에서 보면 사건들이 우리 앞에 펼쳐져 있음을 알고 한 걸음 더 나아갈 수 있다. 예를 들어, 라이프스토리 과정에서 일단 기억나는 것을 기록하고 나서 그것을 예술적인 형태로 표현해볼 수 있다. 그림을 그리거나 모델링을 해볼 수도 있겠다. 시간이 있고 적성에 맞

그림 13a   그림 13b

그림 13c   그림 13d

다면 다음과 같은 방법을 시도해 볼 수도 있을 것이다.

라이프스토리 작업에서는 7년 주기마다 그림을 그린다. 자신의 어떤 7년 주기에 대해 충분히 이해했다면 이것을 상징과 색깔로 종이에 표현해 볼 수 있을 것이다. 혹은 그 7년 주기의 내면적 경험이나 감각을 되살려 모양이나 색깔로 표현해 본다. 그림 12a-c는 어느 참가자가 그린 작품이다. 이 참가자는 인생에서 첫 번째 세 7년 주기를 각기 다른 상징적인 형태로 그렸다.

그 작품들은 원래 수채화로 그린 것인데 이 책에서는 스케치로 바꾸었다. 그림 13a-d와 그림 14a-d는 자신의 경험을 구체적으로 표현했다. 중요한 것은 그림들이 얼마나 아름다운가가 아니라 그림을 그리는 동안

그림 14a

그림 14b

그림 14c

그림 14d

일어나는 내면의 감정을 관찰하는 것이라고 참가자들에게 설명한다.

그림 13을 보면 참가자가 사업가라는 것을 분명히 알 수 있다. 그는 어린 시절부터 기계에 매료되어 있었다. 그림 13-a에서 보듯이 그는 어린아이로서 말과 수레에 깊은 인상을 받았다. 그림 13-b에서 그는 8세에 스스로 우물펌프를 만들었다 — 그 덕분에 어머니가 마침내 부엌에서 물을 쓸 수 있게 되었다! 그림 13-c에서 그는 작은 농장을 소유했지만 이미 공장에 대해 생각하고 있었다. 그것은 아랫부분에 나타난다. 그림13-d에서 그는 공장 건설에 성공했고, 그의 계획이 완전히 실현되었다고 생각했다.

그림 14를 그린 젊은 여성은 도시(상파울루)에서 태어나서 결혼했고,

행복한 가정을 이루고 있는 것이 분명하다.

라이프스토리 강좌의 다음 단계에서 참가자들은 모둠을 짓는다. 자발적으로 함께 앉아서 자신의 라이프스토리를 이야기한다. 자신이 그린 그림이나 적어놓은 노트를 사용할 수도 있지만, 이야기할 때는 기억을 끄집어내려고 노력해야 한다. 한 모둠에 3명이나 4, 5명으로 구성할 수 있지만 7명을 넘지는 않는다. 참가자는 라이프스토리를 말하면서 자기 인생에서 핵심적인 요소들을 되살리는 것이 중요하다. 그러나 이야기하는 사람이 중요하다고 생각하는 것, 무엇보다도 나누고 싶은 것을 자발적으로 말할 수 있도록 각자의 선택으로 남겨둔다.

모둠작업 결과 다른 사람의 라이프스토리를 들으면서 자신의 숨겨진 기억과 감정이 되살아난다. 그들은 이를 통해 내적으로 깨어나게 된다. 자신의 라이프스토리에 대한 더 나은 통찰을 얻게 되는 것이다.

모둠 작업을 할 때, 서로에 대한 참가자들의 태도가 매우 중요하다. 모둠 안에서 호기심과 따뜻한 관심을 보이는 태도를 키워가도록 해야 한다. 이렇게 함으로써 인생의 주인으로서 자신의 문제점을 해결하려고 노력하는 개인을 경험할 수 있다.

질문은 다른 사람의 의식을 훨씬 명료하게 해준다. 그리고 함께하는 사람에게 귀 기울이고 관심 가져주는 법을 배워야 한다. 자기 이야기를 하는 사람이 무엇을 꺼내놓고 싶은지, 무엇을 말로 표현하고 싶은지를 인지하고 이해할 수 있도록 이끌어주어야 한다.

이것이 듣는 사람의 태도에 대해 이야기한 것이라면 또 다른 측면은 이야기하는 사람의 태도다. 자신의 이야기를 하는 사람은 가능하면 분명하게 표현하려고 해야 한다. 그리고 다른 사람에게 다가가서 그들이 이해할 수 있는 방식의 언어를 사용하도록 노력해야 한다. 또한 주변적인 얘기를 너무 자세히 하거나 돌려서 말하다가 결국 자신에 대해서보다는 아버지나 형제에 대해 이야기하는 것으로 끝나지 않는 것이 중요하다. 반대로 라이프스토리를 말할 때는 자신에게 집중해야 한다. 그런 모둠 작업에서는 참가자들이 편안하게 임할[1] 수 있도록 안락하고 따뜻한 분위기를 만들려고 서로 노력해야 한다.

비록 우리의 경험은 제한되어 있지만, 모둠에서 사람들이 열린 태도로 이야기한다면 참가자가 다른 사람을 신뢰할 수 있다고 느끼게 해줄 것이다. 참가자들이 마음을 열면 열수록 라이프스토리 작업에 더욱 깊이 들어가는 데 도움이 된다.

모든 참가자는 말할 때, 가능한 한 주어진 시간을 지켜야 한다. 모둠원들은 다른 사람의 이야기를 귀 기울여 들어주고, 미소 짓거나 몸짓으로 알아듣고 있음을 표현해주어야 한다. 그렇게 함으로써 그들은 자신의 라이프스토리를 이야기하는 사람의 거울이자 그릇이 되어줄 수 있다. 말하는 사람은 삶의 경험을 이야기함으로써 모둠을 풍성하게 한다. 앞서 말한 바와 같이 다른 모둠원들은 수용자 역할을 한다. 어떤 사람들이 그들의 라이프스토리를 모둠에서 이야기할 때 과거를 현재와 연결 짓는 게 필요하다. 모둠원들은 비판적인 표현이나 앞서 말한 라이프스토리에 대한 설명을 피해야 한다.

---

1) 원문의 'feel safe'를 이렇게 옮겼다. 이 글에서처럼 모임에서 참여자에게 '외부로부터 침해받지 않고 자신의 비밀이나 감정을 드러낼 때 공격받거나 비난받지 않고 받아들여지며 외부로 비밀이 새어나가지 않는다'는 믿음을 주는 것이 중요한데, 서클의 이런 원칙을 '안전'이라고 표현한다.

각 모둠이 따로따로 작업할 때도 있다. '아르테미시아'에서 관리하는 대부분의 모둠은 조정자와 함께 작업한다. 그 조정자의 유일한 역할은 시간을 체크하고 질문해서 모둠의 작업이 부드럽게 진행될 수 있게 돕는 것이다.

여기서 설명한 것처럼 참가자 그룹에서 진행되는 작업과 같은 작업이 한 사람을 대상으로 해서 환자와 치유자 사이에 이루어지는 대화의 형태로 진행될 수도 있다. 각자 자기 자신에 대해 작업할 수도 있다.

이런 세미나는 4일에서 7일 동안 계속된다. 이것은 우리에게 시간을 나눌 기회를 준다. 하루에 두 번의 7년 주기를 다루거나 인생에서 중요한 단계는 하나씩 다루기도 한다. 인생의 사건들을 써넣은 큰 종이를 가지고 작업하기도 하고 그리기 작업을 통해서, 또는 모둠에서의 대화와 연결하여 작업하기도 한다. 끝나기 하루 전까지는 현재에 이르러야 한다. 전에 그린 그림을 가지고 작업을 진행할 수도 있고, 참가자의 현재 상태를 표현하는 새로운 그림을 그리도록 과제를 줄 수도 있다. 앞서와 같이 그림으로 작업을 진행한다면 현재 상태를 특징짓는 특정 장면이나 상징을 선택한다.

과정 마지막 날, 참가자들은 그림 작업으로 미래를 표현해본다. 여기서 어디로 가고 싶은지, 미래에 내 인생은 어떤 모습으로 펼쳐질지에 대한 관점에서 그림 작업을 한다.

새로운 활동을 더 해보고 싶다면 자신을 표현할 수 있는 식물을 그려보는 것도 좋을 것이다. 그리고 모둠에서 돌아가며 그림을 감상하고 다른 사람들이 그 그림에 작은 '선물'을 덧붙여준다. 예를 들어 태양이나 비, 풀밭 위에 색깔이 고운 꽃, 식물에 물을 주는 정원사, 그를 둘러싼 사람들 등등.(그림15a-c) 그러나 대상이 되는 사람이 직접 그린 식물은 바꾸면 안 된다. 그 식물 주변의 '풍경'만 덧붙일 수 있다. 다른 사람을 비평하기는 아주 쉽다. 그를 변화시키려는 유혹에 빠지기 쉽지만, 그림에 배경을 그려줌으로써 그들의 가치를 강조해주고 그가 필요로 하는 것만을 주는 것은 사람들 간의 관계에서 매우 어려운 과제다. 그래서 이 활동은 특히 사회적 능력을 연습하기 위해 마련되었다. 모든 참가자는 해당자의 식물이 잘 자라도록 뭔가를 주고 싶다는 생각으로 시작한다. 그러고 나서 그 모둠은 그림에 대한 이야기를 나눈다. 먼저 해당자가 자신의 인생을 표현하기 위해 이 특정한 식물을 왜 선택했는지 말하고 나서 다른 사람들이 모두 돌아가며 자신이 무엇을 주고자 했는지, 그 까닭은 무엇인지 설명한다. 이 활동을 통해 모둠원들 사이에 재미있는 일이 벌어지고 서로 친해진다.

다른 사람을 위한 선물이 받아들여질 때도 있고 그렇지 않을 때도 있다. 다음날 우리의 목적과 미래에 대해 작업할 때 이 선물들을 통합시켜 미래에 실현하고 싶은 식물과 풍경을 다시 한 번 그려본다. 하지만 그림을 해석하거나 비평하는 것은 피해야 한다. 종종 그림을 그린 사람들 각자가 불현듯 새로이 깨닫는다. 다른 사람들로부터 받은 '선물' 덕분에 새로운 시각이 열리기 때문이다. 자기 식물에 뿌리를 그려주는 것을 잊었다거나 그림이 한쪽으로 치우쳐 있다는 것을 깨닫는다. 즉, 자신의 그림에 무엇을 더 잘, 혹은 다르게 할 수 있을지 스스로 알아차리게 된다.

과정이 끝나기 전날에는 '선물'의 날이 있다. 이날은 모둠원들이 협력하여 만든 결과물을 볼 수 있어서 분위기가 고조된다. 모둠활동의 몇몇 순간에 기독교적인 체험이 일어나기도 한다. "두세 사람이 나의 이름

그림 15a

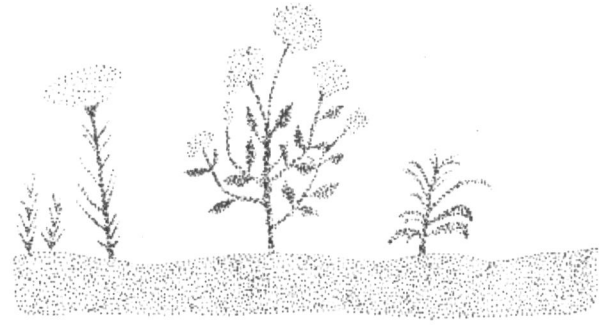

그림 15b

그림 15c

으로 모인 곳에 나도 그들 가운데 있느니라"(마태복음 18장 20절). 치유적 관점으로 볼 때, 감사하게도 이렇게 분위기를 풍성하게 하는 것들로 인해 대단히 활력이 넘친다.

다음 활동이 덧붙여질 수도 있다. 현재 상황을 다루기 전날 모든 참가자가 잠자기 전에 자기 모둠원들의 생생한 이미지를 떠올려보고 그들이 더 크게 깨어나도록 도울 수 있는 질문을 만들어본다. 네 명이 한 모둠인 경우에는 각자 세 가지 질문을 받게 될 것이다. 모둠에서 '그림 선물'과 더불어 그 질문들에 대해 이야기를 나눈다. 라이프스토리 치유자가 알맞은 질문을 하는 것이 이 작업에서 정말 중요하다.

자신의 삶을 빨리 통찰하고 싶다면 큰 종이 대신 아래 그림에 표시된 패턴 중 하나를 사용할 수 있다. 190쪽에 있는 영혼의 거울 이미지 윤곽선(그림 10)이 42세 이전의 사람들에게는 더 알맞다. 그것에서 다양한 거울 이미지의 전체상을 직관적으로 얻을 수 있다. 203쪽의 그림 16은 42세 이후의 사람들에게 알맞다. 하지만 35세 이상의 사람들에게도 사용할 수 있다. 그림 10의 윤곽선과 그림 16의 구조는 조금 다르다. 그림 16에서 한쪽 선은 육화의 과정, 다른 한쪽 선은 탈육화의 과정을 보여준다. 31세 반은 인생의 사건들의 중간 지점에 있다. 이때가 몸과 지상에 가장 깊숙이 속박되어 있는 때다. 이때 많은 만남과 사건이 일어난다는 것을 알게 될 것이다.

42세를 거울 이미지의 중심점으로 사용하는 패턴도 도움이 된다. 이 그림에서 보면 영혼이 점점 더 정신의 표면에 덮인 덮개(맨틀)가 되어간다는 것을 알 수 있다.

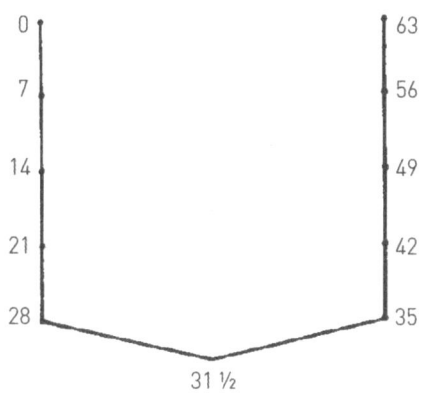

그림 16. 정신적·생리적 거울 이미지

이것은 21세부터 42세까지 발달했던 영혼의 구성요소인 감각혼, 지성혼, 의식혼이 변화되어 정신을 담는 그릇이 되어간다는 의미다. 다음과 같은 이미지를 떠올려보자. 우리의 정신은 보석과 같다. 이 보석은 42세에서 63세까지 우주적이고 정신적인 것들(우주정신)을 명료하게 반영할 수 있도록 다듬어진다. 그렇게 함으로써 영혼의 단계(감각혼, 지성혼, 의식혼)로부터 상상, 영감, 직관이 발달한다.

우리는 입문 과정에 참여했던 사람들을 위해 '아르테미시아'에서 다른 형태의 라이프스토리 작업을 개발했다. 같은 틀을 사용하지만 참가자의 사건이 아니라 그가 만난 사람들로부터 시작한다. 이런 종류의 작업을 통해 자신의 운명과 인격이 그가 만난 사람들에 의해 형성되었다는 통찰을 얻게 된다. 이를 위해 다음과 같은 질문들을 해볼 수 있다. "태어나서 지금까지 이런저런 사람들이 나의 운명에 어떤 영향을 끼쳤을까?"

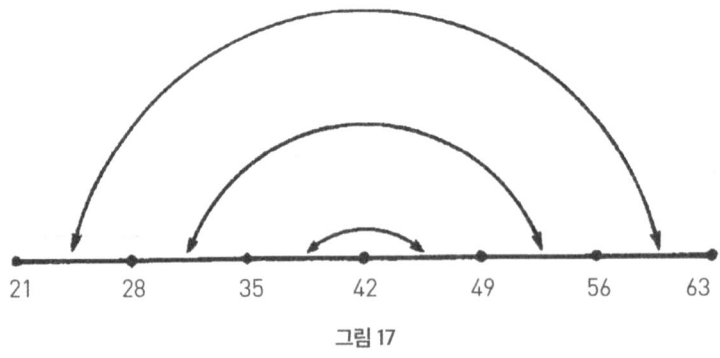

그림 17

    우리는 1918년 12월 12일에 있었던 '인간의 사회적 및 반사회적 충동'이라는 주제의 강연에서 루돌프 슈타이너가 제안한 활동과 조합하여 이 작업을 진행했다.
    지금까지 살면서 만난 사람들을 좋은 일이나 나쁜 일에 상관없이, 어떤 반감이나 공감에도 구애받지 않고 객관적으로 바라본다. 그런 다음, 예를 들어 그들을 삶의 풍경 속에 식물로 그려 넣을 수도 있다. 이어서 우주를 그리고 그 안에 현재의 순간에 어떤 식으로든 관계 맺고 있는 모든 사람을 그려 넣는다. 여기서 어떤 사람이 가깝고 또 어떤 사람이 더 멀리 있는지 나타낸다. 이 관계들이 육체적·정신적 혹은 정서적 친밀함을 포함하는지, 아니면 사무적인 관계인지 등등을 표현할 수 있다. 우리는 여기서 매우 창의적일 수 있으며, 인간관계에 대한 이 이미지를 살펴봄으로써 새로운 결정을 내리는 데 도움을 받을 수 있다. 관계는 이미 죽었는데 외적으로만 유지하고 있다는 것을 발견할 수도 있다. 미래에 새로운 관계를 시작하기를 원한다면 새로운 별들이 우리 삶에 들어올 수 있는 공간을 만들어야 한다. 그 또한 중요한 목적이다.

앞에서 나무 그리기 활동을 소개한 바 있다. 나무를 그린 다음, 어떤 가지가 시들어서 가지치기해야 하는지, 미래를 향해 자라나는 새순은 어떤 의미가 있는지 관찰한다.

예전 관계로 한 번 더 돌아가서 조화와 균형을 이루고자 하는 것은 한층 더 중요한 목적일 수도 있다. 그런 활동은 심각한 병을 앓는 사람들이나 자신의 운명에 뭔가가 고착되어 남아있다고 느끼는 사람들에게 특히 결실이 있었다. 이런 작업이 가능하다면 이 사람들 중 많은 이들이 인생의 마지막을 더 평화롭게 바라볼 수 있을 것이다.

라이프스토리 작업의 상급과정에서 다음과 같은 예술 활동을 할 수 있다.

다양한 지형을 통과해 흐르는 강의 모습으로 전체 인생을 커다란 종이에 그린다. 때로 그 물줄기는 땅속으로 사라졌다가 나중에 다시 나타날 수도 있다. 그리고 산과 계곡, 마른 사막 등을 통과하며 흐른다. 그러고 나서 길에서 만난 사람들을 덧붙일 수 있다. 우리가 만난 사람들의 특성에 따라 사람 모습이나 상징적인 이미지로 그려 넣을 수도 있다. 특징적인 식물 모양으로 그들을 나타낼 수도 있다. 이런 활동을 함으로써 통찰력을 얻고, 우리의 삶을 더욱 깊이 있게 바라보며, 인생의 사건들을 통해 더 위대한 목적을 이루어가는 데 도움을 받는다.

사람들은 라이프스토리를 동화(fairy tale)처럼 바꾸어 보는 과제도 좋아한다. 이런 작업은 때로 154~163쪽에 있는 동화 형식의 라이프스토리처럼 매우 멋진 결과물을 낳기도 한다. 이것은 라이프스토리 작업을 하는 치료자에게 또 하나의 도구가 될 수 있다. 한 사람의 라이프스토리를 전체적으로 바라보는 것은 자기 자신이나 다른 사람에 대한 고정관념을 벗어나게 하는 데 도움이 된다. 우리는 정신분석으로 몇 년을 보낸 환자들을 종종 다루기도 한다. 그들은 어떤 생각에 사로잡혀 그것에서 자유롭지 못하다. 그런 사람들에게는 자신의 라이프스토리를 전체적인 모습으로 개괄하는 것이 도움이 된다. 이런 식으로 그들은 자신의 인생을 파노라마식으로 보거나 거대한 형태로 경험한다. 각자 다음 질문에 대해 생각해 보는 것이 중요하다.

내 인생은 어떤 모습인가?
내 인생의 과제는 무엇인가?
내 인생을 관통하는 줄기는 무엇인가?
내 모습에서 무엇을 변화시키고 싶은가?

우리는 이 과정을 통해 인생의 모습, 라이프스토리의 역동성을 이해함으로써 자신의 운명을 더 잘 다루고 인생 전체를 미완성 교향곡으로 구성할 수 있을 것이다.

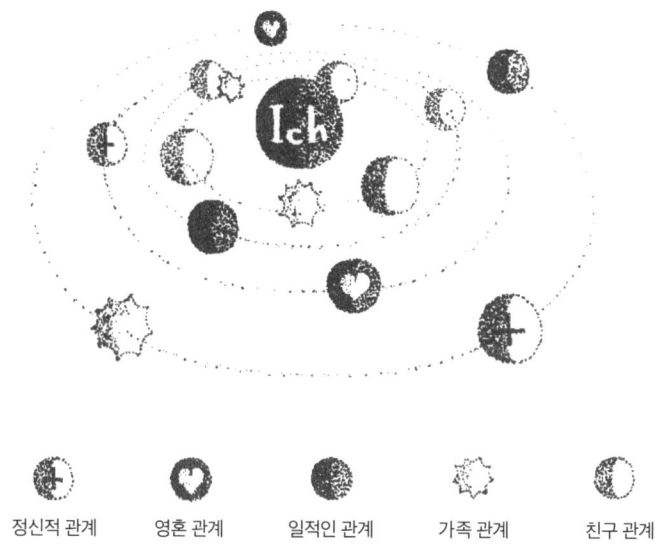

정신적 관계	영혼 관계	일적인 관계	가족 관계	친구 관계

그림 18

우주의 순례자

내가 넋을 잃었을 때, '영원한 안식'이라고 말하지 마오.
내 무덤에 순례자의 옷과 두 켤레 신발을 넣어주오.
사흘 동안 쉬고 나서 나는 내 길을 갈 것이오.
여기에는 빙하, 저기에는 타는 열기: 정신의 길은 좁다오.
산 공기가 좋아서 나는 곧 다시 좋아질 거요.
내 발걸음은 지구에서 벗어나 별에게로 날아간다오.
나는 단단히 굳은 지상의 외투를 입었소.
참회의 길, 은빛 선로를 따라 걷는 동안
달의 이슬이 그것을 곧 깨끗이 씻겨줄 거라오.
수성이 날개 달린 신발을 내 발길에 내어주고
금성이 우아하게 빛나며 순례자에게 젊음을 주어
피로가 풀리고 정신은 행복한 비행의 길로 접어든다네.
장미꽃 같은 부활의 불꽃처럼, 백합꽃 같은 아이의 순수함처럼
인간의 영혼은 태양의 문으로 들어간다네.
태양의 천사가 보내는 몸짓: 너의 창과 방패를 받아라!
화성의 너른 터가 우주전쟁으로 너를 부른다.
인간정신인 네가 우주정신을 일깨우고 싶다면,
목성의 빛이 너의 불꽃을 타오르게 하리라!
죽음과 삶의 통일체인 토성은 불멸의 저장고를 지키네.
침묵이 무르익어 탄생에 이르렀다: '태초에 말씀이 있었다.'
우주의 말씀이 별들에게서 심오하게 다시 울리니
죽음의 울타리로부터 정신을 자유롭게 하리라.
신의 빛으로 인간 정신이 빚어지고 사랑으로 이끌려
마침내 지상으로 돌아온다오.
그는 '영원한 평화'를 알지 못한 채 – 순례자의 옷과
장화 한 켤레로 운명의 길을 다시 걸을 준비를 한다오.

_루돌프 마이어 (Rudolf Meyer)

삶을 위한 동기: 목표 세우기

사람들은 저마다 다음과 같은 물음에 직면한다. 내 삶의 동기는? 내 임무와 사명은? 나는 어떤 능력이 있을까? 내가 싸워야 할 고난은 무엇일까? 왜 내 삶에서 특정 상황들이 반복해서 일어나는 걸까? 내 삶을 관통하는 줄기는 무엇일까?

우리가 두 세계, 즉 물질적 세계와 하늘나라, 곧 정신의 세계에 살고 있는 시민이라는 것을 인식하지 못한다면 이러한 질문들에 답할 수 있을 것 같지 않다. 한편으로 우리는 생물학적 몸을 지니고 있다. 이것은 본래 물질적이며 유전에 의해 결정된다. 다른 한편으로는 더 높은 '자아(Ich)'가 우리 안에 깃들어 있으며 이 자아(Ich)는 본성상 정신적이다. 유전적 특징이 오래전부터 이어온 조상들에 의해 결정되는 것처럼 — 많은 사람은 여전히 오늘날까지도 그들의 가계도 그리는 것을 좋아한다. — 자아(Ich) 또한 오래전부터 이어져 온 선조들이 있다. 자아(Ich)는 부분적으로 지상과 연결되어 있다.(이것을 '육화'라고 표현한다.) 그리고 부분적으로는 우주와 연결되어 있다. 우주에서의 시간을 겨울에 땅속에서 쉬면서 싹을 틔우고 자라나기 위해 봄을 기다리는 씨앗에 비유할 수 있다. 부분부분 땅 아래에서 흐르고 있어 눈에 보이지 않는 강에 비유할 수도 있다. 루돌프 슈타이너는 현대적인 의식에 알맞은 형식으로 재육화(윤회)에 대해 가르쳤다. 그의 책[2] 많은 곳에서 재육화에 대한 가르침을 발견할 수 있다.

인간 존재의 물질적인 흐름과 정신적인 흐름은 잉태와 탄생에서 통합된다. 그 사람은 우주에서 정신적인 배아 상태로 존재하면서 오랜 기간 물질적 존재를 위해 준비한다. 유전의 흐름은 신체 구성의 특징을 제공한다. 배아 상태인 정신은 여기 이 지상에서 정신적인 목적을 실현하기 위해 물질적인 도구인 신체를 만들어 줄 유전자를 찾는다. 예를 들어 음악의 형태로 지상에서 나의 천재성을 발휘하는 것이 목적이라면 여러 가지 것 중에서 나에게 훌륭한 청각을 제공해줄 몸을 선택해야 한다. 의사로서 일하기 원한다면 나에게 그런 기회를 제공할 가족을 찾아야 한다.

자아(Ich)는 탄생 이전부터 지상에서 실현하기를 원하는 목적을 가지고 온다. 그에 더해 그 목적을 실현할 수 있도록 우주적 존재로부터 어떤 소질을 가지고 온다. 이 소질들 중 어떤 것은 황도12궁에서 유래한다. 탄생별이 궁수자리인지, 게자리인지에 따라 삶의 형세가 상당히 달라질 것이다.("참고문헌" 29번 참조) 이와 달리 행성의 영향권에서 유래하는 소질들도 있다. 몇 가지 예를 들면, 화성의 성질은 기업가다운 능력을 준다.("참고문헌" 27~28번 참조) 토성의 성질은 문제의 본질에 다가가게 하며 연구를 좋아하는 성격을 준다. 어떤 소질들은 기질과 관련이 있다. 기질은 불, 물, 공기, 흙에서 비롯되었다.

개인의 소질은 황도12궁과 행성의 영역, 원소들(불, 물, 공기, 흙), 물리

---

2) 『영혼의 변성: 카르마와 재육화(윤회)의 징후와 카르마』 (*원문에 있는 주)

적 구성(유전)의 네 가지 영역이 영향을 미친 결과다. 말하자면 그것들은 악기의 네 현과 같다. 인간은 그 악기를 자유롭게 연주하여 생명의 음악을 다시 울릴 수 있다. 소질은 인간이 지상에서 살아가는 까닭을 실현할 수 있게 해주는 타고난 특성들이다.

우리는 소질을 가지고 태어나 외부 환경과 만난다. 자연환경, 나라, 언어, 집, 가족, 선생님들과 학교, 사회, 문화 그리고 시대. 이 모든 조건이 인격 발달에 이바지한다. 그러다 21세가 되면 자기만의 삶을 시작한다. 살아가는 데 필요한 능력을 잘 갖추고 배우자를 만나고 직업을 찾는다. 그리고 심리적으로 성장하는 데 도움을 줄 다른 사람들을 만난다.

30세가 넘어가면서, 삶의 목적이 점차 드러나게 된다. 그때까지는 실력을 기르는 데 특히 집중해야 한다. 제대로 실력을 쌓았는지, 그리고 자신의 인성을 잘 구현했는지는 우리가 맞닥뜨리는 크고 작은 외부의 장애들뿐만 아니라 내면의 힘과 인내에 달려있다.

지상에서의 삶을 통해 재능이 능력으로 점차 변화한다. 많은 것이 그렇게 만들어진다. 이러한 재능은 자아(Ich)가 전생으로부터 가지고 온 것들이다. 재능 외의 다른 능력들은 수고스럽게 작업해야만 얻을 수 있다.

앞에서도 언급했지만, 28세 즈음에는 능력이 내면에서부터 변형되어야 한다. 어떤 능력들은 남겨두고 다른 것들은 인류를 위해 결실하도록 변화시킨다. 그런 과정에서 과업을 수행하며 능력을 변화시킨다. 이제 우리는 '인간 되기'의 위대한 단계에 들어섰다. 우리가 맞닥뜨리는 모든 것, 특히 일과 관계에서의 어려움과 장애를 다루는 것에 관한 것들을 익히고 배워야 한다. 어느 날, 뭔가를 수고스럽게 배웠는데 — 새로운 외국어 단어라든지, 피아노곡이라든지 하는 것들 — 그다음 날, 전날 배운 것들이 변형된 능력으로 나타난다. 모든 것이 전날보다 훨씬 쉬워졌다. 모든 배움의 과정은 이 변형에 기초를 둔다. ― 연습은 새로운 능력을 만든다. 하지만 연습하는 모든 것이 성공하지는 않는다. 그래도 우리가 했던 노력은 사라지지 않고 저장되어 인생 후반기에 결실하거나 그렇지 않으면 다음 생애라도 그렇게 되리라는 것을 아는 것이 중요하다. 우리가 '인간성의 완성' 단계를 의식적으로 발달시켰다면 특히 노년에 더욱 풍요롭게 미래를 바라볼 수 있는데, 이것이 다음 생을 위한 새로운 능력, 새로운 동기, 새로운 기량을 만들어내기 때문이다. 낮들 사이에 밤이 있듯이, 잠자는 동안 하루와 그다음 날 사이에 많은 것이 변형을 일으키는 것처럼 우리가 연습하고 살고 경험하는 것들이 새로운 재능과 능력, 동기로 변형되는 우주적 밤이 있다.

낮의 생애에 대해 ― 이것은 의식(意識)을 동반하는 부분이다 ― 그리고 평범한 낮의 의식으로는 파악할 수 없는 밤의 생애에 대해서도 말할 수 있다. 다만, 생애의 연속성을 하나의 전체로서 경험할 때, 위대한 우주의 밤이 시작되는 죽음 이후를 넓은 관점에서 바라볼 수 있다.

익사 직전에 처하거나 다른 종류의 쇼크(땅에 묻히거나, 수술을 받거나, 혹은 비슷한 경험)를 겪은 사람들은 때로 그들 인생이 파노라마처럼 보이는 경험을 한다. 그들의 전 생애가 몇 초 동안 그들 앞에 펼쳐진다. 마찬가지로 죽음 이후에도 각자는 다시 한 번 자기 삶이 파노라마처럼 보이는 단계를 통과한다. 그러고 나서 그들은 욕계[3](欲界, 혹은 연옥purgatory)와 여러 다른 행성을 통과한다. 루돌프 슈타이너는 이것을 여러 작품에서 묘사했다.[4] 개인의 죽음 이후 단계는 다음에 육화될(윤회할) 사람의 삶에 직접 영향을 미친다. 이미 설명했듯이 7년 주기의 리듬은 자아가 죽음과 새로운 탄생 사이에 여러 행성을 통과한 결과다. 다양한 행성의 기운이 끼친 영향이 인생의 다른 단계들에서 감지된다. (172쪽 보기)

    살아있는 동안 삶이 걸어온 길을 좀 더 의식적으로 살펴볼수록, 죽은 후 삶의 결실과 잘못들을 더 의식적으로 이해할 수 있다. 그리고 다른 힘으로 미래에 작용할 수 있다. 지상에서 습득한 것이 사후에 변형될 수 있기 때문이다. 욕계에 머무는 동안 우리가 다른 사람에게 가했던 해를 바로잡으려는 충동이 인다. 이 때문에 새로운 삶에서 그 사람과 다시 만날 필요가 생긴다.[5]

    살아가는 동안 만나는 사람들이 우리에게 어떤 의미가 있을지 생각하면서 그들을 바라본다면 어떻게 관계를 발전시켜야 하는지가 더 분명해진다. 과거와 미래는 언제나 서로 악수한다. 한편으로 과거가 삶의 길을 결정짓는 것처럼 다른 한편으로는 미래가 우리 삶의 경로에 이정표를 만든다. 인생의 위기는 언제나 이런 관점으로 바라보아야 한다. 그 위기는 과거로부터 온 어떤 것인가? 혹은 미래에서 오는 불확실성을 표현하는가? 인생의 위기는 미래가 이미 무의식적으로 영향력을 행사하기 때문에 일어난다. 내가 만들고 일으켜야 할 변화를 느끼지만 여전히 이전 상황에 제약을 받고 있다.

    그래서 현재의 순간을 자세히 살펴볼 때, 과거와 미래가 작용하고 있다는 것을 알 수 있다. 우리는 과거와 미래가 현재에 작용하고 있다는

---

3) 욕계(카말로카): 영혼이 애욕(kama)에 지배되어 쾌락과 고통을 받는 죽은 후의 세계.
4) 『카르마적 관계: 신비 과학과 신지학 개론』을 보라.
5) 슈타이너, 『카르마적 관계: 카르마와 재육화의 징후 그리고 카르마』

것을 의식하지 못한다. 그러나 이점을 조금씩 의식하려고 노력할 수 있다. 그렇게 된다면 결국 더 의식적으로 미래의 목적을 발전시킬 수 있는 유리한 위치에 서게 된다.

루돌프 슈타이너의 다음 시는 이 주제에 대한 멋진 결론을 보여준다.

영혼의 소망이 샘솟고
의지의 행동이 왕성해지고
삶의 열매가 익어가네

나는 나의 운명을 알아보고,
나의 운명은 나를 찾아온다.
나는 나의 별을 알아보고,
나의 별은 나를 찾아온다.
나는 나의 삶의 목표를 알아보고,
나의 삶의 목표는 나를 찾고 있다.

나의 영혼과 거대한 세계는 하나다.

삶은 내 주위에서 더욱 빛을 발하고
삶은 나를 위해 더욱 분투하고
내 안에서 더욱 풍성해진다.

_〈시와 명상〉에서

개인의 목표를 세우기 위한 가이드

일단 과거에 전개된 삶에 대해 작업했다면 현재에 대해서도 분명해져야 목표에 대한 뚜렷한 상을 그려볼 수 있다. 예를 들어 10년 후 자신을 어디서 보게 될지 묻는 것은 괜찮은 작업이다. 우리는 종종 이런 작업을 통해 미래에 대해 생각하고 진정한 목표를 자세히 살펴보게 된다. 삶의 동기는 목표와 연결되어 있다. 삶에 아무런 목표가 없는 사람은 삶에 기쁨도 없다. 우울함에 젖어있거나, 삶이 공허해 보이거나, 너무 타성에 젖어있는 사람은 새로운 목적을 찾는 데서 도움을 받을 수 있다. 이 작업은 심각한 병이 있는 사람이나 죽어가는 사람에게도 큰 도움이 될 수 있다.

목표에는 중·단기 목표와 장기적인 목표가 있다. 삶의 다양한 영역에 목표가 있다. 그것들은 어떤 모습일까? 개인을 위한 몇 가지 예와 가이드라인을 제시하겠다.

1. 경제적인 영역:

- 봉급

  예: 나는 암 연구를 위해 봉급의 20%를 사용하겠다.

- 재산

　　어떤 것을 취득하려는가?

　　어떻게 재산을 나눌 것인가?(유언장)

2. 건강

- 동종요법(同種療法)을 시작한다. 스포츠를 하거나 식습관에서 뭔가를 바꾼다.

3. 일의 목표

- 앞으로 나의 이력을 어떻게 개발할 것인가?
- 나의 진정한 과업, 사명은 무엇인가?

　　예: 엔지니어 일을 계속하면서, 목수가 되고자 하는 젊은 학생들을 가르치고 싶다.

4. 관계:

- 가족 관계
- 업무상 관계

　　예: 갈등과 긴장을 피하기 위해 상사와 더 좋은 관계 맺기. 구체적으로 이것을 어떻게 해나갈 것인가?

- 친구 관계
- 배우자

5. 자기개발의 목표

- 정신적인 것:

　　예: 가르치기 위한 연습

　　　　기도하기, 명상 수행, 신앙 되찾기, 혹은 새로운 삶의 철학에 대해 배우기

- 심리적인 것

    예: 나의 참을성 없음이나 우쭐거림에 대해 작업하기

- 실제적인 것

    예: 요리 배우기 혹은 그림 배우기

6. **인류의 목표:**

예: 나는 우리나라 생태계에 뭔가 공헌하거나 에이즈 약을 발견하는 등, 인류 발전의 길에 공헌하고 싶다.

목표를 다음과 같이 명료하게 할 수도 있다.

- 생존의 목표
- 자기 실현의 목표
- 자기 개발의 목표
- 인류의 목표

다양한 차원의 목표들이 상호 연관되어 있는 것은 물론, 위에서 사용한 순서가 목표에 대해 작업하는 데 도움이 된다는 것은 말할 나위도 없다.

자기 인생에 대해 작업하기

삶의 단계마다 좋은 사건이든 나쁜 사건이든 맞닥뜨리게 된다. 하지만 나를 휘저어놓은 사건들에서 한 걸음 물러나서 다음 질문과 관점들을 잘 생각해 본다면 삶의 단계마다 관통하는 줄기를 찾는 데 도움이 될 것이다.

7세까지
- 첫 기억
- 첫 번째로 느낀 인상
- 내 집과 주변 환경, 그리고 그곳에 사는 사람들
- 아버지, 어머니, 형제자매들, 그리고 할머니 할아버지와의 관계, 그들의 직업
- 내가 했던 놀이

7~14세
- 학교, 선생님, 교육 방법
- 나에게 심어진 규범과 습관
- 내가 받은 종교교육은 어땠나?

- 나의 예술 활동(음악, 그림, 연극, 수공예, 공예, 조각 등)

- 스포츠나 소풍, 자연 체험의 기회

- 휴가나 휴일에 대한 기억

- 10세와 12세 즈음, 특별한 뭔가가 있었나?

- 사춘기로 도약하면서 어떤 변화가 있었나? 어떻게 이 변화를 경험했나?

14~21세

- 이 발달단계에서 나는 한 사람의 어른으로 성장했나? 하고자 했던 일을 실행하는 데 방해를 받았나?

- 물리적으로, 심리적으로 사적인 공간이 있었나?

- 나의 이상은 무엇이었나? 누가 나의 영웅이었나?

- 이 시기에 어떤 사람들이 나에게 긍정적으로나 부정적으로 강한 영향력을 행사했나?

- 어떻게 직업을 선택했나? 18세 반이 나에게 특별한 시기였나?

- 더 많은 교육을 받을 기회가 있었나?

21~28세

- 알맞은 직업을 선택했나?

- 다양한 직장을 알 기회가 있었나?

- 여러 가지 직업을 경험했나?

- 좋은 상사가 있었나?

- 어떤 역할을 부여받았나? 특별히 어려운 점이 있었나?

- 어떤 이상이 있었나?

- 인생에서 (나에게 필요 없다고 여겨진) 어떤 재능을 사장(死藏)해 버렸나?

- 어떻게 배우자를 선택했나?

- 세상과 적절한 관계를 맺었나? 내가 속한 조직 그리고 나 자신과 적절한 관계를 맺었나?

28~35세

- 이 시기 동안 내 인격이 성숙해갈 수 있었나?
- 억눌림을 당했나? 다른 사람을 억눌렀나?
- 천직을 찾았나?
- 삶에 대한 자각과 자신에 대한 감정은 어땠나? 인생에서 성취감을 어떻게 찾아냈나?
- 30~33세 사이에 어떤 중요한 만남이 있었나?
- 이 시기에 인생에서 뭔가 새로운 일이 일어났나?

35~42세

- 인생에 새로운 가치를 더하였나?
- 이 가치들을 통해 인생을 변화시킬 수 있었나?
- 37세 즈음 중요한 변화를 느꼈나?
- 임무를 완수하고 있나?
- 인생에서 꼭 필요한 화두를 발견했거나 알고 있나?
- 자신을 어떻게 보는가? 다른 사람들은 나를 어떻게 보는가? 이 시기 동안 어떤 환상이 사라졌나?

42~49세

- 새로운 창조성을 어떤 방향에서 개발하고 있나?
- 새로운 취미는?
- 지금까지 묻혀 있었지만 다시 끌어낼 수 있는 기술이나 능력은 무엇일까?

- 나의 일에서 후계자를 확실히 해두었나?
- 내 인생의 성과를 넘겨줄 수 있나?

49~56세

- 인생에서 새로운 리듬을 찾았나?
- 하루 생활, 한 주, 한 달, 일 년의 리듬은 어떤가?
- 내 나무에서 새로운 가지를 움트게 하고자 쳐내야 할 죽은 가지는 무엇인가?

56~63세

- 전체적으로 내 라이프스토리는 어떻게 보이는가? 내 인생을 관통하는 줄기는 무엇인가?
- 나는 무엇을 실현할 수 있나? 지금도 이루고 싶은 과제가 있다면 그건 무엇일까?
- 내 질병을 어떻게 다루고 있나?
- 내 몸을 돌보기 위해, 특히 감각과 기억에 관해서는 무엇을 할 수 있나?
- 해소되지 않은 관계가 있나? 아직 화해할 수 있는 뭔가가 있나?
- 내 재산과 관련된 사정은 어떤가?

63세부터~

- 여전히 앞으로 무엇을 배우고 싶은가?
- 의식의 어떤 새로운 차원이 나에게 열려있나?
- 품위와 감사, 쾌활함을 느끼나?
- 어린 시절과 젊은 시절에 가졌던 힘을 간직할 수 있었나? 만약 그렇다면 어떻게 가능했나?

작가의 라이프스토리

라이프스토리 작업과 인간의 삶에 내재된 법칙 살펴보기를 끝맺으며 나 자신의 이야기를 하고자 한다. 나를 믿고 자신의 라이프스토리를 제공해준 사람들과 애초에 이 책을 쓸 수 있도록 도와준 모든 사람에게 감사하는 마음과 작은 보답으로 나 자신의 라이프스토리를 썼다.

나의 부모님은 모두 독일 출생이다. 베를린 출신인 아버지는 1차 세계대전 후 물리치료 수련을 마치고 1920년에 브라질로 이주하셨다. 처음에는 상파울로에 있는 물리치료 기관에서 일하다가 상파울로 시 중심가에 자신의 기관을 설립하셨다. 어머니는 지금은 폴란드에 속한 지역 출신이다. 아버지는 어머니를 알지 못했지만 형수의 여동생이라는 이유만으로 결혼하기로 하고 그녀를 독일에서 브라질로 불러들이셨다. 하지만 두 분은 결혼한 지 1년 만에 이혼하셨다. 친할머니는 내가 태어나기 전에 유럽에서 브라질로 오셨다.

상파울루 외곽 호숫가에서 삶의 첫 8개월을 보냈다. 웅대한 자연이 펼쳐지고, 깨끗한 물과 맑은 공기가 있는 곳이었다. 어렸을 때 가족이 모두 발가벗고 호수에서 종종 멱을 감았다. 어머니는 9개월까지 내게 젖을 먹이셨다. 아버지는 도심에서 일했고 주말에만 오셨다. 부모님이 이혼하신 까닭은 모르지만, 어머니가 매우 고립감을 느끼셨을 것 같다. 그녀는 매우 시기심이 많았다고들 한다.

두 살 때부터 할머니와 아버지 손에서 자랐다. 할머니는 어머니 역할을 잘 해내셨다. 상파울루 시내에서 그리 멀지 않지만 자연과 황무지로 둘러싸인 곳으로 이사했다. 소들이 쓰레기를 먹으려고 우리 담장 쪽으로 오곤 했다. 커다란 도마뱀과 뱀이 이웃집에서 우리 땅으로 슬금슬금 기어들어 오기도 했다. 나는 자유롭게 정원을 돌아다녔다. 여름에는 거의 벌거벗고 지냈다. 아버지는 집 뒤에 커다란 모래웅덩이를 만들어주었는데 비가 오면 물이 가득 고였다. 그곳에서 물을 튀기며 순수한 기쁨을 맛보았다.

나는 예방접종도 받지 않았고 어떤 약도 먹지 않았다. 내가 아프면 아버지는 따뜻한 담요로 나를 감싸서 땀을 흘리게 했다.

어린 시절에는 독일말만 쓰며 자랐다.

네 살 반 때, 새어머니가 들어왔다. 지금도 그 결혼식을 기억한다. 당시 새어머니와 아버지는 태양숭배에 기초한 신조로아스터교(Mazdaznan) 추종자였다. 우리는 일요일마다 오두막으로 차를 타고 갔다. 그때 거기서 불리던, 태양신에게 바치는 아름다운 노래를 지금도 기억한다. 나는 외동이로 자랐지만 그 오두막에서 다른 아이들과 어울려 지냈다. 아버지는 늘 나를 자랑스러워하셨다. 훗날, 사람들은 할머니가 나를 버릇없게 키웠다고 한다. 나는 할머니와 한방에서 잤다. 할머니와 아버지는 어떤 점에서는 냉정했지만 다른 면에서는 애정을 듬뿍 주셨다. 예를 들어 아버지와 나는 일요일에 가끔 긴 산행을 갔다.

새어머니는 나의 양육에 크게 관여하지는 않으셨다. 그분은 독일계 아르헨티나인의 후손인데 대단히 개인주의적이었다. 세 번째 결혼인데 전에도 아이가 없었다. 그분은 자연과 식물을 사랑하셨다. 우리 집이 넓어졌을 때 새어머니는 난초와 선인장, 희귀식물을 기르기 시작하셨고, 커다란 도마뱀을 잡아서 돌보셨다. 얼룩고양이가 있었는데, 그 고양이는 정원 나무 밑에 종일 앉아서 잠만 잤다. 지금 와서 나의 첫 번째 7년 주기를 돌아보면 새어머니가 우리 집에 아름다움과 미적 감각을 가져왔음을 깨닫는다. 무엇보다 그분은 나에게 예의범절을 가르쳐주셨다.

그 무렵 집에서 특별한 사랑과 기쁨으로 크리스마스 휴가를 보낸 기억이 난다. 아버지는 정원에 작은 나무를 심으셨는데, 해마다 크리스마스 때면 나무 꼭대기로 올라가 크리스마스트리를 만들기 위해 가지를 자르셨다.

첫 번째 7년 주기에서 중요했던 것은 우리를 방문하러 온 새어머니의 여사촌이었다. 나는 그녀를 '엠마 아줌마'라고 불렀다. 그녀는 인지학자였고 나에게 아름다운 옛이야기를 들려주곤 했다. 나는 엠마 아줌마와 깊은 관계를 맺었고 이후에도 계속 이어졌다. 엠마 아줌마는 루돌프 슈타이너의 『형이상학적 세계 인식과 그 위업』을 포르투갈어로 번역하셨다. 인지학 작품을 포르투갈어로 번역한 첫 작품이다. 또한 엠마 아줌마가 나에게 피아노를 가르쳐주고 싶다고 하셔서 우리는 새 피아노를 들여놓았다.

나는 여섯 살에 입학했다. 그때까지 포르투갈어를 쓰지 않았기에 브라질에 있는 독일 학교에 다닐 예정이었다. 아버지와 학교를 처음으로 방문했는데 운동장에 나무가 한 그루도 없었다. 나는 아버지에게 이

학교에 다니고 싶지 않다고 딱 잘라 말했다. 아버지는 내 바람을 존중해주셨다. 그래서 나는 집에서 걸어 다닐 만큼 가까운 거리에 있는 가톨릭 수녀원 학교에 다니게 되었다. 하지만 처음엔 포르투갈어를 배워야 했다. 나는 수녀원 학교에서 어려운 문제들에 맞닥뜨렸다. 그것은 내가 기독교인이 아니라는 점이었다. 아버지는 내가 나중에 스스로 종교를 선택하기를 바라셨다. 수녀님들은 그 점을 달가워하지 않았다. 그래서 학교 다니는 동안 나를 개종시키려고 애썼지만 허사였다. 나는 나름의 종교를 개발해서 성인들의 사진을 모으고 돌과 양초, 식물들로 꾸민 제단을 집에다 만들었다.

더 심각한 문제는 내가 채식주의자이기 때문에 생겨났다. 학교가 아침 8시부터 오후 5시까지 했기 때문에 늘 집에서 도시락을 챙겨 와야 했다. 급우들이 내 도시락에 몹시 관심이 많아서 자주 그들과 나눠 먹어야 했다.

6세에서 14세 사이에는 새로운 도전에 직면하게 되었다. 2년에 한 번씩 엄마를 만나러 가야 하는 것이었다. 엄마는 처음에는 녹일로 놀아 가셨다가 리우데자네이루로 다시 이사하셨다. 엄마는 내가 채식주의자인 것이 못마땅해서 고기를 먹도록 강요하셨다. 하지만 그런 음식을 먹을 수 없었고, 엄마는 결국 포기하고 말았다. 엄마는 나에게 목욕하지 말고 샤워를 해야 한다고 우기셨다. 그런 엄마가 대단히 공격적으로 느껴졌다. 누군가가 화를 잘 내고 공격적이라면 그에게는 뭔가 잘못된 점이 반드시 있다는 생각이 이때부터 무의식에 자리 잡았다. 그래서 엄마와 마음속 깊은 관계를 맺지 못했다. 엄마가 재혼하셔서 아이 둘을 낳고서야 엄마를 만나는 게 좀 나아졌다. 엄마는 셋째 아이를 낳은 후 정신질환을 앓았다. 그래서 가끔 요양원으로 그녀를 찾아가야 했다. 엄마를 그렇게 만나는 것이 심리적으로 매우 힘들었다. 이 때문에 인생 후반부에 정신병 환자들을 다룰 수 있게 되기까지 오랜 시간이 걸렸다.

내 인생에 큰 사건이 아홉 살 때 일어났다. 수영 수업에 가는 길에 자동차 사고가 났다. 흉곽이 완전히 부서지고 갈빗대 열네 개가 부러졌다. 그 차의 운전자를 기억하는데, 그는 내 위에 서서 내 얼굴을 쳐다보고 있었다. 나는 구급차 안에서 아버지의 전화번호를 여러 번 힘겹게 반복해야 했다. 응급실에 도착했을 때, 아버지가 먼저 오셔서 나를 입원시키려 하고 계셨다. 어차피 죽을 테니 그래 봐야 아무 소용 없다고들 했지만, 아버지는 포기하지 않고 의사인 친구들의 도움을 받아 가까스로 나를 독일계 병원에 입원시키셨다. 놀랍게도 3주 후 나는 완전히 회복되었다. 아버지는 내 건강에 대해 매우 뿌듯해하셨고, 그것은 나의 건강한 생활방식 덕분이라고 하셨다.

열 살 때, 내가 학교를 옮기기를 원해서 브라질에 있는 독일어 학교로 전학했다. 하지만 나는 거기서도 이방인처럼 느꼈다. 몇몇 아이들이 내가 채식주의자이며 신조로아스터교 추종자라는 것을 알고 놀려댔다. 전쟁이 시작되며 독일어 수업이 금지됐다. 몇몇 선생님들은 매우 엄격했고, 귀에다 대고 접시 깨지듯이 소리를 질러댔다.

여전히 나는 이 말을 기억한다.

"한번 어리석으면 늘 어리석게 마련이야. 그런 것에는 약도 없어."

하지만 나는 얼마 후 몇몇 급우들을 친구로 사귈 수 있었다. 우리는 스포츠클럽에 함께 가서 수영과 점핑 훈련을 시작했다.

12세 즈음 할머니가 돌아가셨다. 아버지가 나에게 할머니 손에 장미를 놓아드리라고 하셨다. 하지만 그렇게 하기가 몹시 힘들었다. 내가 사랑한 환자의 시신을 염하는 것을 돕지 않으려는 까닭을 나중에야 깨달았다. 할머니가 돌아가신 후, 나만의 방을 갖게 되었다. 언젠가 휴가 가서 미래의 남편을 흘끗 볼 기회가 있었다. 새어머니는 나의 교육에 그다지 영향을 끼치지 못했다. 나는 집 밖에서 많은 시간을 보냈다. 아침에는 학교에 가고 오후에는 스포츠클럽에 다녔다. 17세까지, 청소년기 동안 스포츠와 수영클럽에 다녔다. 훌륭한 일본인 수영 교사가 있었는데, 그는 우리 청소년들에게 일종의 아이돌이었다. 나는 매우 수줍음을 타서 남자친구가 없었다.

열두 살부터 나는 의학을 공부하고 싶어 했다. 돌아보면 이것이 아버지의 바람이었는지 나의 바람이었는지 판단하기 어렵다. 그 선택이 살면서 제대로 입증될 거라고만 말할 수 있다. 나는 의학에 재능이 많았다. 그 바람이 아버지에게서 온 것이라면, 그에게 매우 감사한다.

열네 살에 학교를 또 한 번 옮겼다. 나는 점차 화학, 물리학, 수학 그리고 특히 생물학을 이해하기 시작했고 그 과목들을 좋아했다. 의대 입학시험 1년 전에 수영을 그만두었다. 그리고 다가오는 공부에 매진했다. 그 결과 10킬로그램 이상 살이 쪘다.

독일어 학교에 다니는 동안 나는 개신교 교리 수업에 대단히 관심이 많았고, 열네 살에는 동급생들처럼 견진성사를 받고 싶어 했다. 그러나 아버지는 내가 하얀 드레스와 축제를 원할 뿐이라며 나를 단념시켰다.

열여섯 살에 나보다 열두 살 많은 칠레 수영선수와 플라토닉한 사랑에 빠졌다. 하지만 자주 편지를 주고받았을 뿐이다.

열여덟 살에 의대에 입학했다. 처음 도전한 입시를 바로 통과한 것이다. 그리고 열정적으로 의학 공부를 시작했다. 모든 과목을 좋아했지만, 특히 해부학과 무엇보다 조직학이 매력적이었다.

나는 현미경으로 세포조직을 연구하며 시간을 보냈다. 이 때문에 두꺼운 안경을 써야 할 만큼 시력이 나빠졌다. 6학기 안에 가장 우수한 학생이 되었고, 모든 종류의 상을 받았다. 그리고 6학기에 병원에서 실습을 시작했다. 담당 의사에게 신임을 받아서 4학년 때 12명의 환자를 돌보고 약을 처방했다. 나는 동료 학생들보다 선생님들과 더 강한 유대 관계를 맺고 있었다.

열여덟 살 때부터 부모님은 인지학에 더더욱 관심을 갖게 되셨다. 그래서 스물한 살 때, 에렌프리드 파이퍼(Ehrenfried Pfeiffer)가 쓴 소책자를 우연히 발견하고 지도교수의 실험실에서 결정화(結晶化) 과정을 실험했다. 그는 암 연구에 종사하고 있었다. 이 실험을 알고 있는 사람이라면, 결정화 과정이 제대로 성공하는 데 많은 기술이 필요하다는 것을 알고 있다. 그런 기술에 특별히 관심을 기울이지 않았음에도 어느 날 결정을 만드는 데 성공했다. 중심점에서 주변부로 퍼져나가는 결정체를 보고 깊은 감명을 받았다. 그때, 정신적인 요소가 사물을 형성하고 그것에 방향을 줄 수 있다는 것을 불현듯 깨달았다. 이 경험을 에고-경험이라고 할 수 있을지도 모르겠다.

스물한 살에는 혼자 여행하기를 바랐는데, 마침 아르헨티나로 여행할 기회가 생겼다. 아버지는 나를 깊이 신뢰하셨고, 나의 순수함이 나를 보호해주는 것 같았다. 그 무렵 대학 친구들과 여러 예술 학교와 극장에 다니느라 자주 늦게 집에 들어왔지만 별 탈 없이 지나갔다.

인지학은 나의 지평을 무한히 넓혀주었다. 스물두 살 때, 함부르크

출신의 연로한 인지학 의사인 닥터 마이젠이 브라질에 와서 괴테에 대한 강의를 했다. 이때 첫 남편 피터 슈미트를 알게 되었다. 미국에서 온 그는 브라질에서 휴가를 보내고 있었다. 그의 휴가는 3주가 채 되지 않았지만 우리는 집중적으로 서로를 알아갔다. 얼마 후 그는 공부를 끝내기 위해 곧 미국으로 돌아가야 했다. 우리는 자주 편지를 주고받았다. 그러다가 엽서로 소식을 주고받으며 약혼하기에 이르렀다. 아버지는 처음에 이 사실을 썩 달가워하지 않으셨다. 그러나 진자(振子)로 점을 쳐서 내가 태어나기 전에 이미 나에게 피터라는 이름이 있다는 것을 발견하고는 이것이 운명이 이끄는 길임을 알아보셨다.

아버지가 정한 유일한 조건은 내가 공부를 마쳐야 한다는 것이었다. 내가 공부를 중단해야 한다고는 생각하지 않았기 때문에 그 조건은 큰 문제가 되지 않았다. 그러나 내 약혼자는 학업을 중단하고 브라질로 돌아와야 하는 중요한 이유가 있었기에 학업을 마무리하지 않았다. ― 물론 그 이유 중 하나는 바로 나의 존재였다. 우리는 멀리 떨어져 있다 보니 약간 소원해지긴 했지만, 그가 도착한 후 바로 결혼했다. 부모님이 유럽여행을 가고 싶어 하셔서 우리가 그 집을 돌봐야 했기에 당장 결혼하기로 했다. 당시를 돌아보면, 우리 두 사람 모두 그때 좀 더 많은 시간을 스스로에게 남겨두었어야 했다는 생각이 든다. 이것이 나의 첫 번째 연애였다.

내 나이 스물세 살, 공부하는 동안 첫딸 아글라이아가 태어났다. 대학에 있는 동안 딸을 대학병원으로 데려와서 간호사들의 탁아소에서 젖을 먹일 수 있었다. 공부하는 동안 엄마로서 의무를 다할 수 없었기에 힘든 시간을 보냈다. 시부모님과 함께 살았는데 우리 부부와 갈등이 컸다.

나는 스물네 살에 의사 자격증을 받았고, 그다음 해에는 내과 전공의로 일하게 되었다. 그동안 아버지는 물리치료 기관의 의료 경영을 나에게 넘겨주려고 조급해하며 기다리고 있었다. 그는 이미 나를 위해 그곳에 수술실까지 마련해 놓았다. 그래서 나는 여전히 대학에서 일하면서 자신의 의료업을 할 수 있었다.

스물다섯 살 때, 둘째 딸 솔웨이가 태어났다. 그 무렵 이미 의술활동은 만만해졌지만, 자녀를 키우고 가족을 이루는 것은 생소한 경험이었다. 그래서 조금씩 해나가야 했다.

스물여섯 살에는 시부모님을 비롯하여 여러 부부가 상파울루에 발도르프학교를 세웠다. 그래서 그 학교 의사가 되기로 했지만 '인지학적 의학을 제대로 이해하지 않고 어떻게 발도르프학교에서 학교 의사가 될 수 있겠나?'라는 의문이 들었다. 그래서 아를레스하임에 있는 임상치료 연구소에 편지를 보냈고, 그 연구소에서 일하고 있는 포르투갈인 알렉산더 레로이 박사를 만나게 되었다.

남편과 나는 유럽여행을 준비하고 있었다. 남편은 스위스에 있는 그의 브라질 공장의 모회사인 지로플렉스(Giroflex)로 갔고, 나는 벨레다(Weleda)로부터 허가를 받아 아를레스하임으로 갔다. 거기서 의사들을 위한 한 달짜리 입문 과정에 다닐 기회를 얻었다. 그리고 거기서 오이리트미(eurythmy)에 대한 열정을 키웠다. 강의 내용을 아직 많이 이해하진 못했지만 아를레스하임에서 이루어지는 강좌를 매우 좋아했고 이 세계에 점점 더 익숙해졌다. 주말마다 나를 찾아온 남편은 나의 내적 변화에 놀라워했다. 강좌가 끝난 후에도 의료원에서 레로이 박사와 석 달을 더 일했고, 우리 사이의 깊은 우정은 그가 죽을 때까지 이어졌다.

내가 스물일곱 살 때 레로이 박사가 아내와 브라질을 방문했다. 그는 우리 욕실에서 약상자를 발견했다. 남편이 주말에 작은 병들에 담아 놓은 약들을 여기 보관했다가 환자들에게 나눠주곤 했다. 그 일로 우리는 브라질에 '벨레다'를 설립하기로 했다. 새어머니가 그해에 돌아가셨다. 또한 이 해에는 유럽에서 — 주로 독일에서 점점 더 많은 교사가 브라질의 발도르프학교로 와서 활발히 활동했다.

스물여덟 살에는 딸들과 같이 독일 홍역을 앓았다. 남편과 나는 인지학 실무단과 발도르프학교의 인지학 교사 모임에 참여했다. 그때 우리는 인생에서 많은 새로운 것을 발견했다. 그리고 많은 젊은 사람을 만났다. 셋째 아이 토마스를 임신했을 때, 잠시 일을 쉬고 싶었다. 그래서 우리는 유럽으로 가서 멋진 이탈리아여행을 했다.

돌아온 지 두 달 만에 토마스가 태어났다. 아이에게 온전히 집중할 수 있기에 육아휴가 기간은 늘 즐거웠다. 하지만 그 밖의 시간에는 내면의 어떤 분열을 느꼈다. 한편으로는 가족을 돌보아야 하고 다른 한편으로는 의료업을 해야 했다. 돌아보면 너무 이른 나이에 지나치게 많은 책임이 주어졌다는 생각이 든다. 예를 들어, 내가 물리치료 기관의 책임을 맡아야 한다는 아버지의 기대에 대해 생각해 본다. 난 아픈 적이 없기에 집에 머물 수 있는 유일한 기회는 임신과 육아 기간뿐이었다. 그 때문에 그 시간을 특별히 즐겼다.

발도르프학교는 상파울루 외곽에 새로운 땅을 샀고, 발도르프 교육에 관심 있는 많은 사람이 그 도시 남쪽으로 이사 왔다. 유럽에서 온 젊은 교사들과 브라질에서 오랫동안 살아온 좀 더 나이 든 교사들 사이에 갈등이 잦았다. 내가 정부와 상대하는 학교 대표로 있을 때, 몇몇 교사들이 그들의 개인적인 이득을 위해 내 자리를 빼앗으려 했다. 관계에서의 경험 부족으로 어찌해볼 수 없는 상황에 얽힌 적도 있다. 이런 관계에 루시퍼의 요소가 있다고들 한다. 당시 루시퍼의 유혹을 강하게 느꼈다. 나는 자주 주목을 받았고, 많은 선생님이 나를 사랑했다. 내가 교사들을 이런 식으로 행동하게 하는 어떤 아우라를 뿜어내기에 이런 상황이 벌어진다는 것을 어느 날 문득 깨달았다. 그때 이후 이런 일들을 더 잘 다룰 수 있게 되었다.

내 나이 서른, 토마스가 7개월 되었을 때, 아버지가 갑상선암으로 쓰러지셨다. 그렇게 건강하게 살아왔는데 하필 이런 병에 걸리는지 이해하기 어려워하셨다. 수술과 방사선 치료 후 아버지는 요양을 위해 아를레스하임에 있는 이타 베그만 의료원으로 가셨다. 거기서 나는 아버지와 생의 마지막 2주를 함께 보낼 수 있었다. 그는 바젤(Basel)에 있는 특수 병원에서 세족 목요일[6]에 돌아가셨다. 나는 아버지를 화장시킨 후 바로 브라질로 돌아왔다.

우리는 아버지가 돌아가시기 전에 집을 짓기 시작했고, 비슷한 시기에 임야를 샀다. 학교의 위기는 점점 심각해져 갔다. 이 무렵 나는 브라질을 방문해서 강의하고 있는 헬무트 폰 퀴겔겐(Helmut von Kügelgen)[7]과 심도 있는 만남을 가졌다. 그는 영혼 차원에서 학교와 교사들의 혼란을 더 잘 이해하는 데 도움을 주었다. 이 만남은 나의 정신적인 인지학적

---

6) 예수의 최후의 만찬 및 예수가 제자들의 발을 씻은 것을 기념하는 목요일.
7) 1916~1998. 인문주의의 영향을 받은 발트해 독일 가문 출신으로, 저널리스트로 활동했다. 그 후 슈투트가르트에서 인지학을 접하고 발도르프학교 교사로 활동하면서 인지학과 발도르프 교육에 관한 많은 저술과 강연을 하였다.

삶에 전환점이 되었고, 새로운 형식과 명상으로 예수의 존재를 만나게 해주었다. 이 사건은 서른두 살 중간에 일어났다.

그 후 우리는 아르헨티나를 여행했다. 헬무트는 교육학 강의를, 나는 의학 강의를 했다. 당시 게르하르트 외디케(Gerhard Jödicke)와 빌리 볼디크(Willi Wolldijk)를 포함해서 많은 사람과 중요한 만남을 가졌다. 남편도 이 새로운 생활에 참여했다. 나는 루돌프 슈타이너가 젊은이들에게 했던 강연들을 연구했고, 모든 사람에게 그것들을 널리 알리고 싶었다. 나는 늘 묵상하는 생활을 했다. 인지학적 문학을 접하고, 교사들을 위한 슈타이너의 크리스마스와 부활절 강좌를 집중 연구했다. 이것은 나의 내면을 넓혀주었고, 의학을 넘어 묵상하는 삶 속에서 세계에 대한 총체적인 이해를 도와주었다.

발도르프학교에서의 관계가 완전히 깨어지고, 새로 온 교사들이 학교를 떠났다. 나도 학교를 떠날 시간이었다. 거기서 할 만큼 충분히 했고 내 진정한 작업은 다른 곳 어딘가에 있다고 느끼고 있었다. 그것은 상파울루에 인지학 의료원을 설립하는 일이었다. 과거에 아버지도 이 일을 지지하셨다. 하지만 예전의 물리치료 의학은 나의 길이 아니었다. 특히 엄마의 행동과 관련해서 이전에 스스로에게 했던 질문에 답을 준 인지학의 길이 내가 가야 할 길이었다.

시아버지가 남편의 공장에 합류했다. 그는 새로운 시도에 전념하기 위해 자기 사업을 처분했다. 그러나 남편은 의아해했다. '그게 나의 길인가? 혹은 여기 상파울루의 교육은 새로운 교사들을 필요로 하는가?' 그래서 우리는 아이들과 1, 2년간 유럽으로 이사하기로 했다. 당시 토마스는 막 세 살이 되었다. 아이들은 운 좋게도 슈투트가르트 발도르프

학교에서 각각 1학년, 3학년에 들어갈 수 있었다. 남편 피터는 발도르프 교육 세미나에 다녔고, 토마스와 나는 처음에 집에 머물러 있었다. 슈투트가르트에서의 생활은 처음엔 그리 단순하지 않았다. 아이들은 브라질 사람답게 요란스러웠고 집안일은 나에게 큰 부담이었다. 나는 바트 뵐(Bad Böll) 근처의 에크벨덴(Eckwälden)에 있는 치유교육 세미나에 자주 참석했다. 그곳에서 엘제 시텔(Else Sittel)에게 치유 오이리트미를 열심히 배웠다. 그리고 마가레트 하우슈카(Margarethe Hauschka)와 함께하는 마사지와 치유 페인팅 수업에 참여했다. 슈투트가르트에서는 노령의 약사 스피스(Spiess)에게 약 조제 과정을 배웠다.

또한 그곳에서 에른스트 레어스(Ernst Lehrs)와 뢰쉘-레어스(Röschel Lehrs) 여사와 중요한 만남을 가졌다. 우리는 인지학적 학교 교육에 대해 심도 있는 대화를 나누었다. 슈투트가르트 근처 호이마덴(Heumaden)에는 내가 쉽게 접할 수 있는 의사들의 소그룹이 있었다. 내 영혼은 사람들이 나에게 주는 풍요로움으로 점점 가득 찼다. 그들은 내 의학 작업에 각별한 영향을 끼쳤고, 나는 오늘날까지도 이 원천에 의지하고 있다. 유럽에서의 그 시절은 내 인생에서 가장 유익한 시간이었다.

크리스마스에 아를레스하임에서 베르나르드 리베구드 교수를 만났는데, 우리 부부에겐 매우 중요한 만남이었다. 이 만남은 특히 남편에게 결정적인 영향을 끼쳤다. 그는 리베구드 교수의 작업을 더 자세히 배우기 위해 몇 번이나 네덜란드로 여행을 다녀왔다. 남편은 리베구드 교수가 행한 작업 틀 안에서의 성인교육이 자신의 과업이라고 생각했다. 이 시기 동안 남편과 나는 만났다 헤어지기를 반복했다. 우리 각자는 열광할 만한 새로운 것들을 서로에게 알려주었다. 정말 보람찬 시간이었다.

그러나 슈투트가르트에서의 시간은 곧 끝났다. 우리는 벨기에 화물선을 타고 안트베르펜(Antwerpen)에서 브라질로 떠났다. 항해는 안전하지 않았다. 그 때문에 토마스가 갑판에서 떨어져서 일주일 내내 아팠다. 상파울루에 도착해서 토마스의 머리를 엑스레이로 찍어 보니 두개골에 앞뒤로 일직선의 금이 가 있었다. 토마스는 건강을 되찾을 때까지 상당히 오랫동안 침대에 누워 지내야 했다.

우리는 1964년 독일에서 브라질로 돌아왔다. 당시 브라질에서 공산주의자들을 반대하는 군사 쿠데타가 일어났다. 주로 상파울루에서였다. ― 그때는 뭔가 새로운 것을 시작하기에 좋은 시기가 아니었다. 그러나 시부모님들은 당시 벨레다 약을 처방할 의사가 없기 때문에 우리가 돌아와야 한다고 압박하고 있었다. 남편은 그의 회사 '지로플랙스'에서 사회교육사업을 시작하기로 했다. 그는 견습생 훈련 계획을 세울 생각까지 했다. 상파울루 출신의 한 유치원 교사가 브라질에서 이 일에 헌신하겠다며 우리에게 왔다. 슈투트가르트 발도르프학교에서 수공예를 가르치던 교사도 합류했다. 우리의 새로운 집은 발도르프학교 근처에 있었는데, 그 집이 작은 치유센터로 발전했다. 슈투트가르트에서 치유 오이리트미스트도 합류했다. 우리 집은 작은 음악회와 극장 공연이 열리며 무엇보다도 크리스마스 연극을 상연하는 문화센터가 되었다.

우리가 의료원을 지어야겠다고 생각하고 있었는데, 어느 날 남편이 집에 돌아왔을 때 고열에 시달리는 환자가 자기 침대에 누워있는 것을 보고 그 생각이 더 강해졌다.

서른다섯 살에는 아르헨티나의 발도르프학교에서 의료작업과 교육작업을 하기 위해 그곳으로 갔다.

　의료원 건물을 착공할 수 있도록 친구 애나 라우센(Anna Lahusen)이 돈을 무이자로 빌려주었다. 우리가 독일에서 돌아왔을 때 아버지의 물리치료 연구소를 계속하는 것이 이치에 맞지 않다고 생각했다. 그래서 연구소를 처분하고 그 돈으로 집에서 멀지 않은 곳에 세 필지의 땅을 샀다. '클리니카 토비아스'를 위한 땅이었다. 그곳은 우리 집과 학교 사이, 5분쯤 떨어진 곳에 있었다. 남편 피터는 젊은 엔지니어와 함께 건축 계획을 세웠다. 피터는 그의 회사 지로플렉스에 작은 사회교육학교를 설립하는 데 전념했다. 게다가 회사도 운영했다. 드디어 서른일곱 살 반에 의료원의 주춧돌을 놓을 준비가 되었다. 유럽의 친구들이 정신적으로 기념할 만한 이 행사에 참여해주었다. 세계 도처에서 인사와 축원을 보내왔고, 밝은 빛이 12면체의 주춧돌로 흘러들어 오는 것이 인상적이었다.

　하지만 우리의 행복한 가정생활은 이때 끝났다. 그때까지 내 인생에서 모든 것이 순조로웠고 운이 좋아서 쉽게 얻어진다는 느낌이 늘 있었다. 그런데 어떤 충동이 내 삶에서 일기 시작했다는 느낌이 들었다. 때로는 반년가량 집을 떠나 혼자 독립해서 인디언들과 살면서 그들을 도와야겠다고 생각하기조차 했다. 그러나 가족이 있어서 그런 발걸음을 뗄 용기가 나지 않았다. 내 인생에서 부정적이라고 여겨지는 시기였지만, 지금 돌아보면 경험의 폭을 현저히 넓혀주었고 악마와 대결하게 해주었다. 시간이 흐르면서 이로 인하여 다른 사람에게 대단히 너그러워질 수 있었다. 이 사건들을 거치지 않았다면 겸손함을 충분히 키우지 못했을 것이다.

나는 소박한 사람들에게 관심이 끌려서 인근 마을 사람들과 우정을 나누었다. 이 사람들에게 새로운 문화적 욕구를 불러일으켰고, 우리 아이들이 작은 가톨릭 성당에서 크리스마스 연극을 공연하기까지 했다.

클리니카 토비아스의 주춧돌을 놓은 후 얼마 지나지 않아 다시 임신했다. 나는 태아가 아들이고 '티아고'라고 불릴 것을 알았다. 임신해 있는 동안 클리니카 토비아스의 벽체가 서서히 올라갔다. 남편은 그동안 아주 많은 시간을 쏟아부었다. 그는 나에게서 거의 지원을 받지 못했다. 티아고의 탄생은 모든 환자와 지인에게 커다란 기쁨이었다. 그의 이름은 내가 60세가 되어서야 알게 된 산티아고 데 콤포스텔라(Santiago de Compostella)라는 장소와 깊은 관련이 있다.

위에서 언급했던 우리 농장 근처 마을 출신 소년들을 위해 우리 집에 보금자리를 마련할 계획을 세웠다. 그러나 다섯 살 소년 한 명만 양자로 데려왔다. 그래서 토마스에게는 또 한 명의 남동생이 생겼다. 나는 어린 아들들을 양육하는 데 전념하고 있어서 곧 문을 열게 될 의료원에서는 일하고 싶지 않았다. 그래서 서른아홉 살까지 이 일을 미루다가 출근하기 시작했다. 생명력이 조금 약해지고 있다고 느꼈다. 게다가 두 가지 엄청난 과제에 직면해 있었다. 어린아이를 키우는 일과 의료원에서 일하는 것.

우리 의료원에 관심이 있어서 우리와 일하고 싶어 하는 의사들이 있었다. 개업하는 날, 의료원을 자선단체로 전환했다. 이름은 토비아스 자선 협회(Associaçao Beneficiente Tobias)였다. 간호사들의 작은 단체를 시작으로 안마사, 치료사와 외부 의사들의 단체가 만들어졌다.

마흔두 살에 우리와 함께 일할 의사를 만났다. 그는 장미십자회

(Rosicrucian)[8] 운동의 일원이었다. 그는 내가 진정한 장미십자회 연금술사라고 생각하고 그의 학파로 나를 데려가고 싶어 했다. 그곳을 여러 번 방문했는데, 고대 이집트에 있는 듯한 인상을 받았다. 이 무렵 이집트의 수계(受戒)[9]를 통과하는 꿈을 꾸었다. 개인적인 차원에서 이 의사와의 관계에 대한 많은 것이 분명해졌다.

마흔두 살 무렵이던 그때, 어두운 터널에 있는 것 같았다. 어떤 빛이 비치는 순간도 있었지만, 그 빛들이 의식에서 사라져버렸다. 분명히 그 터널 끝에서 빛을 보았다. 거기 도달하기 위해 무엇을 해야 하는지도 알았다. 남편과의 관계는 더욱 어려워졌다. 우리 사이는 완전히 벌어졌다. 남편은 늘 유럽으로 멀리 여행을 갔고, 나는 다른 의사들에게 인지학적 의학을 소개하느라 바빴다. 동시에 정신이 딴 데 팔린 것처럼 새로운 우정에 사로잡혀서 정신적이고 비교(秘敎)적인 어떤 작업도 할 수 없었다. 겉으로는 환자를 돌보는 등 여러 가지 의무가 따르는 일상적인 생활을 이어갔다. 그러면서도 내면적으로는 갈등과 분열을 느꼈다. 한편으로는 언제나 해왔던 정신적인 작업들을 갈망하면서도 다른 한편으로는 그걸 해내는 게 불가능하다고 느꼈다. 마치 거미줄에 걸린 것만 같았다.

그 무렵 우리는 의료원에서의 작업을 확장하기 시작했다. 또한 유기농업을 위해 농장을 사들였다. 유럽에서 몇몇 젊은이들이 와서 이 작업을 해냈고, 우리는 거기에 적절한 사회조직을 만드는 것을 도왔다. 하지만 쉬운 일이 아니었다. 자주 세대 갈등이 일었다. 당시를 돌아보면 젊

---

[8] 1484년 로젠크로이츠(Rosenkreuz)가 창설한 연금(鍊金) 마술 비밀 결사회.
[9] 불교에서 재가(在家) 신도든 출가(出家) 수행승이든 계(戒), 또는 율(律)을 지키겠다고 승려 앞에서 형식을 갖추어 공적으로 서약하는 예식. 그리스도교에서 세례가 그러하듯, 불교에서는 수계가 입문례 역할을 한다.

은 세대와 선배 세대, 둘 다 이 상황에서 많은 것을 배웠고 많은 결실이 있었다고 생각한다. 우리 집은 점차 사람들이 와서 머무는 곳으로 변해 갔다. ― 그들이 어디서 왔는지는 문제 되지 않았다. 물론 이것은 우리 사생활에 심각한 영향을 끼쳤다.

남편이 그의 회사에서 사회교육사업을 시작하자 전에는 관심이 없던 나도 그 일에 관심을 갖기 시작했다. 거기서 인지학적 의학에 관한 일을 시작했고, 얼마 후 회사 전담 의사가 되어 일주일에 두 번씩 그곳에 갔다. 당시 나는 특히 노동자들의 문제에 관심이 있었다. 우리는 의미 있는 크리스마스 잔치를 열었고 연극도 했다. 유치원도 개원했다. 이 모든 것이 공장의 문화적 풍요로움에 중요한 기여를 했다. 내 삶은 세 가지 영역에서 발전하고 있었다. 남편 공장에서의 사회교육 사업에서, 토비아스 의료원에서, 그리고 가정생활에서.

나는 아이들과 대부분의 휴일을 보내려고 노력했다. 이때 우리는 브라질의 주요 여행지를 돌아다녔다. 인디언 정착지를 방문하거나 보트 여행을 했다. 볼리비아와 페루로 기차여행을 하기도 했다. 우리는 토마스와 쏠웨이 그리고 또 한 친구와 브라질 북동부로 여행을 떠났다. 자동차로 해안을 따라 포탈렌자(Fortalenza)까지 가는 여행이었다.

남편과 나는 중요한 점을 확실히 알아차렸다. 어떻게 함께 생활해 가야 할지 전혀 몰랐던 것이다.

의료원의 환자가 점점 늘고 있었다. 게다가 인지학적 의학을 알고 싶어 하고 우리에게 훈련받고 싶어 하는 젊은 의학도와 의사들이 몰려들었다. 그래서 그들을 위한 인지학적 의학 훈련 정규과정을 시작했다.

우리는 늘 사람들이 기부하도록 독려해야 했다. 어느 날, 어떤 식으로든 돕고 싶어 하는 미스터 D라는 사람이 나타났다. 그러나 그는 재정적으로는 도울 수 없었다. 우리는 브라질에서 사회교육사업을 할 수 있는 누군가가 필요했다. 마침 그가 새로운 분야의 일을 찾고 있었기에 훈련을 받고 오기로 했다. 1년 후 그는 NPI(네덜란드 교육연구원)에서 훈련받기 위해 유럽으로 갔다가 그 과정을 마치고 브라질로 돌아왔다. 나는 미스터 D와 발도르프 교사 한 명, 그리고 농부 한 명과 '실용적인 인지학 작업의 도입'이라는 주제로 간담회를 열었다. 그때 내 나이 마흔다섯 살이었다.

의료원이 커지자 새로운 방향을 모색해야 했다. 토비아스 자선 협회가 두 번째 7년 주기에 들어서고 있었고, 이제는 새로운 기준과 사업 방식 등을 도입해야 했다. 이런 목적으로 미스터 D를 초청했다. 그는 우리에게 이 질문들에 조언해줄 참이었다. 그는 커다란 종이 두루마리와 검은 서류가방을 들고 우리 도서관에 도착했다. 우리 사이에 종이 낭비와 생태학적 자각에 대해 논쟁이 벌어졌다. 이 갈등상황을 풀어보려고 제3자의 도움을 받아 처음으로 개인적인 대화를 나누었다. 하지만 그 대화를 통해 아무런 결론도 내지 못해서 나중에 우리끼리 한 번 더 만났다. 남편은 이때 다시 유럽에 가 있었다. 나는 브라질 북동부에서 유래한 농부들의 크리스마스 연극을 보자고 미스터 D를 초대했다. 극장으로 초대한 이 일을 계기로 우리 사이에 진정한 만남이 이루어졌다. 우리는 서로에 대해 더 잘 알기 위해 바다로 당일치기 여행을 가기로 했다. 거기서 서로에게 자신의 라이프스토리를 들려주었다. 두 사람은 결혼 외의 다른 어떤 관계도 우리에게 문제가 되지 않는다는 확신이 들었다. 그리고 미스터 D는 나의 두 번째 남편, 다니엘이 되었다.

첫 남편 피터가 유럽으로 가기 직전에 나와 남쪽 바다로 여행을 갔다. 그는 이것이 나와의 마지막 여행이라는 느낌이 들었지만 자신의 감정을 설명할 수 없었다. 그의 예감은 내가 미스터 D를 만난 사실로 확실해졌다. 나는 그가 유럽에 있는 동안 벌어진 새로운 상황을 들려주었다. 그 또한 아를레스하임에 있는 의학 치료 연구소에 머무는 동안 두 번째 부인을 알게 되었다. 피터가 돌아온 후 우리의 상황을 확인하고 이혼하기로 했다.

그렇게 새로운 삶이 시작되었다. 피터와 나는 이날까지 내면적으로 매우 강하고 깊은 정신적인 관계를 유지하고 있다. 피터는 우리가 헤어진다고 해서 다양한 영역에서 이루어지고 있는 작업들, 특히 의료원과 관련된 일에 영향을 주지는 않을 거라는 믿음을 주었다. 나는 전남편과의 관계는 아버지와 같은 성격의 것이라고 늘 생각했고, 지금도 조언을 받으러 그에게 간다. 그러나 나에게는 중요한 누군가를 만날 거라는 느낌이 20대 중반부터 줄곧 있었다. 그래서 나는 늘 그 사람을 찾고 있었다. 이 느낌은 다니엘을 만난 뒤 완전히 사라졌다.

돌아보면 두 번째 남편을 만나고서 내 안에 이미 있던 새로운 요소들이 드러났다고 할 수 있다. 피터를 통해 사회교육의 이슈와 리베구드 교수의 작업을 접하게 되었는데, 이는 다니엘과의 관계를 통해 더욱 강화되었다. 다니엘의 친구 헬무트 제이. 텐 지에토프(Helmuth J. ten Siethoff)가 브라질로 와서 지내게 되어, 우리와 힘을 모아 라이프스토리 세미나를 시작하기로 했다. — 다니엘은 경영 컨설턴트로, 나는 의사로. 여기서 우리는 수년에 걸쳐 발전시켜 온 공동 작업분야를 발견했다.

첫 남편 피터는 미래의 두 번째 부인에게 독일에서 브라질로 와달라고 했고, 그녀는 티아고를 애정 어린 손길로 돌보았다. 그래서 나는 의료원에서 나의 일과 인지학적 의학에 관한 세미나를 계속할 수 있었다. 해야 할 일이 많았다.

의료원과 옛집 근처에서 2년을 살다가 아버지의 마지막 유산인 바닷가 집을 팔 기회가 생겼다. 그래서 그 집을 팔고 상파울루 외곽에 상당히 큰 부지를 매입했다. 나중에 우리를 위한 집도 짓고, 작업을 위한 새로운 장소로 점차 발전시킬 계획이었다. 수년에 걸쳐 이곳에 아르테미시아(Artemisia)가 만들어졌다. 현재의 라이프스토리 센터이며, 휴일에 지내는 집이다.

나는 그 의료원이 존재한 지 꼭 7년 만에 중요한 경험을 했다. 의료원에서 연설을 해야 했지만 어떻게 해야 할지 제대로 몰랐다. 그러던 어느 날, 리드미컬 마사지를 받으려고 침대에 누워있을 때, 의료원 위에 어떤 위대한 존재가 있는 것처럼 느껴졌다. 나는 이 존재가 이타 베그만이라고 확신했다. 이 순간부터 의료원에서 연설할 때 무슨 말을 해야 할지 알게 되었다. 그리고 이타 베그만과 루돌프 슈타이너의 운명의 길을 연구하기로 했다. 1, 2년 후 내면의 영혼적 삶이 안정되자 해마다 아를레스하임에서 만나는 인지학 의사들의 부활절 그룹에 합류해서 그것을 실현할 수 있었다. 그때부터 나는 이 일에 몰두했다.

마흔아홉 살 때, 다니엘과 나는 여기 일로부터 어느 정도 자유로워질 기회를 얻었다. 우리는 다섯 달 동안 영국으로 여행을 갔다. 거기서 '사회발달 센터'를 방문했다. 아일랜드를 여행하며 아가테(Agathe)와 노버트 글라스(Norbert Glas)를 방문했다. 아가테는 픽시 요정[10]에 대해 많은 것을 알려주었다. 남아일랜드로 자동차 여행을 갔을 때, 하루 종일 아무도 보이지 않는 황무지 시냇가 근처에서 캠핑을 했다. 거기서 다니엘은 픽시를 경험했다. — 그것은 우리 여행의 최고의 순간이었다.

일곱 번째 7년 주기에 들어섰을 때, 내 인생에 변화가 있어야 한다고 생각했다. 외부에서 제기되는 질문과 과제에 마음을 열고 주의 깊게 귀를 기울였다. 한편으로 젊은 의학도들이 있었다. 그들은 훈련과 연이은 새로운 강좌를 요구하고 있었다. 오토 볼프(Otto Wolff) 박사는 이 점에서 대단한 도움을 주었다. 그러나 다른 한편으로 심리학자, 사회교육자 같은 다른 직업의 젊은이들도 있었으므로 의학 강좌뿐만 아니라 사회교육 세미나도 구성해서 알렉산더와 조안나 보스도 함께하기로 했다. 1981년, 이 모든 세미나를 수용하기 위해서는 새로운 건물을 찾아야 했다. 그래서 새로운 훈련 센터가 '토비아스 협회(Associaçao Tobias)'의 보조 건물로 자리 잡게 되었다. 사회교육자들이 여기서 훈련받을 수 있었으며, 의학 훈련 세미나 상급과정이 열리기도 하고, 지난 3년간은 예술치료 세미나도 열렸다. 우리는 이 센터를 '센트로 파울루스(Centro Paulus)'라고 불렀다. 라이프스토리 강좌 장소를 당분간 토비아스 의료원에서 새로운 건물로 옮겼다. 그러나 장기적으로 볼 때, 이것은 옳은 해결책은 아니었다. 게다가 의료원의 환자들이 회복할 수 있는 장소가 필요했다. 그래서 우리는 '아르테미시아'를 토비아스 협회에 기증해서 건물을 확장하여 라이프스토리 강좌를 위한 센터를 세우기로 했다. 그

---

10) 영국 남서부 민담에 나오는 엘프 같은 작은 정령. 픽시(pixy)라고도 쓴다. 녹색 옷을 입고 개구리와 귀뚜라미의 음악에 맞추어 달빛 아래서 춤을 춘다. 픽시들은 악의 없는 장난으로 나그네가 길을 잃게 만들고 젊은 처녀들을 놀라게 한다. 또 벽을 두드리고 촛불을 불어 끄며 물속에서 노는 것을 재미있어한다. 픽시들에 대한 최초의 논의는 애너 엘리자 브레이 부인의 〈타마와 타비의 경계The Borders of the Tamar and the Tavy〉(3권, 1837)에서 이루어졌다.

곳은 스트레스 환자들의 회복뿐만 아니라 정화와 식이요법을 위한 방문처이기도 했다. '아르테미시아'는 9년 동안 존속했다. 토비아스 의료원에서 45분쯤 떨어진 곳에 있다. 문명이 점점 더 가까이 잠식해오고 있지만 여전히 열대숲으로 둘러싸여 있다. 아르테미시아는 사람들이 편안하게 느끼며 바쁜 일상에서 물러나 자연과 함께 교류할 수 있는 장소가 되었다.

여덟 번째 7년 주기에 또 하나의 과제에 직면했다. 대안적 영양섭취에 관한 책에서 인지학적 관점에서의 영양섭취를 설명하는 것이었다. 챕터 분량은 30쪽밖에 안 되지만 혼자 책 한 권을 거의 다 쓰는 듯했다. '영양섭취의 새로운 방법'이라고 부르는 그 책은 네 권으로 되어 있으며, 많은 사람이 인지학에 기초한 영양섭취의 방법을 추구하게 하는 내용으로 되어 있다. 그 책을 쓰면서 아버지와 강하게 연결되는 것을 느꼈다. 3년 후에는 황도 12궁에 대한 더 깊은 내용의 책을 출간했다.

그러는 동안 다니엘과 나는 몇 번의 위기를 겪었다. 다니엘은 몇 해 동안 해온 자신의 컨설턴트 일을 포기하고 '토비아스 자선 협회' 일, 특히 의료원 관리에 집중했다. 그가 컨설턴트 일로 돌아온 것은 불과 5년 전이다.

그동안 우리는, 아침 7시부터 밤 10시까지 계속되는 라이프스토리 세미나가 있을 때, 자기 집(실은 방 하나와 침실)이 일하는 장소 바로 가까이 있다는 것이 얼마나 힘든지를 경험했다. 환자들이 주중보다 주말에 시간이 많기에 주말에도 자주 일했다. 그래서 그때 이후로 우리 자신만을 위한 가정을 갖지 못했다. 다니엘은 마침내 작은 집으로 이사했고, 6년 전 그곳에 우리만의 집을 지었다.

바쁜 와중에도 우리의 휴가 방법을 고수해서 1년에 한 번, 한 달 동안 긴 휴가를 갖는다. 2년 전, 휴가가 시작되자마자 차 사고가 나서 척추뼈 두 개가 부러졌다. 한 시간 반 동안 땅바닥에 누워있었는데 무슨 일이 일어났는지 정말 몰랐다. 내 '운명의 신체기관'인 흉곽이 또다시 다쳤다. 구급차에 실려 가면서 아홉 살 때 자동차에 치였을 때와 같은 느낌을 받았다.

전환의 시기, 달의 교점과 새로운 7년 주기가 시작되는 시기인 56세에는 그다지 큰 변화를 경험하지는 않았다. 그러나 그보다 이른 54세에 9세의 거울 이미지를 경험했다. 그때, 나는 거의 물에 빠져 죽을 뻔했다.

아홉 번째 7년 주기로의 전환기에는 새로운 방식으로 나의 과제에 접근해야 하는 것이 분명했다. 1, 2년 뒤 유럽을 방문했을 때, 새로운 과제가 그 자체로 발전해 왔다는 것을 깨달았다. 여기 유럽 스위스에 있는 루카스 의료원에서 암 환자를 위한 라이프스토리 작업을 시작했다. 라이프스토리 작업에 참여하고 싶은 다른 분야의 치료자들을 위해 1989년부터 스위스, 독일, 스페인 그리고 포르투갈에서 강좌를 열었다. 아홉 번째 7년 주기 동안에는 내 과제들이 새로운 빛깔로 빛나리라 믿는다.

변화는 내가 예순 살이 될 때 더 깊이 다가왔다. — 두 번째 토성 주기가 끝나고 새로운 주기가 시작되는 해였다. 자동차 사고를 당해서 4주 동안 토비아스 의료원에서 돌봄을 받았는데 그것이 나에게는 큰 선물이었다. 나는 많은 대화를 나누었고 옛 관계를 회복했다. 오늘, 차 사고를 돌아보며 완전히 회복되었다고 느낄 때, 운명의 지혜에 경탄할 뿐이다. 운명의 지혜는 늘 나에게 올바른 것을 제공한다. 내 삶에서 죽음과 부활이 또다시 나타났던 토성의 두 번째 단계까지 종결되었다. 차 사고로 인해 인생에서 목적을 갖는 것이 중요하다는 것을 다시금 배웠다. 늘 새로운 목적을 세워야 한다는 것이 발달의 위대한 비밀이다.

사고 후 침상에 누워 움직일 수 없을 때, 나의 유일한 목표는 이를 닦고 먹을 수 있도록 머리를 옆으로 돌리는 것이었다. 일단 그렇게 할 수 있게 되자 내 목표는 똑바로 앉는 것, 조금이라도 읽을 수 있는 것, 기대지 않는 것으로 점차 높아졌다. 다음 목표는 새로 만든 코르셋을 입고 걷는 것을 배우는 것이었다. 그 목표들은 매우 사소하고 즉각적인 것들이어서 내 상태가 천천히 호전됨에 따라 더 확장되었다. 또한 그 무렵 의료원과 가깝게 연결되어 있던 죽은 두 사람의 현시(顯示)를 경험했다. — 한 사람은 나의 환자고 한 사람은 58쪽에 소개한 '스물한 살 청년으로부터 온 편지'의 작가다. 나는 한 사람의 몸 — 내 경우에는 척추 — 을 어떻게 재건해 가는지를 그들에게 보여주었다. 매일 이 망자들이 내 병상에 나타났다.

나에게 커다란 문제를 일으킨 것은, 다리가 제대로 작동하지 않는 동안 머리가 창의적일 수 없었다는 것이었다. 예를 들면, 침대에서 책을 집필하는 것이 아주 불가능했다. 하지만 이 상황으로부터 장차 새로운 많은 기회가 올 거라고 확신했다.

이 사건을 통해 남편 다니엘과의 관계가 더욱 깊어졌다. 그때 이후 7년이 지났다.

내 삶을 돌아보며 중간 단계에서의 중요한 법칙들을 발견했다. 21~28세에는 인지학적 의학 지식을 얻는 데 열심이었다. 28~35세, 주로 32세에서 34세까지 독일에서 머물며 리드미컬 마사지, 치유 오이리트미, 예술 치유(페인팅) 그리고 예술 비평 등의 예술적인 요소로 인지학적

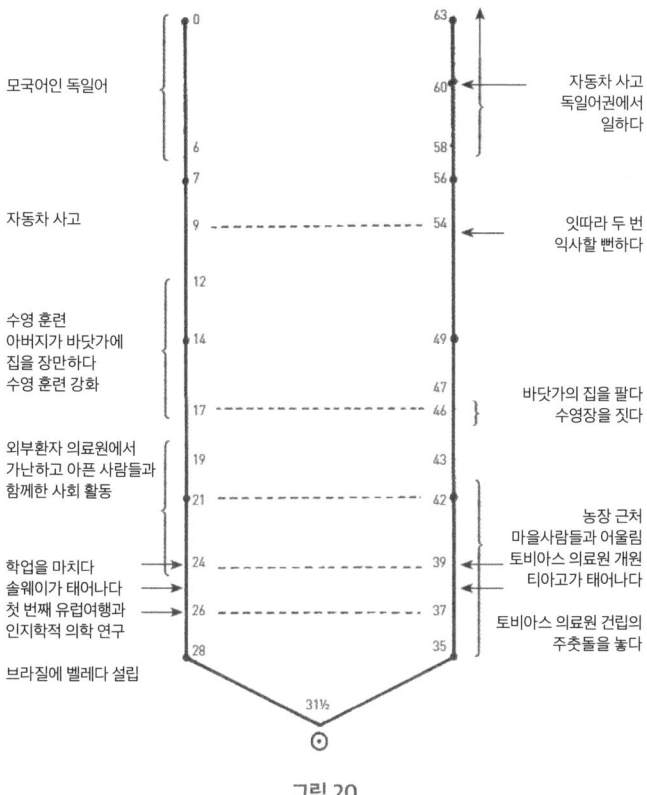

그림 20

의학지식에 깊이를 더했다. 마침내 35세에서 42세 사이에 의료원의 주춧돌을 놓고 사업을 시작했다. 머리에서 가슴을 거쳐 행동으로 나아가는 길을 볼 수 있었다.

이 과정은 사회교육에서의 일 가운데 비슷한 형태로 반복되어 다음과 같은 경로로 라이프스토리 작업에 이르렀다. 배움(42~49세), 실행(49~56세) 그리고 욕구 실현과 54세에 작업을 위한 센터의 건립('아르테미시아').

어떤 거울 이미지들은 32세를 중간 지점으로 하는 그림에서 볼 수 있다.(그림 20) 만약 21세를 중간 지점으로 잡는다면 거울 이미지 방식으로는 나의 라이프스토리에서 떠오르는 것이 거의 없다. 나의 라이프스토리에서(다른 사람들의 것에서도) 때로 거울로 되비쳐지는 '예견된 선행의 시기'와 같은 뭔가가 있다는 것을 볼 수 있다. 그것들을 일종의 '잉태의 시기'라고 표현할 수 있다. 예를 들어

24-26 / 37-39
솔웨이의 탄생 / 티아고의 탄생
아를레스하임으로의 여행을 기다리다 / 의료원의 개원을 기다리다:
그리고 인지학적 의학을 배우다. / 인지학적 의학의 실행

예견된 선행이 일어난 또 하나의 예:
17-18 / 45-46
대학 입학 집중 준비 기간 / 다니엘을 향한 새롭고 강렬한 사랑
 / 루돌프 슈타이너의 강의: 생애 주기에
 / 대한 집중 연구

다른 사람들과의 관계는 다섯 번째 7년 주기의 전반기에 매우 혼란스러웠다(내가 학교 의사로 일하던 시기). 그러고 나서 31세와 32세 사이에 기독교 정신에 심취한 다른 사람들과의 관계를 통해 발전했다. 이 7년 주기의 후반기에는 유럽을 여행하면서 이후의 직업활동에 결정적인 역할을 한 새롭고 중요한 관계를 맺었다.

내 일에 관해 말하자면, 25~39세까지 14년 동안은 나만의 일을 했다. 6년은 학교 의사와 아버지의 물리치료 연구원에서, 2년은 유럽에서 그리고 이후 6년은 치유 연구소에서 일했다. 그 후로는 토비아스 의료원

에서 14년을 일했다. 처음 7년 동안은 남편이 행정업무를 도와주어 사업을 혼자 책임졌고, 그 후 7년은 한 그룹의 사람 중 한 명으로 의료원의 책임을 나눠맡았다. 두 번째 남편 다니엘도 이 그룹에서 집중적으로 일했다. 2년 후 나는 이 그룹에서 완전히 벗어났다. 53세부터 일하기 시작했던 아르테미시아에 후원 단체가 7년 후에 만들어졌다. 남편 다니엘은 개발 과정에 있는 후원단체를 지원하기 위한 강좌를 개설하기 시작했다. 7년 주기 리듬은 여기서도 명백하다.

나는 계속 의학 분야에서 활동하고 있다. 환자들이 '아르테미시아'에 온다. 나는 그들을 위해 나의 타고난 기량을 발휘할 수 있다. 약 처방뿐만 아니라 내가 운영하고 있는 라이프스토리 세미나를 통해 내 안에 언제나 살아있는 치유 능력을 발휘하는 것이다.

나는 지금(2005) 토성주기(29년) 동안 전기 작업을 계속하고 있다. 우리는 정확히 21년 동안 아르테미시아에서 살았다. 이 책이 출판된 지 13년이 지났고 10판이 인쇄되었다. 다니엘과 결혼한 지는 거의 30년이 되어간다.[11]

구드룬 부르크하르트

2005년 2월

---

11) 이 책은 1992년 처음 출판되었고 13년 동안 10판이 인쇄되었다. 이 번역본은 1992년 인쇄본을 텍스트로 하여 2005년 인쇄본을 참고하였다. 1992년 인쇄본의 마지막 부분이 2005년 인쇄본에서 수정되어 마지막 문단은 2005년 인쇄본을 따랐다. 또한 2017년 출판사 70주년 기념 에디션으로 다시 출판되었다.

참 고 문 헌

1. Aschenbrenner, Michael: Tierkreis und Menschenwesen, Dornach 1972.
2. Flensburger Hefte Nr. 31: Biografiearbeit, Flensburg 1994.
3. Fromm, Erich: Die Kunst des Liebens, Frankfurt/M. Berlin 1992.
4. ders.: Haben oder Sein. Die seelischen Grundlagen einer neuen Gesellschaft, München 1991.
5. Gammnitz, Gisela: Vom Altwerden. Materialiensammlung aus der Rudolf-Steiner-Gesamtausgabe, Dornach 1987.
6. Glas, Norbert: Frühe Kindheit, Lebensalter des Menschen, Bd. 1, Stuttgart 1999.
7. ders.: Gefahrdung und Heilung der Sinne, Stuttgart 1994.
8. ders.: Jugendzeit und mittleres Alter, Lebensalter des Menschen, Bd. 2., Stuttgart 1990.
9. ders.: Lichtvolles Alter, Lebensalter des Menschen, Bd. 3, Stuttgart 1992.
10. Goethe, Johann Wolfgang: Das Märchen, in: Unterhaltungen deutscher Ausgewanderten.
11. Brüder Grimm: Kinder- und Hausmärchen, Frankfurt/M. 1984.
12. Hahn, Herbert: Der Lebenslauf als Kunstwerk, Stuttgart 1966.
13. Heuwold, Horst: Den Faden wieder aufnehmen, Stuttgart 1989.
14. Holtzapfel, Walter: Auf dem Wege zum Hygienischen Okkultismus, Dornach 1988.

15. Jocelyn, Beredene: Citizens of the Cosmos, 2009.
16. Julius, Frits H.: Die Bildersprache des Tierkreises, Stuttgart 1984.
17. Jung, C. G. / Marie L. von Franz(Hrsg.): Der Mensch und seine Symbole, Olten / Freiburg i. Br. 1991.
18. ders.: Welt der Psyche, München 1981.
19. König, Karl: Brüder und Schwestern, Stuttgart 2016.
20. ders.: Über die menschliche Seele, Stuttgart 2011.
21. Lauenstein, Dieter: Der Lebenslauf und seine Gesetze, Stuttgart 1985.
22. Lauer, H. Erhard: Der menschliche Lebenslauf, Freiburg i.Br. 1952.
23. Lebenshilfen Bd. 2: Lebenslauf. Das Ich als geistige Wirklichkeit, hrsg. vom Verein fur ein erweitertes Heilwesen, Stuttgart 1988.
24. Levinson, Daniel J.: The Seasons of a Man's Life, New York 1979.
25. Lewis, Spencer: Self Mastery and Fate with the Cycles of Life, California USA 1975.
26. Lievegoed, Bernard: Entwicklungsphasen des Kindes, Stuttgart 2016.
27. ders.: Der Mensch an der Schwelle, Stuttgart 2012.
28. ders.: Lebenskrisen – Lebenschancen, München 2001.
29. Nordmeyer, Barbara: Lebenskrisen und ihre Bewältigung, Stuttgart 1982.

30. O'Neill, Gisela und George: Der Lebenslauf. Lesen in der eigenen Biografie. Hrsg. und mit einem abschließenden Kapitel versehen von Florin Lowndes, Stuttgart 2014.

31. Sheehy, Gail: Pathfinders, New York 1981.

32. ders.: Predictable Crises of Adult Life, New York 1976.

33. Steiner, Rudolf: Esoterische Betrachtungen karmischer Zusämmenhänge, Bde. I – VI, GA 235 – 240, Dornach.

34. ders.: Die Geheimwissenschaft im Umriss, GA 13, Dornach 2013.

35. ders.: Metamorphosen des Seelenlebens. Pfade der Seelenerlebnisse, Bde. I u. II, GA 58, 59, Dornach 1984.

36. ders.: Die Offenbarungen des Karma, GA 120, Dornach 1992.

37. ders.: Wiederverkörperung und Karma, GA 135, Dornach 1984.

38. ders.: Soziale und antisoziale Triebe im Menschen, Vortrag vom 12, Dezember 1918, aus GA 186, Dornach 1990.

39. ders.: Theosophie, GA 9, Dornach 2013.

40. ders.: Vom Lebenslauf des Menschen. Zwölf Vorträge, ausgewählt und herausgegeben von Erhard Fucke, Stuttgart 2006.

41. ders.: Welche Bedeutung hat die okkulte Entwickelung des Menschen für seine Hüllen und sein Selbst?, GA 145, Dornach 2015.

42. ders.: Wie erlangt man Erkenntnisse höherer Welten? GA 10, Dornach 1993.

43. Treichler, Rudolf: Metamorphosen im Lebenslauf, Dornach 1984.

44. ders.: Die Entwicklung der Seele im Lebenslauf, Stuttgart 2012.

45. Vreede, Elisabeth: Anthroposophie und Astronomie, Freiburg 1954.

46. Zeylmans van Emmichoven, F. Willem: Die menschliche Seele, Stuttgart 1995.

표지 그림과 작가 소개

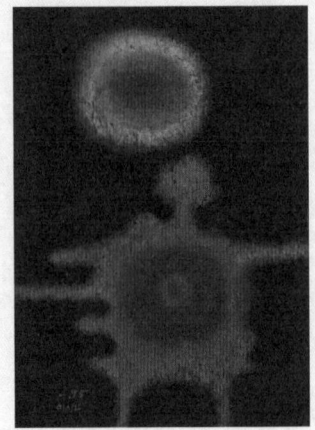

〈자유로운 선(善)〉, 33.5(세로)×24.0(가로)cm,
캔버스에 오일, 1975.

이 신(李信, 1927~1981)

한국적 그리스도 교회 환원 운동에 헌신한 목사이자 신학자. 미국 남부의 명문 밴더빌트 대학에서 신학 석사와 박사학위를 받았다. 유학 시절(1966~71) 화가로 활동하며 개인전을 열고 그림을 팔아 한국에 두고 온 가족들에게 생활비를 보냈다. 신학자로서 화가의 삶을 살았던 이신 박사의 1960~70년대 그림은 동서양 대가들과 견줄 만한 창조성, 종교성이 시대와 소통하는 '영적 감수성의 보고(寶庫)'라고 평가된다. 〈자유로운 선(善)〉은 이 책 『치유와 성장의 라이프스토리—인지학으로 돌아보는 당신의 삶』에서 다루는 인간과 우주의 본성, 그리고 그 관계성에 대한 영감을 준다.

> 인간은 하나의 수수께끼다
> 그리고 아마 세상 최대의 수수께끼일 것이다
> 인간이 수수께끼인 것은
> 그가 하나의 동물이기 때문도 아니오
> 그가 사회적인 존재이기 때문도 아니며
> 또 자연과 사회의 일부라는 이유 때문도 아니다
> 인간이 수수께끼인 것은
> 하나의 인격이기 때문이다
>
> _니콜라스 베르디예프, 『노예냐 자유냐』, 이신 옮김, 2015, 24쪽.

삶의 행복을 꿈꾸는 교육은 어디에서 오는가?

미래 100년을 향한 새로운 교육

혁신교육을 실천하는 교사들의 **필독서**

● 교육혁명을 앞당기는 배움책 이야기 　혁신교육의 철학과 잉걸진 미래를 만나다!

한국교육연구네트워크 총서

01 핀란드 교육혁명
한국교육연구네트워크 엮음 | 320쪽 | 값 15,000원

02 일제고사를 넘어서
한국교육연구네트워크 엮음 | 284쪽 | 값 13,000원

03 새로운 사회를 여는 교육혁명
한국교육연구네트워크 엮음 | 380쪽 | 값 17,000원

04 교장제도 혁명
한국교육연구네트워크 엮음 | 268쪽 | 값 14,000원

05 새로운 사회를 여는 교육자치 혁명
한국교육연구네트워크 엮음 | 312쪽 | 값 15,000원

06 혁신학교에 대한 교육학적 성찰
한국교육연구네트워크 엮음 | 308쪽 | 값 15,000원

07 진보주의 교육의 세계적 동향
한국교육연구네트워크 엮음 | 324쪽 | 값 17,000원
2018 세종도서 학술부문

08 더 나은 세상을 위한 학교혁명
한국교육연구네트워크 엮음 | 404쪽 | 값 21,000원
2018 세종도서 교양부문

09 비판적 실천을 위한 교육학
이윤미 외 지음 | 448쪽 | 값 23,000원
2019 세종도서 학술부문

**10 마을교육공동체운동:
　　세계적 동향과 전망**
심성보 외 지음 | 376쪽 | 값 18,000원

11 학교 민주시민교육의 세계적 동향과 과제
심성보 외 지음 | 308쪽 | 값 16,000원

**12 학교를 민주주의의 정원으로
　　가꿀 수 있을까?**
성열관 외 지음 | 272쪽 | 값 16,000원

한국교육연구네트워크 번역 총서

01 프레이리와 교육
존 엘리아스 지음 | 한국교육연구네트워크 옮김
276쪽 | 값 14,000원

02 교육은 사회를 바꿀 수 있을까?
마이클 애플 지음 | 강희룡·김선우·박원순·이형빈 옮김
356쪽 | 값 16,000원

**03 비판적 페다고지는
　　세상을 변화시킬 수 있는가?**
Seewha Cho 지음 | 심성보·조시화 옮김 | 280쪽 | 값 14,000원

04 마이클 애플의 민주학교
마이클 애플·제임스 빈 엮음 | 강희룡 옮김 | 276쪽 | 값 14,000원

05 21세기 교육과 민주주의
넬 나딩스 지음 | 심성보 옮김 | 392쪽 | 값 18,000원

**06 세계교육개혁:
　　민영화 우선인가 공적 투자 강화인가?**
린다 달링-해먼드 외 지음 | 심성보 외 옮김 | 408쪽 | 값 21,000원

07 콩도르세, 공교육에 관한 다섯 논문
니콜라 드 콩도르세 지음 | 이주환 옮김 | 300쪽 | 값 16,000원
2019세종도서학술부문

08 학교를 변론하다
얀 마스켈라인·마틴 시몬스 지음 | 윤선인 옮김
252쪽 | 값 15,000원

09 존 듀이와 교육
짐 개리슨 외 지음 | 심성보 외 옮김 | 376쪽 | 값 19,000원

10 진보주의 교육운동사
윌리엄 헤이스 지음 | 심성보 외 옮김 | 324쪽 | 값 18,000원

11 사랑의 교육학
안토니아 다더 지음 | 심성보 외 옮김 | 412쪽 | 값 22,000원

비고츠키 선집 시리즈 발달과 협력의 교육학 어떻게 읽을 것인가?

생각과 말
레프 세묘노비치 비고츠키 지음
배희철·김용호·D. 켈로그 옮김 | 690쪽 | 값 33,000원

도구와 기호
비고츠키·루리야 지음 | 비고츠키 연구회 옮김
336쪽 | 값 16,000원

어린이 자기행동숙달의 역사와 발달 Ⅰ
L.S. 비고츠키 지음 | 비고츠키 연구회 옮김
564쪽 | 값 28,000원

어린이 자기행동숙달의 역사와 발달 Ⅱ
L.S. 비고츠키 지음 | 비고츠키 연구회 옮김
552쪽 | 값 28,000원

어린이의 상상과 창조
L.S. 비고츠키 지음 | 비고츠키 연구회 옮김
280쪽 | 값 15,000원

비고츠키와 인지 발달의 비밀
A.R. 루리야 지음 | 배희철 옮김 | 280쪽 | 값 15,000원

수업과 수업 사이
비고츠키 연구회 지음 | 196쪽 | 값 12,000원

비고츠키의 발달교육이란 무엇인가?
비고츠키교육학실천연구모임 지음 | 412쪽 | 값 21,000원

비고츠키 철학으로 본 핀란드 교육과정
배희철 지음 | 456쪽 | 값 23,000원

성장과 분화
L.S. 비고츠키 지음 | 비고츠키 연구회 옮김
308쪽 | 값 15,000원

연령과 위기
L.S. 비고츠키 지음 | 비고츠키 연구회 옮김
336쪽 | 값 17,000원

의식과 숙달
L.S. 비고츠키 | 비고츠키 연구회 옮김
348쪽 | 값 17,000원

분열과 사랑
L.S. 비고츠키 지음 | 비고츠키 연구회 옮김
260쪽 | 값 16,000원

성애와 갈등
L.S. 비고츠키 지음 | 비고츠키 연구회 옮김
268쪽 | 값 17,000원

관계의 교육학, 비고츠키
진보교육연구소 비고츠키교육학실천연구모임 지음
300쪽 | 값 15,000원

비고츠키 생각과 말 쉽게 읽기
진보교육연구소 비고츠키교육학실천연구모임 지음
316쪽 | 값 15,000원

교사와 부모를 위한 비고츠키 교육학
카르포프 지음 | 실천교사번역팀 옮김 | 308쪽 | 값 15,000원

혁신학교
성열관·이순철 지음 | 224쪽 | 값 12,000원

행복한 혁신학교 만들기
초등교육과정연구모임 지음 | 264쪽 | 값 13,000원

서울형 혁신학교 이야기
이부영 지음 | 320쪽 | 값 15,000원

대한민국 교사, 어떻게 가르칠 것인가?
윤성관 지음 | 320쪽 | 값 15,000원

아이들을 어떻게 가르칠 것인가
사토 마나부 지음 | 박찬영 옮김 | 232쪽 | 값 13,000원

모두를 위한 국제이해교육
한국국제이해교육학회 지음 | 364쪽 | 값 16,000원

혁신교육, 철학을 만나다
브렌트 데이비스·데니스 수마라 지음
현인철·서용선 옮김 | 304쪽 | 값 15,000원

혁신교육 존 듀이에게 묻다
서용선 지음 | 292쪽 | 값 14,000원

다시 읽는 조선 교육사
이만규 지음 | 750쪽 | 값 33,000원

대한민국 교육혁명
교육혁명공동행동 연구위원회 지음 | 224쪽 | 값 12,000원

경쟁을 넘어 발달 교육으로
현광일 지음 | 288쪽 | 값 14,000원

독일 교육, 왜 강한가?
박성희 지음 | 324쪽 | 값 15,000원

핀란드 교육의 기적
한넬레 니에미 외 엮음 | 장수명 외 옮김 | 456쪽 | 값 23,000원

한국 교육의 현실과 전망
심성보 지음 | 724쪽 | 값 35,000원

4·16, 질문이 있는 교실 마주이야기 — 통합수업으로 혁신교육과정을 재구성하다!

통하는 공부
김태호·김형우·이경석·심우근·허진만 지음
324쪽 | 값 15,000원

내일 수업 어떻게 하지?
아이함께 지음 | 300쪽 | 값 15,000원
2015 세종도서 교양부문

인간 회복의 교육
성래운 지음 | 260쪽 | 값 13,000원

교과서 너머 교육과정 마주하기
이윤미 외 지음 | 368쪽 | 값 17,000원

**수업 고수들
수업·교육과정·평가를 말하다**
박현숙 외 지음 | 368쪽 | 값 17,000원

도덕 수업, 책으로 묻고 윤리로 답하다
울산도덕교사모임 지음 | 320쪽 | 값 15,000원

체육 교사, 수업을 말하다
전용진 지음 | 304쪽 | 값 15,000원

교실을 위한 프레이리
아이러 쇼어 엮음 | 사람대사람 옮김 | 412쪽 | 값 18,000원

마을교육공동체란 무엇인가?
서용선 외 지음 | 360쪽 | 값 17,000원

교사, 학교를 바꾸다
정진화 지음 | 372쪽 | 값 17,000원

**함께 배움
학생 주도 배움 중심 수업 이렇게 한다**
니시카와 준 지음 | 백경석 옮김 | 280쪽 | 값 15,000원

공교육은 왜?
홍섭근 지음 | 352쪽 | 값 16,000원

**자기혁신과 공동의 성장을 위한
교사들의 필리버스터**
윤양수·원종희·장군·조경삼 지음 | 280쪽 | 값 14,000원

함께 배움 이렇게 시작한다
니시카와 준 지음 | 백경석 옮김 | 196쪽 | 값 12,000원

함께 배움 교사의 말하기
니시카와 준 지음 | 백경석 옮김 | 188쪽 | 값 12,000원

교육과정 통합, 어떻게 할 것인가?
성열관 외 지음 | 192쪽 | 값 13,000원

학교 혁신의 길, 아이들에게 묻다
남궁상운 외 지음 | 272쪽 | 값 15,000원

미래교육의 열쇠, 창의적 문화교육
심광현·노명우·강정석 지음 | 368쪽 | 값 16,000원

주제통합수업, 아이들을 수업의 주인공으로!
이윤미 외 지음 | 392쪽 | 값 17,000원

수업과 교육의 지평을 확장하는 수업 비평
윤양수 지음 | 316쪽 | 값 15,000원
2014 문화체육관광부 우수교양도서

교사, 선생이 되다
김태은 외 지음 | 260쪽 | 값 13,000원

교사의 전문성, 어떻게 만들어지나
국제교원노조연맹 보고서 | 김석규 옮김 392쪽 | 값 17,000원

수업의 정치
윤양수·원종희·장군 지음 | 280쪽 | 값 14,000원

**학교협동조합,
현장체험학습과 마을교육공동체를 잇다**
주수원 외 지음 | 296쪽 | 값 15,000원

**거꾸로 교실,
잠자는 아이들을 깨우는 수업의 비밀**
이민경 지음 | 280쪽 | 값 14,000원

교사는 무엇으로 사는가
정은균 지음 | 292쪽 | 값 15,000원

마음의 힘을 기르는 감성수업
조선미 외 지음 | 300쪽 | 값 15,000원

작은 학교 아이들
지경준 엮음 | 376쪽 | 값 17,000원

아이들의 배움은 어떻게 깊어지는가
이시이 준지 지음 | 방지현·이창희 옮김 | 200쪽 | 값 11,000원

대한민국 입시혁명
참교육연구소 입시연구팀 지음 | 220쪽 | 값 12,000원

교사를 세우는 교육과정
박승열 지음 | 312쪽 | 값 15,000원

전국 17명 교육감들과 나눈 교육 대담
최창의 대담·기록 | 272쪽 | 값 15,000원

들뢰즈와 가타리를 통해 유아교육 읽기
리세롯 마리엣 올슨 지음 | 이연선 외 옮김 | 328쪽 | 값 17,000원

학교 민주주의의 불한당들
정은균 지음 | 276쪽 | 값 14,000원

프레이리의 사상과 실천
사람대사람 지음 | 352쪽 | 값 18,000원
2018 세종도서 학술부문

혁신학교, 한국 교육의 미래를 열다
송순재 외 지음 | 608쪽 | 값 30,000원

페다고지를 위하여
프레네의 『페다고지 불변요소』 읽기
박찬영 지음 | 296쪽 | 값 15,000원

노자와 탈현대 문명
홍승표 지음 | 284쪽 | 값 15,000원

선생님, 민주시민교육이 뭐예요?
염경미 지음 | 244쪽 | 값 15,000원

어쩌다 혁신학교
유우석 외 지음 | 380쪽 | 값 17,000원

미래, 교육을 묻다
정광필 지음 | 232쪽 | 값 15,000원

대학, 협동조합으로 교육하라
박주희 외 지음 | 252쪽 | 값 15,000원

입시, 어떻게 바꿀 것인가?
노기원 지음 | 306쪽 | 값 15,000원

촛불시대, 혁신교육을 말하다
이용관 지음 | 240쪽 | 값 15,000원

라운드 스터디
이시이 데루마사 외 엮음 | 224쪽 | 값 15,000원

미래교육을 디자인하는 학교교육과정
박승열 외 지음 | 348쪽 | 값 18,000원

흥미진진한 아일랜드 전환학년 이야기
제리 제퍼스 지음 | 최상덕·김호원 옮김 | 508쪽 | 값 27,000원

폭력 교실에 맞서는 용기
따돌림사회연구모임 학급운영팀 지음 | 272쪽 | 값 15,000원

그래도 혁신학교
박은혜 외 지음 | 248쪽 | 값 15,000원

학교는 어떤 공동체인가?
성열관 외 지음 | 228쪽 | 값 15,000원

교사 전쟁
다나 골드스타인 지음 | 유성상 외 옮김 | 468쪽 | 값 23,000원

시민, 학교에 가다
최형규 지음 | 260쪽 | 값 15,000원

교육과정, 수업, 평가의 일체화
리사 카터 지음 | 박승열 외 옮김 | 196쪽 | 값 13,000원

학교를 개선하는 교장
지속가능한 학교 혁신을 위한 실천 전략
마이클 풀란 지음 | 서동연·정효준 옮김 | 216쪽 | 값 13,000원

공자뎐, 논어는 이것이다
유문상 지음 | 392쪽 | 값 18,000원

교사와 부모를 위한 발달교육이란 무엇인가?
현광일 지음 | 380쪽 | 값 18,000원

교사, 이오덕에게 길을 묻다
이무완 지음 | 328쪽 | 값 15,000원

낙오자 없는 스웨덴 교육
레이프 스트란드베리 지음 | 변광수 옮김 | 208쪽 | 값 13,000원

끝나지 않은 마지막 수업
장석웅 지음 | 328쪽 | 값 20,000원

경기 꿈의 학교
진흥섭 외 지음 | 360쪽 | 값 17,000원

학교를 말한다
이성우 지음 | 292쪽 | 값 15,000원

행복도시 세종, 혁신교육으로 디자인하다
곽순일 외 지음 | 392쪽 | 값 18,000원

나는 거꾸로 교실 거꾸로 교사
류광모·임정훈 지음 | 212쪽 | 값 13,000원

교실 속으로 간 이해중심 교육과정
온정덕 외 지음 | 224쪽 | 값 13,000원

교실, 평화를 말하다
따돌림사회연구모임 초등우정팀 지음 | 268쪽 | 값 15,000원

학교자율운영 2.0
김용 지음 | 240쪽 | 값 15,000원

학교자치를 부탁해
유우석 외 지음 | 252쪽 | 값 15,000원

국제이해교육 페다고지
강순원 외 지음 | 256쪽 | 값 15,000원

선생님, 페미니즘이 뭐예요?
염경미 지음 | 280쪽 | 값 15,000원

평화의 교육과정 섬김의 리더십
이준원·이형빈 지음 | 292쪽 | 값 16,000원

학교를 살리는 회복적 생활교육
김민자·이순영·정선영 지음 | 256쪽 | 값 15,000원

 교사를 위한 교육학 강의
이형빈 지음 | 336쪽 | 값 17,000원

 새로운학교 학생을 날게 하다
새로운학교네트워크 총서 02 | 408쪽 | 값 20,000원

 세월호가 묻고 교육이 답하다
경기도교육연구원 지음 | 214쪽 | 값 13,000원

 미래교육, 어떻게 만들어갈 것인가?
송기상·김성천 지음 | 300쪽 | 값 16,000원
2019 세종도서 교양부문

 교육에 대한 오해
우문영 지음 | 224쪽 | 값 15,000원

 혁신교육지구 현장을 가다
이용운 외 지음 | 348쪽 | 값 18,000원

 배움의 독립선언, 평생학습
정민승 지음 | 240쪽 | 값 15,000원

 서울의 마을교육
이용운 외 10인 지음 | 352쪽 | 값 18,000원

 학습격차 해소를 위한 새로운 도전:
보편적 학습설계 수업
조윤정 외 3인 지음 | 225쪽 | 값 15,000원

 물질의 새로운 만남
베로니카 파치니-케처바우 지음 | 이연선 외 옮김
240쪽 | 값 15,000원

 수포자의 시대
김성수·이형빈 지음 | 252쪽 | 값 15,000원

 혁신학교와 실천적 교육과정
신은희 지음 | 236쪽 | 값 15,000원

 삶의 시간을 잇는 문화예술교육
고영직 지음 | 292쪽 | 값 16,000원

  혐오, 교실에 들어오다
이혜정 외 지음 | 232쪽 | 값 15,000원

 혁신교육지구와 마을교육공동체는
어떻게 만들어지는가?
김태정 지음 | 376쪽 | 값 18,000원

 선생님, 특성화고 자기소개서 어떻게
써요?
이지영 지음 | 322쪽 | 값 17,000원

 학생과 교사, 수업을 묻다
전용진 지음 | 344쪽 | 값 18,000원

 혁신학교의 꽃, 교육과정 다시 그리기
안재일 지음 | 344쪽 | 값 18,000원

 교육혁신의 시대 배움의 공간을
상상하다
함영기 외 13인 지음 | 264쪽 | 값 17,000원

 평화와 인성을 키우는 자기우정
따돌림사회연구모임 우정팀 지음 | 240쪽 | 값 15,000원

 미래교육을 열어가는 배움중심 원격수업
하늘빛중학교 원격수업연구회 지음 | 332쪽 | 값 17,000원

● **살림터 참교육 문예 시리즈** 영혼이 있는 삶을 가르치는 온 선생님을 만나다!

 꽃보다 귀한 우리 아이는
조재도 지음 | 244쪽 | 값 12,000원

 성깔 있는 나무들
최은숙 지음 | 244쪽 | 값 12,000원

 아이들에게 세상을 배웠네
명혜정 지음 | 240쪽 | 값 12,000원

 밥상에서 세상으로
김흥숙 지음 | 280쪽 | 값 13,000원

 우물쭈물하다 끝난 교사 이야기
유기창 지음 | 380쪽 | 값 17,000원

 오천년을 사는 여자
염경미 지음 | 272쪽 | 값 16,000원

 선생님이 먼저 때렸는데요
강병철 지음 | 248쪽 | 값 12,000원

 서울 여자, 시골 선생님 되다
조경선 지음 | 252쪽 | 값 12,000원

 행복한 창의 교육
최창의 지음 | 328쪽 | 값 15,000원

 북유럽 교육 기행
정애경 외 14인 지음 | 288쪽 | 값 14,000원

 시험 시간에 웃은 건 처음이에요
조규선 지음 | 252쪽 | 값 15,000원

 다정한 교실에서 20,000시간
강정희 지음 | 296쪽 | 값 16,000원

● 교과서 밖에서 만나는 역사 교실 상식이 통하는 살아 있는 역사를 만나다

 전봉준과 동학농민혁명
조광환 지음 | 336쪽 | 값 15,000원

 남도의 기억을 걷다
노성태 지음 | 344쪽 | 값 14,000원

 응답하라 한국사 1·2
김은석 지음 | 356쪽·368쪽 | 각권 값 15,000원

 즐거운 국사수업 32강
김남선 지음 | 280쪽 | 값 11,000원

 즐거운 세계사 수업
김은석 지음 | 328쪽 | 값 13,000원

 강화도의 기억을 걷다
최보길 지음 | 276쪽 | 값 14,000원

 광주의 기억을 걷다
노성태 지음 | 348쪽 | 값 15,000원

 선생님도 궁금해하는 한국사의 비밀 20가지
김은석 지음 | 312쪽 | 값 15,000원

 걸림돌
키르스텐 세룹-빌펠트 지음 | 문봉애 옮김
248쪽 | 값 13,000원

 역사수업을 부탁해
열 사람의 한 걸음 지음 | 388쪽 | 값 18,000원

 진실과 거짓, 인물 한국사
하성환 지음 | 400쪽 | 값 18,000원

우리 역사에서 사라진 근현대 인물 한국사
하성환 지음 | 296쪽 | 값 18,000원

 꼬물꼬물 거꾸로 역사수업
역모자들 지음 | 436쪽 | 값 23,000원

 즐거운 동아시아사 수업
김은석 지음 | 240쪽 | 값 15,000원

 노성태, 역사의 길을 걷다
노성태 지음 | 324쪽 | 값 17,000원

 혁신학교 역사과 교육과정과 수업
황현정 지음 | 236쪽 | 값 15,000원

 교과서 밖에서 배우는 역사 공부
정은교 지음 | 292쪽 | 값 14,000원

 팔만대장경도 모르면 빨래판이다
전병철 지음 | 360쪽 | 값 16,000원

 빨래판도 잘 보면 팔만대장경이다
전병철 지음 | 360쪽 | 값 16,000원

 영화는 역사다
강성률 지음 | 288쪽 | 값 13,000원

 친일 영화의 해부학
강성률 지음 | 264쪽 | 값 15,000원

 한국 고대사의 비밀
김은석 지음 | 304쪽 | 값 13,000원

 조선족 근현대 교육사
정미량 지음 | 320쪽 | 값 15,000원

 다시 읽는 조선근대 교육의 사상과 운동
윤건차 지음 | 이명실·심성보 옮김 | 516쪽 | 값 25,000원

 음악과 함께 떠나는 세계의 혁명 이야기
조광환 지음 | 292쪽 | 값 15,000원

 논쟁으로 보는 일본 근대 교육의 역사
이명실 지음 | 324쪽 | 값 17,000원

 다시, 독립의 기억을 걷다
노성태 지음 | 320쪽 | 값 16,000원

 한국사 리뷰
김은석 지음 | 244쪽 | 값 15,000원

 경남의 기억을 걷다
류형진 외 지음 | 564쪽 | 값 28,000원

 어제와 오늘이 만나는 교실
학생과 교사의 역사수업 에세이
정진경 외 지음 | 328쪽 | 값 17,000원

 우리 역사에서 왜곡되고 사라진
근현대 인물 한국사
하성환 지음 | 348쪽 | 값 18,000원

더불어 사는 정의로운 세상을 여는 인문사회과학 사람의 존엄과 평등의 가치를 배운다

밥상혁명
강양구·강이현 지음 | 298쪽 | 값 13,800원

도덕 교과서 무엇이 문제인가?
김대용 지음 | 272쪽 | 값 14,000원

자율주의와 진보교육
조엘 스프링 지음 | 심성보 옮김 | 320쪽 | 값 15,000원

민주화 이후의 공동체 교육
심성보 지음 | 392쪽 | 값 15,000원
2009 문화체육관광부 우수학술도서

갈등을 넘어 협력 사회로
이창언·오수길·유문종·신윤관 지음 | 280쪽 | 값 15,000원

동양사상과 마음교육
정재걸 외 지음 | 356쪽 | 값 16,000원
2015 세종도서 학술부문

교과서 밖에서 배우는 철학 공부
정은교 지음 | 280쪽 | 값 14,000원

교과서 밖에서 배우는 사회 공부
정은교 지음 | 304쪽 | 값 15,000원

교과서 밖에서 배우는 윤리 공부
정은교 지음 | 292쪽 | 값 15,000원

한글 혁명
김슬옹 지음 | 388쪽 | 값 18,000원

우리 안의 미래교육
정재걸 지음 | 484쪽 | 값 25,000원

왜 그는 한국으로 돌아왔는가?
황선준 지음 | 364쪽 | 값 17,000원
2019세종도서교양부문

공간, 문화, 정치의 생태학
현광일 지음 | 232쪽 | 값 15,000원

인공지능 시대의 사회학적 상상력
홍승표 지음 | 260쪽 | 값 15,000원

동양사상과 인간 그리고 사회
이현지 지음 | 418쪽 | 값 21,000원

장자와 탈현대
정재걸 외 4인 지음 | 424쪽 | 값 21,000원

놀자선생의 놀이인문학
진용근 지음 | 380쪽 | 값 18,000원

포스트 코로나 시대, 예술과 정치
현광일 지음 | 288쪽 | 값 16,000원

좌우지간 인권이다
안경환 지음 | 288쪽 | 값 13,000원

민주시민교육
심성보 지음 | 544쪽 | 값 25,000원

민주시민을 위한 도덕교육
심성보 지음 | 500쪽 | 값 25,000원
2015 세종도서 학술부문

교과서 밖에서 배우는 인문학 공부
정은교 지음 | 280쪽 | 값 13,000원

오래된 미래교육
정재걸 지음 | 392쪽 | 값 18,000원

대한민국 의료혁명
전국보건의료산업노동조합 엮음 | 548쪽 | 값 25,000원

교과서 밖에서 배우는 고전 공부
정은교 지음 | 288쪽 | 값 14,000원

전체 안의 전체 사고 속의 사고
김우창의 인문학을 읽다
현광일 지음 | 320쪽 | 값 15,000원

카스트로, 종교를 말하다
피델 카스트로·프레이 베토 대담 | 조세종 옮김
420쪽 | 값 21,000원

일제강점기 한국철학
이태우 지음 | 448쪽 | 값 25,000원

한국 교육 제4의 길을 찾다
이길상 지음 | 400쪽 | 값 21,000원
2019세종도서학술부문

마을교육공동체 생태적 의미와 실천
김용련 지음 | 256쪽 | 값 15,000원

교육과정에서 왜 지식이 중요한가
심성보 지음 | 440쪽 | 값 23,000원

식물에게서 교육을 배우다
이차영 지음 | 260쪽 | 값 15,000원

왜 전태일인가
송필경 지음 | 236쪽 | 값17,000원

한국 세계시민교육이 나아갈 길을 묻다
유네스코태평양 국제이해교육원 지음 | 360쪽 | 값 18,000원

대한민국 대학혁명
대학무상화·대학평준화 추진본부 연구위원회 지음 | 240쪽 | 값 15,000원

코로나 시대, 마을교육공동체 운동과 생태적 교육학
심성보지음 | 280쪽 | 값 17,000원

평화샘 프로젝트 매뉴얼 시리즈 학교폭력에 대한 근본적인 예방과 대책을 찾는다

학교폭력 어떻게 만들어지는가
문재현 외 지음 | 300쪽 | 값 14,000원

학교폭력, 멈춰!
문재현 외 지음 | 348쪽 | 값 15,000원

왕따, 이렇게 해결할 수 있다
문재현 외 지음 | 236쪽 | 값 12,000원

젊은 부모를 위한 백만 년의 육아 슬기
문재현 지음 | 248쪽 | 값 13,000원

우리는 마을에 산다
유양우·신동명·김수동·문재현 지음 | 312쪽 | 값 15,000원

누가, 학교폭력 해결을 가로막는가?
문재현 외 지음 | 312쪽 | 값 15,000원

아이들을 살리는 동네
문재현·신동명·김수동 지음 | 204쪽 | 값 10,000원

평화! 행복한 학교의 시작
문재현 외 지음 | 252쪽 | 값 12,000원

마을에 배움의 길이 있다
문재현 지음 | 208쪽 | 값 10,000원

별자리, 인류의 이야기 주머니
문재현·문한뫼 지음 | 444쪽 | 값 20,000원

동생아, 우리 뭐 하고 놀까?
문재현 외 지음 | 280쪽 | 값 15,000원

코로나 19가 앞당긴 미래, 마을에서 찾는 배움길
문재현 외 5인 지음 | 308쪽 | 값 16,000원

남북이 하나 되는 두물머리 평화교육 분단 극복을 위한 치열한 배움과 실천을 만나다

10년 후 통일
정동영·지승호 지음 | 328쪽 | 값 15,000원

분단시대의 통일교육
성래운 지음 | 428쪽 | 값 18,000원

한반도 평화교육 어떻게 할 것인가
이기범 외 지음 | 252쪽 | 값 15,000원

선생님, 통일이 뭐예요?
정경호 지음 | 252쪽 | 값 13,000원

김창환 교수의 DMZ 지리 이야기
김창환 지음 | 264쪽 | 값 15,000원

포괄적 평화교육
베티 리어든 지음 | 강순원 옮김 | 252쪽 | 값 17,000원

창의적인 협력 수업을 지향하는 삶이 있는 국어 교실 우리말 글을 배우며 세상을 배운다

중학교 국어 수업 어떻게 할 것인가?
김미경 지음 | 340쪽 | 값 15,000원

토닥토닥 토론해요
명혜정·이명선·조선미 엮음 | 288쪽 | 값 15,000원

어린이와 시
오인태 지음 | 192쪽 | 값 12,000원

언어던
정은균 지음 | 268쪽 | 값 15,000원
2019 세종도서 교양부문

감각의 갱신, 화장하는 인민
남북문학예술연구회 | 380쪽 | 값 19,000원

토론의 숲에서 나를 만나다
명혜정 엮음 | 312쪽 | 값 15,000원

인문학의 숲을 거니는 토론 수업
순천국어교사모임 엮음 | 308쪽 | 값 15,000원

수업, 슬로리딩과 함께
박경숙 외 지음 | 268쪽 | 값 15,000원

민촌 이기영 평전
이성렬 지음 | 508쪽 | 값 20,000원

참된 삶과 교육에 관한
생각 줍기